新股民炒股入门一本通

老金◎主编

中国纺织出版社

内 容 提 要

本书针对新段民所需，详细讲解了炒股所需的各种操作技巧和投资方法，包括：股票入门基本知识、股票的基本面分析、盘面分析、K线分析、趋势分析、技术指标分析、量价关系分析、跟庄炒股技巧、短线和中长线炒股技巧以及炒股风险的防范等。本书从炒股的基础开始，一步步由浅入深地讲解了炒股中的各种方法和技巧，通过对本书的学习可以帮助投资者形成自己的一套完善、高效的投资思想和方法体系，并在实战中最终形成自己的投资风格和思维模型。本书图文并茂、通俗易懂，重点突出，在理论的基础上还列举了大量的近期热点板块、热点题材、热点股票的案例，使实用性更强，从而提高可操作性和短线炒股的操盘水平。

图书在版编目(CIP)数据

新股民炒股入门一本通/老金主编．—北京：中国纺织出版社，2015.8（2017.4重印）

ISBN 978-7-5180-1791-1

Ⅰ.①新… Ⅱ.①老… Ⅲ.①股票投资—基本知识 Ⅳ.①F830.91

中国版本图书馆CIP数据核字(2015)第151851号

编委会成员：李宝久　刘明涛　刘　平　刘跃娟　潘丽丽　宋莉娟
许继国　杨成刚　张　林　张志宏　周　丽　邹保东
侯忠义　马军红

策划编辑：曹炳镝　　责任印制：储志伟

中国纺织出版社出版发行
地址：北京市朝阳区百子湾东里A407号楼　邮政编码：100124
销售电话：010—67004422　传真：010—87155801
http://www.c-textilep.com
E-mail：faxing@c-textilep.com
中国纺织出版社天猫旗舰店
官方微博 http://weibo.com/2119887771
北京通天印刷有限责任公司印刷　各地新华书店经销
2015年8月第1版　2017年4月第2次印刷
开本：710×1000　1/16　印张：19.5
字数：236千字　定价：38.00元

前言

现在越来越多的人开始将炒股作为投资理财的一种方式，但是股市是一个高风险的投资市场，不是所有人的投资都会有回报。炒股是一种高收益与高风险并存的投资方式，就像是茫茫大海，潮起潮落、变幻莫测，很多对股市只有一知半解的投资者在高回报的诱惑下，办理了股东账户和资金账户就匆匆入市，结果惨败而归。

其实炒股除了要有资金，还应该有必备的知识和技能。从某种角度来说，缺少专业知识才是最大的风险。想要在股市搏杀中胜出，仅凭运气是不够的。如果你想进行股票投资就必须做好功课，做好风险承担和防范的准备，切勿盲目行事。

成也股票，败也股票。为了尽最大可能地规避风险并获取利润，我们需要一套科学有效的方法进行分析判断并做出最终投资决策。因此，我们必须经过努力学习，掌握基本的知识，熟悉证券市场的游戏规则，大到国家的法律法规、证券市场的基本运行规律，小到股票的各种基础知识、交易方式等常识。

美国著名股票投资者朱尔曾说过："股票市场是有经验的人获得很多的钱，有金钱的人获得很多经验的地方。"炒股的技术来自经验的积累，这一积累的过程是漫长而痛苦的，但也是绝对必要的。

股票分析是投资者对股票市场中各种数据进行收集、整理、综合、归纳分析的过程，作为一名股民，不能只靠听别人的建议、马路消息炒股，必须掌握一些技术分析方法，对股市有自己的判断。

本书详细讲解了股市中的各种操作技巧和投资方法，包括：股票入门基本知识、股票的基本面分析、盘面分析、K 线分析、趋势分析、技术指标分析、量价关系分析、跟庄炒股技巧、短线和中长线炒股技巧以及炒股风险的防范共 10 章。从炒股的基础开始，一步步由浅入深地讲解了炒股中的各种方法和技巧，通过对本书的学习可以帮助投资者形成自己的一套完善、高效的投资思想和方法论，并在实战中最终形成自己的投资风格和思维模型。

本书主要有以下几个特点：

◆快速入门：本书全面介绍了炒股时需要用到的绝大部分基础知识，帮助新入市的股民快速掌握必备的股市基础知识。

◆实用性强：本书介绍了很多实用性的知识，包括如何根据 K 线形态、技术指标、量价关系和跟定庄家等技术指标选股，这些内容都是操作性极强的实用知识。

◆生动易懂：书中通过大量的图表、图片，深入浅出地讲解炒股的完整过程，尽量做到内容浅显易懂，形象生动。

◆技巧提示：本书采用“炒股箴言”的板块来体现炒股中的一些经验总结，帮助读者了解更多知识。

股票市场本身的变化非常快，并且涉及的相关知识也非常多，尽管我们参考了许多资料，但疏漏之处仍在所难免，敬请广大读者朋友批评指正，并多多提出宝贵意见。

编者

2015 年 5 月

目录

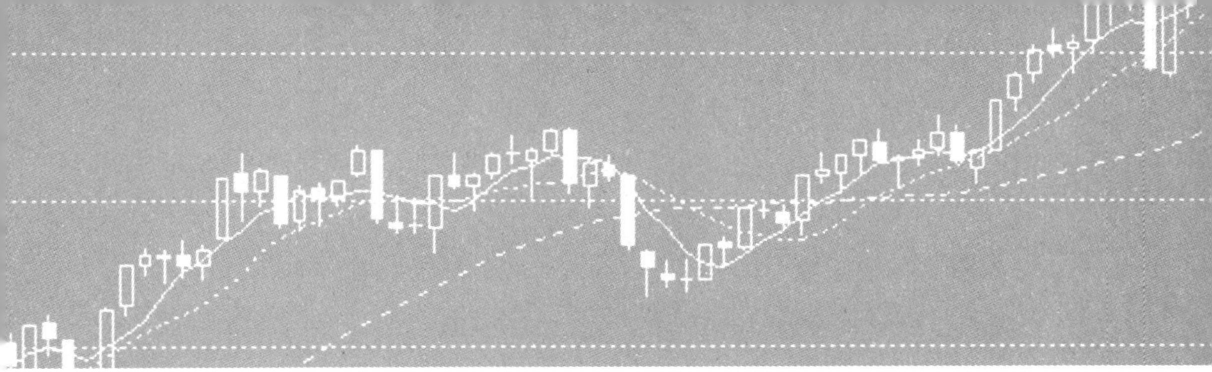

第一章
股市淘金第一课——了解股票基本知识

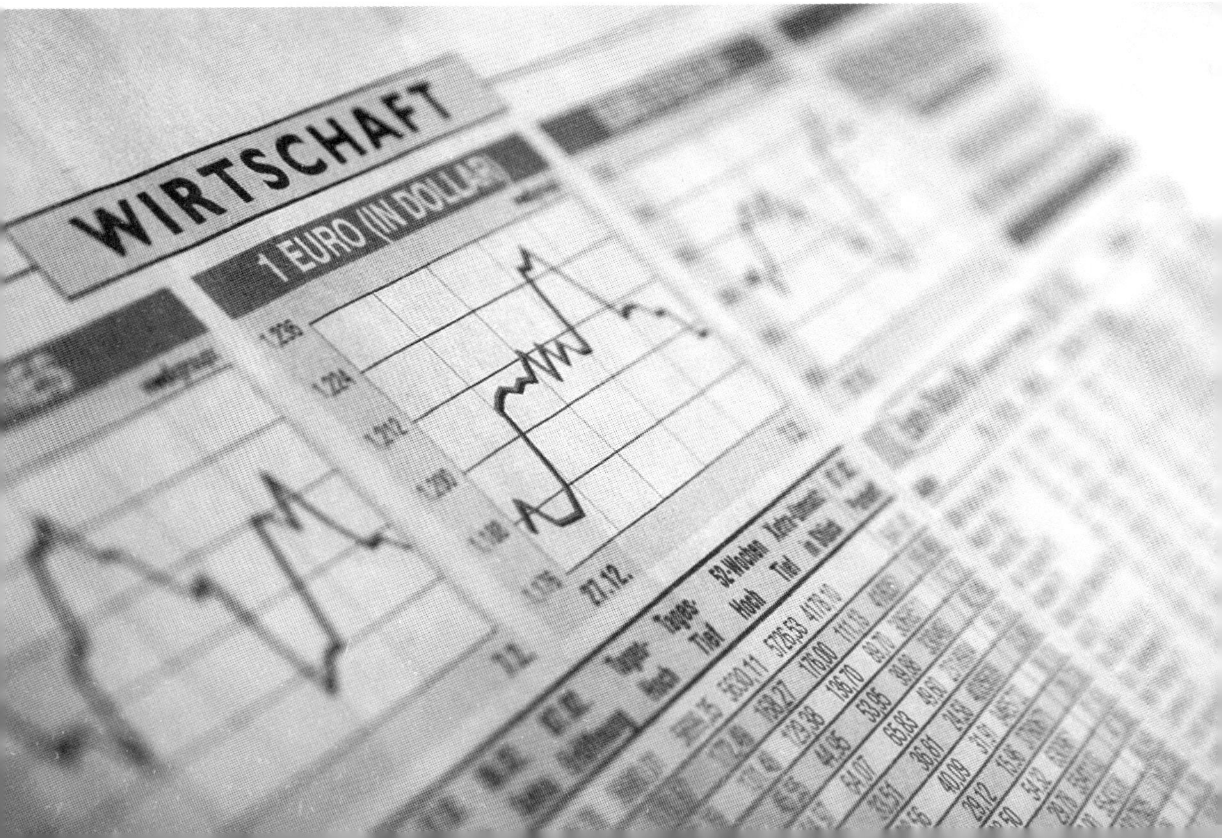

随着 2014 年牛市的启动，越来越多的人加入了炒股大军。但很多刚入股市的新股民只想着股市能赚钱，却往往忽略了很多最基本的东西。炒股要从最基本的知识开始学习，本章着重介绍一些关于股票交易的基础知识。只有掌握了最基本的知识，才能为接下来的股票分析和实战操作打下坚实的基础。

第一节　认识股票

股票是一种由股份有限公司签发的用以证明股东所持股份的凭证，它表明股票的持有者对股份公司的部分资本拥有所有权。由于股票包含有经济利益，且可以上市流通转让，因此股票也是一种有价证券。股票是一种虚拟资本，按照经济学家的观点，股票就是买卖生产资料所有权的凭证；按照老百姓的说法，股票就是一张资本的选票，老百姓可以根据自己的意愿把资本选票投向某一家或几家企业，以获取预期的企业未来收益或股票价格波动的差价。图 1－1

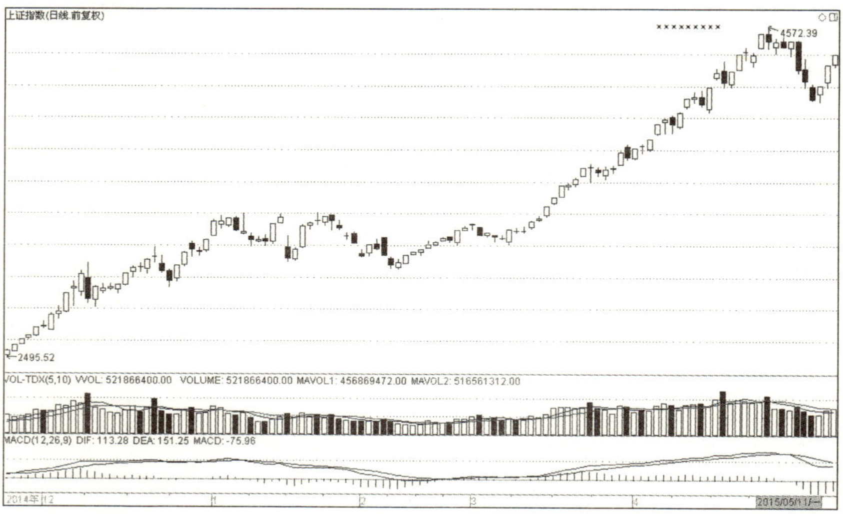

图 1－1　截至 2015 年 5 月 12 日上证指数走势图

为截至 2015 年 5 月 12 日的上证指数走势，有典型的牛市特征，投资者可通过低买高卖获取价差收益。

股票的分类

股票种类繁多，分类方式也是五花八门。股票名称不同，股票的形成和权益也不同。下面是几种常用的分类方法。

一、按股东权利分类

按照股东的固定权利不同，可以将股票分为普通股和优先股。

1. 普通股股票

所谓普通股股票，就是持有这种股票的股东都享有同等的权利，他们都能参加公司的经营决策，其所分取的股息红利是随着股份公司经营利润的多寡而变化。普通股构成公司资本的基础，是股票的一种基本形式，也是发行量最大、最为重要的股票。目前在上海和深圳证券交易所交易的股票都是普通股。图 1–2 为中国一重分红派息前后的走势图。

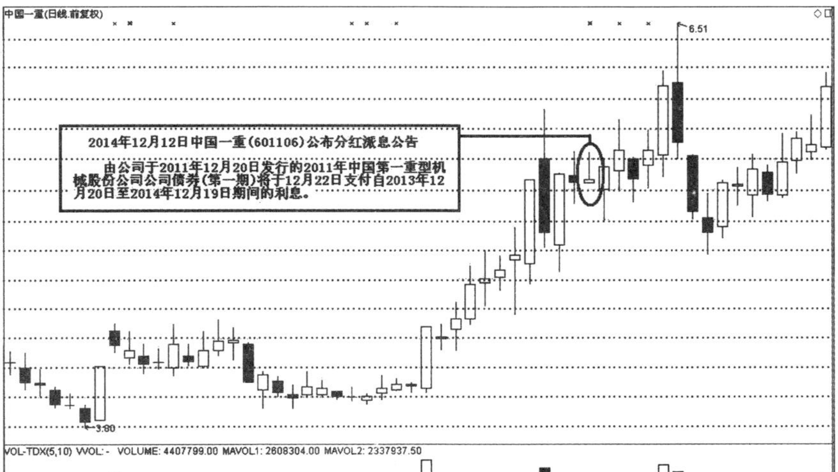

图 1–2　中国一重公布分红派息公告前后的走势图

2. 优先股股票

所谓优先股股票，是指持有该种股票股东的权益要受一定的限制。优先股股票的发行一般是股份公司出于某种特定的目的和需要，且在票面上要注明“优先股”字样。优先股股东的特别权利就是可优先于普通股股东以固定的股息分取公司收益并在公司破产清算时优先分取剩余资产，但一般不能参与公司的经营活动，其具体的优先条件必须由公司章程加以明确。

普通股和优先股的基本权利如表 1－1 所示。

表 1－1　普通股和优先股的基本权利

类别	普通股	优先股
权利	公司决策参与权 利润分配 优先认股 剩余资产分配权	股息领取优先权 剩余资产分配优先权

二、按上市地点分类

我国上市公司的股票有 A 股、B 股、H 股、N 股、S 股等的区分，这一区分主要依据股票的上市地点和所面对的投资者而定（图 1-3）。

A 股的正式名称是人民币普通股票。它是由我国境内的公司发行，供境内机构、组织或个人（不含港、澳、台投资者）以人民币认购和交易的普通股股票。图 1-4 为在上海证券交易所上市的 A 股中国船舶的走势图。

B 股的正式名称是人民币特种股票。它是以人民币标明面值，以外币认购和买卖，在境内（上海、深圳）证券交易所上市交易的股票。

它的投资人限于：外国的自然人、法人和其他组织，中国香港、中国澳门、中国台湾地区的自然人、法人和其他组织，定居在国外的中国公民，中国证监会规定的其他投资人。现阶段 B 股的投资人主要是上述几类中的机构投资者。

B 股公司的注册地和上市地都在境内，只不过投资者在境外或在中国香港、澳门及台湾。

A 股	内地注册上市、内地认购
B 股	内地注册上市、外币交易
H 股	内地注册、香港上市
N 股	内地注册、纽约上市
S 股	内地注册、新加坡上市

图 1-3　按上市地点分类的股票种类

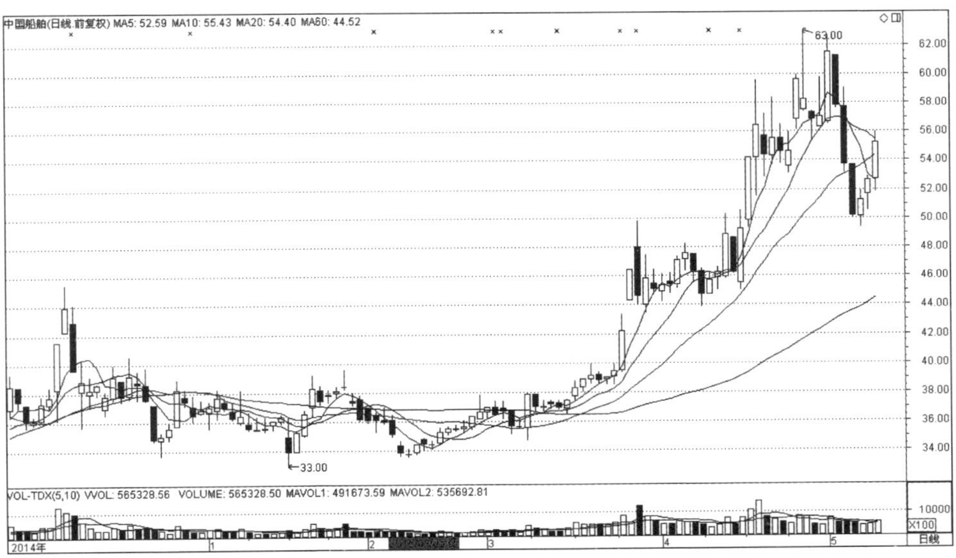

图 1-4　A 股股票中国船舶的走势图

H 股，即注册地在内地、上市地为香港的外资股。香港的英文是 Hong

Kong，取其字首，在港上市外资股就叫作 H 股。依此类推，纽约的第一个英文字母是 N，新加坡的第一个英文字母是 S，纽约和新加坡上市的股票就分别叫作 N 股和 S 股。

三、按票面形态分类

按票面形态，股票可以分为以下几类。

1. 记名股

股票在发行时，票面上记载有股东的姓名，并记载于公司的股东名册上。记名股票的特点就是除持有者和其正式的委托代理人或合法继承人、受赠人外，任何人都不能行使其股权。另外，记名股票不能任意转让，转让时，既要将受让人的姓名、住址分别记载于股票票面，还要在公司的股东名册上办理过户手续，否则转让不能生效。

2. 无记名股

此种股票在发行时，在股票上不记载股东的姓名。其持有者可自行转让股票，任何人一旦持有便享有股东的权利，无须再通过其他方式、途径证明有自己的股东资格。这种股票转让手续简便，但也应该通过证券市场的合法交易实现转让。

3. 面值股

有票面金额股票，简称金额股票或面额股票，是指在股票票面上记载一定的金额，如每股人民币 100 元、200 元等。金额股票给股票定了一个票面价值，这样就可以很容易地确定每一股份在该股份公司中所占的比例。

4. 无面值股

也称比例股票或无面额股票。股票发行时无票面价值记载，仅表明每股占资本总额的比例。其价值随公司财产的增减而增减。因此，这种股票的内在价值总是处于变动状态。这种股票最大的优点就是避免了公司实际资产与票面资产的背离，因为股票的面值往往是徒有虚名，人们关心的不是股票面值，而是股票价格。

四、根据业绩分类

根据上市公司的业绩可将股票分为绩优股、蓝筹股、ST 股和垃圾股 4 类，详见表 1－2。

表 1－2　根据上市公司的业绩分类

分类	分析
绩优股	公司经营很好，业绩很好，每股收益 0.5 元以上的股票
蓝筹股	股票市场上那些在其所属行业内占有重要支配性地位、业绩优良、成交活跃、红利优厚的大公司股票
ST 股	ST 股是指境内上市公司连续两年亏损或每股净资产低于股票面值，而进行特别处理的股票
垃圾股	经营亏损或违规的公司的股票

图 1–5 为大盘蓝筹股中国联通的走势图。

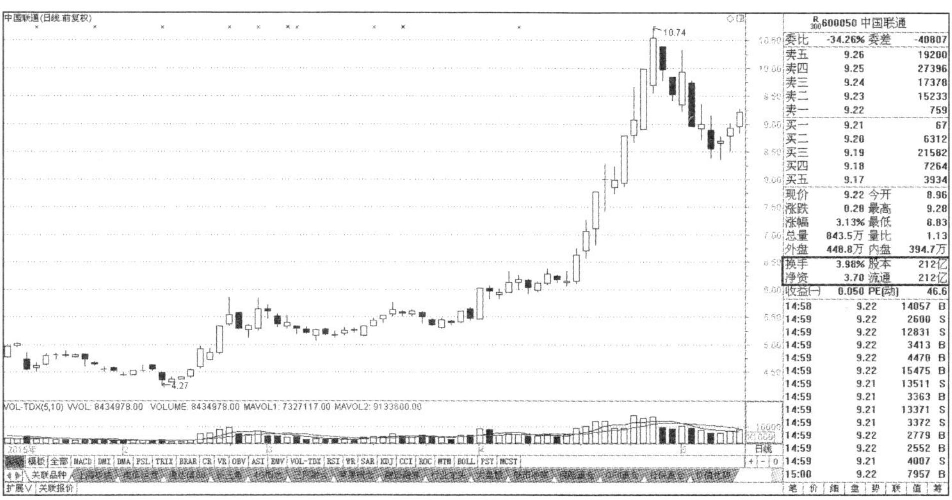

图 1–5　中国联通走势图

五、按股票认购主体分类

按股票认购主体分类，可将股票分为国有股、法人股和公众股。国有股、法人股和公众股最大的区别就在于其认购主体的不同。国有股是由国有资产投资；法人股是由法人公司资产投资；公众股是由个人财产投资。

1. 国有股

国有股指有权代表国家投资的部门或机构以国有资产向公司投资形成的股份，包括以公司现有国有资产折算成的股份。由于我国大部分股份制企业都是由原国有大中型企业改制而来的，因此，国有股在公司股权中占有较大的比重。图 1-6 为国有股中国石油的走势图。

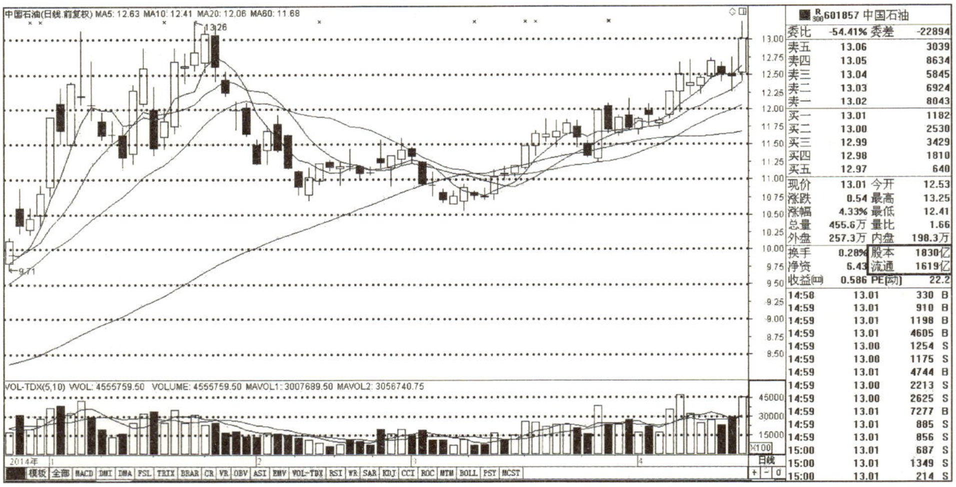

图 1-6　中国石油走势图

2. 法人股

法人股指企业法人或具有法人资格的事业单位和社会团体以其依法可经营的资产向公司非上市流通股权部分投资所形成的股份。目前，在我国上市公司的股权结构中，法人股平均占 20% 左右。根据法人股认购的对象，可将法人股进一步分为境内发起法人股、外资法人股和募集法人股三个部分。

3. 社会公众股

社会公众股是指我国境内个人和机构，以其合法财产向公司可上市流通股权部分投资所形成的股份。

股票的发行条件

股票的发行是指股份有限公司出售股票以筹集资本的过程。我国《公司法》明确规定只有股份有限公司才能发行股票，而有限责任公司是不能发行股票的。股份有限公司发行股票必须符合一定的条件，还要经过一定的程序。同时，在股票发行工作开始前，还要确定股票的发行价格，选择一定的发行方式。

根据《中华人民共和国证券法》的规定，公司公开发行新股，应当符合下列条件：

（1）具备健全且运行良好的组织机构；

（2）具有持续盈利能力，财务状况良好；

（3）最近三年财务会计文件无虚假记载，无其他重大违法行为；

（4）经国务院批准的国务院证券监督管理机构规定的其他条件。

企业公开发行股票除了满足上述条件外，还需满足中国证监会规定的其他要求。公开发行股票并在主板（含中小企业板）上市企业必须满足中国证监会 2006 年 5 月 17 日发布的《首次公开发行股票并上市管理办法》的相关规定；公开发行股票并在创业板上市企业必须满足中国证监会 2009 年 3 月 31 日发布的《首次公开发行股票并在创业板上市管理暂行办法》的相关规定。

股票的盈利方式

市场的机会多种多样，每个人只要独具慧眼，形成自己的盈利模式，都能在市场中获利。只有建立自己的盈利模式，才能够长期立于不败之地。

股票投资的盈利是由"收入收益"和"资本利得"两部分构成的，大部分股民获得收益的方式是资本利得，详见表1－3。

表1－3 股票投资的盈利方式

股票收益	分析
收入收益	收入收益是指股票投资者以股东身份，按照持股的份额，在公司盈利分配中得到的股息和红利的收益。当你所投资的公司赚钱时，会按照你持有的股份占所有股份的比例，分配利润给你，此时你所获得的利润就是股利。须注意的是，当公司不赚钱的时候，股东就可能完全领不到股利了。股利可分成两种，一为股票股利，二为现金股利
资本利得	资本利得是指投资者在股票价格的变化中所得到的收益，即将股票低价买进，高价卖出所得到的差价收益。当市场上对某只股票的需求量大于供给量时，该股票的价格就会上涨。所以，若投资人能低买高卖，就能赚取当中的差价

第二节 股票交易程序

一般客户是不能直接进入证券交易所进行场内交易的，而要委托券商或经纪人代为进行。客户的委托买卖是证券交易所交易的基本方式，是指投资者委托券商或经纪人代理客户（投资者）在场内进行股票买卖交易的活动。股票的交易程序一般包括开户、委托买卖、成交、清算及交割、过户等几个过程。

了解证券市场中介

证券中介结构主要包括证券交易所、证券公司、证券登记结算机构和证券服务机构。

一、证券交易所

证券交易所是依据国家有关法律，经政府证券主管机关批准设立的集中进行证券交易的有形场所。证券交易所主要是提供交易场所和服务，同时也兼有管理证券交易的职能，但其本身不能参与证券交易。证券交易所是非金融机构的法人组织，它有两种基本组织形式，一是股份公司制交易所，二是会员制交易所。目前我国大陆的证券交易所主要是上海证券交易所和深圳证券交易所。

二、证券公司

由于能够进入证券交易所参与集中竞价交易的必须是具有证券交易所会员资格的中介机构，所以一般投资者只有通过中介机构才能到交易所交易，这里的中介机构即证券公司，也被称为“券商”。我国主要的证券经营机构如表1－4所示。

表1－4　证券经营机构

分类	分析
证券公司	证券公司是我国直接从事证券发行与交易业务的具有法人资格的证券经营机构，其业务范围主要有：代理证券发行、证券自营，代理证券交易，代理证券还本付息和支付红利，接受客户委托代收证券本息、红利，代办过户等
信托投资公司	信托投资公司是以盈利为目的，并以受托人身份经营信托业务的金融机构。它除了办理信托投资业务外，还可设立证券部办理证券业务，其业务范围主要有：证券的代销及包销，证券的代理买卖及自营，证券的咨询、保管及代理还本付息等

三、证券登记结算机构

股票交易每天都有庞大而复杂的交易数据需要处理，投资者通过不同的证券公司向证券交易所发出买卖股票信息后，都需要一个专门的机构来统一管理，这就产生了证券登记结算机构。

证券登记结算机构的主要职责是为证券的发行和交易获得办理证券登记、存管、结算业务的中介服务机构，它是不以盈利为目的的组织，其设立必须经过国务院证券监督管理机构批准。

四、证券服务机构

证券服务机构是为证券经营和证券交易服务的机构。我国的证券服务机构如表1－5所示。

表1－5　证券服务机构

分类	分析
证券登记公司	证券登记公司是独立的企业性质的证券服务机构，其主要业务是：公开发行与非公开发行的证券登记，上市及未上市的记名证券的转让登记，代理有价证券的保管，代理有价证券的还本付息和分红派息，从事与证券有关的咨询业务及主管机关批准的其他业务
证券评级公司	证券评级公司是专门从事有价证券评级业务的企业法人，一般都是独立的、非官方的，其主要业务是对有价证券的发行公司进行客观、准确、真实、可靠的评级，并负责提供评级结果及有关资料

开立股票交易账户

客户欲进入股市必须先开立股票账户，股票账户是投资者进入市场的通行证，只有拥有它，才能进场买卖证券。股票账户在深圳又叫股东代码卡。凯里股票交易账户按照下面的程序办理：

一、营业部开户手续

在当地选择一家证券公司作为自己买卖股票的代理人，需本人带身份证原件在股市交易时间到证券公司营业部办理沪、深股东卡需填写开户申请表并与证券营业部签订《证券交易委托代理协议书》、《风险提示书》、《客户须知》、上海证券市场还须签《指定交易协议书》等文件。便获得一个交易用的资金账户（用来登录网上交易系统），同时可办理开通网上交易手续。开户手续办理完毕后，需签署第三方存管协议，并办理预指定存管银行手续。再带上身份证以及所开账户资料，到预指定存管银行网点办理第三方存管“签约”确认手续。办一张银行卡（开通网上银行），在银行柜台填写一份银证、客户交易结算资金第三方存管协议书办理银证转账业务。然后将资金存入银行账户。

二、网上开户手续

营业部开户流程繁琐，耗时较长。目前各证券公司陆续开通了网上开户试点业务，使投资者足不出户，就能办理股票交易账户的开立手续。

下面以中信证券为例，介绍一下网上开户的流程（图 1-7 ~ 图 1-24）。

图 1-7　第一步：选择开户类别

图 1-8　第二步：开户前的准备

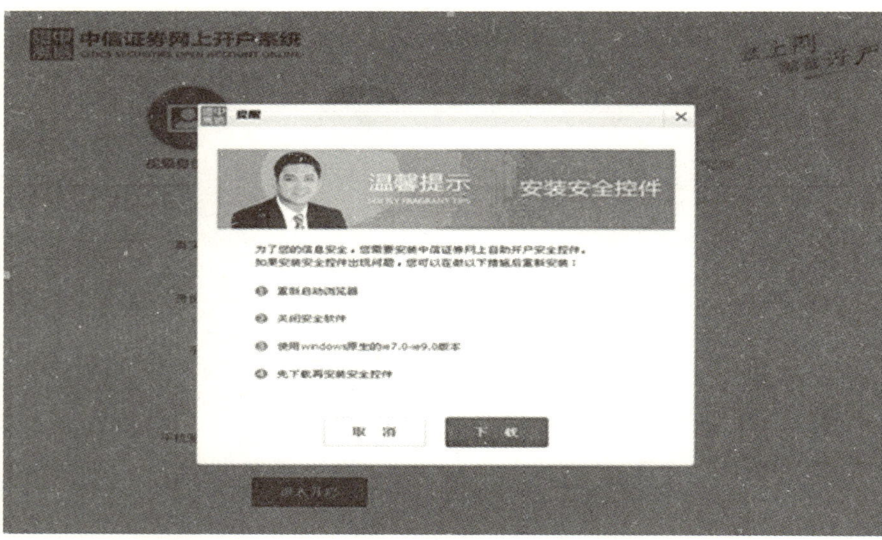

图 1-9　第三步：安装安全控件

图 1-10　第四步：输入客户信息

图 1-11　第五步：影像采集

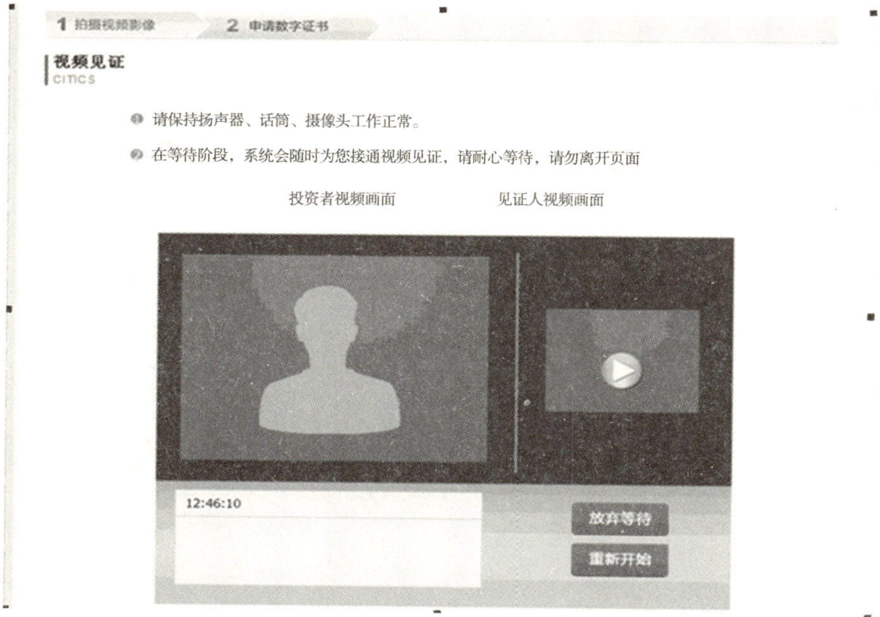

图 1-12　第六步：视频见证

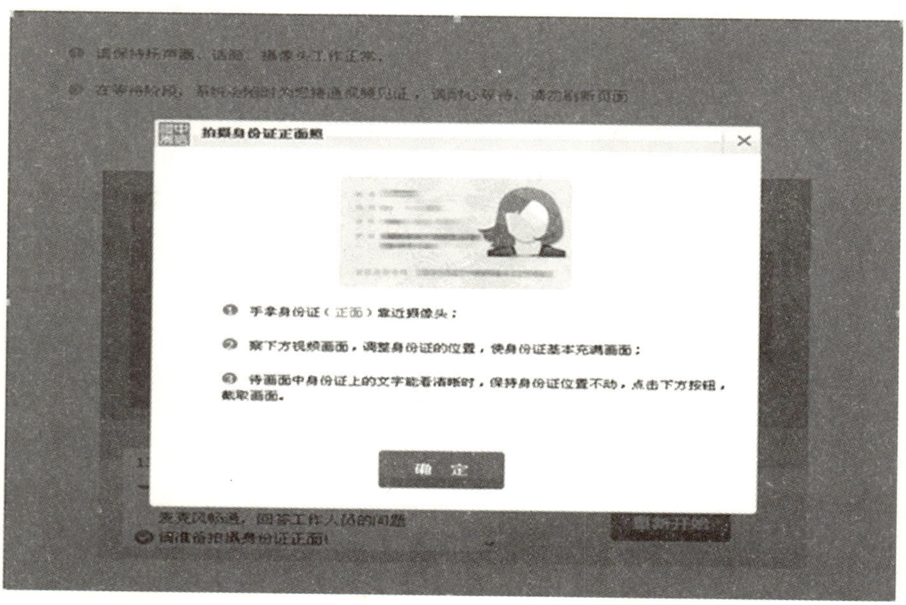

图 1-13　第七步：拍摄身份证正面

图 1-14　第八步：视频见证审核提交

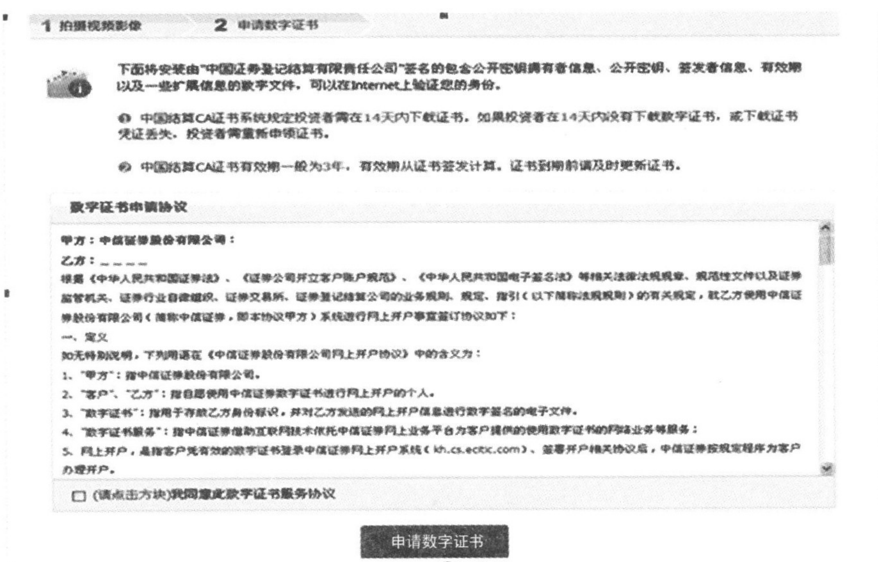

图 1-15　第九步：申请数字证书

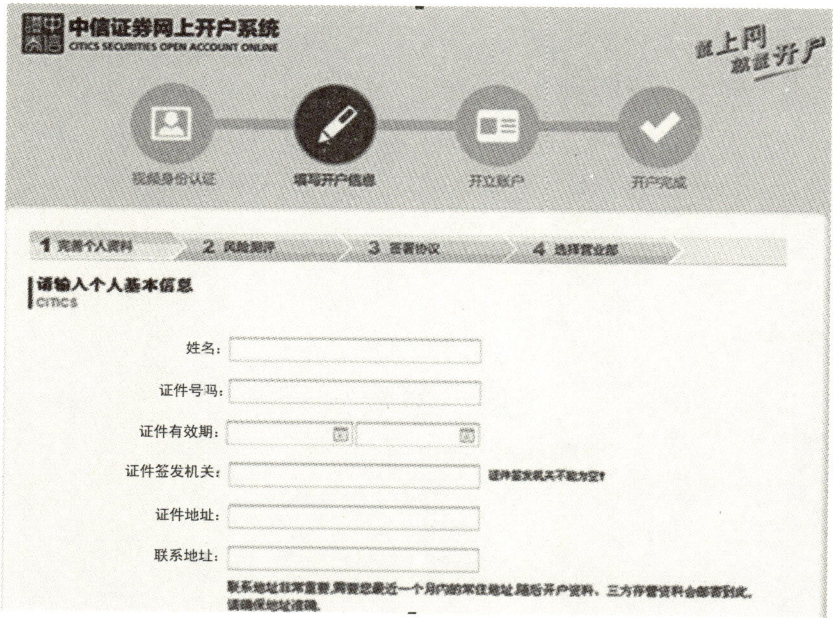

图 1-16　第十步：填写个人资料

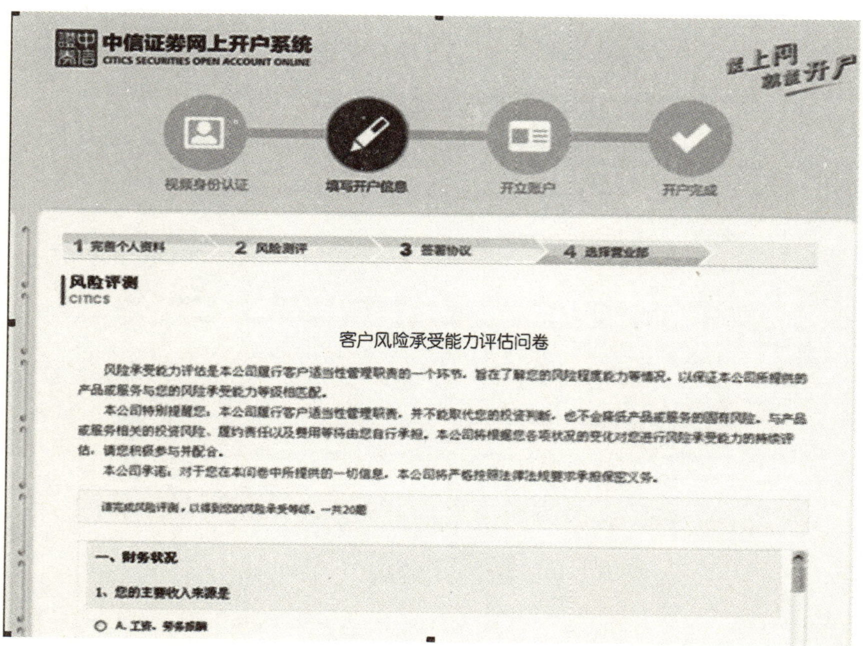

图 1-17　第十一步：完成风险评测问卷

图 1-18　第十二步：确认提交

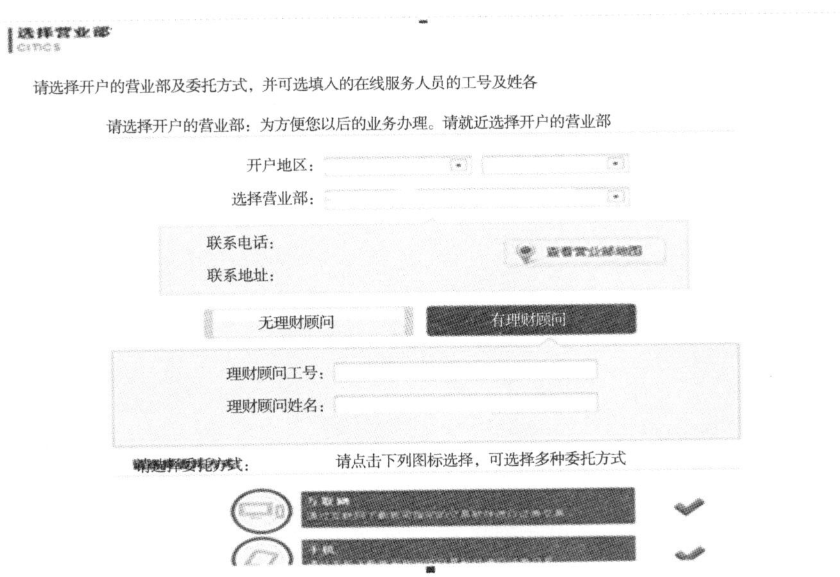

图 1-19　第十三步：选择营业部

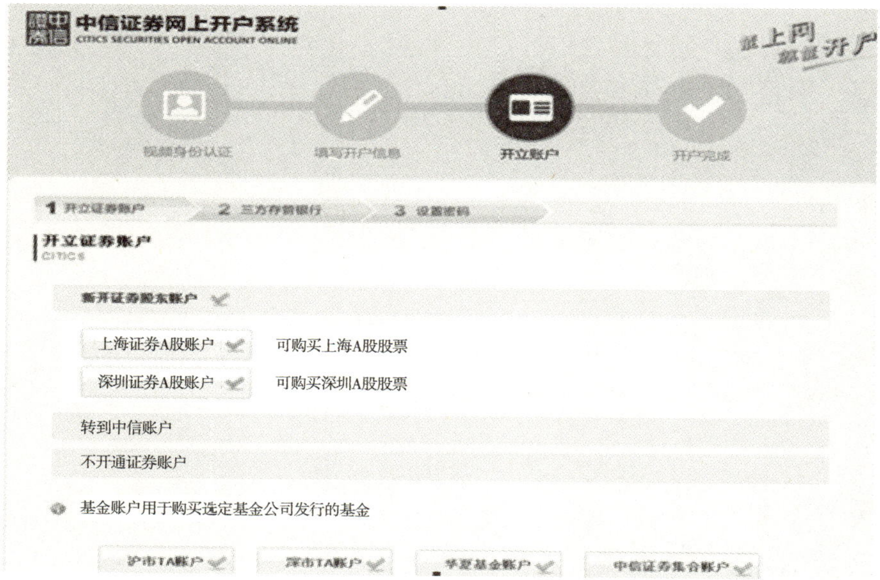

图 1-20　第十四步：开立证券账户

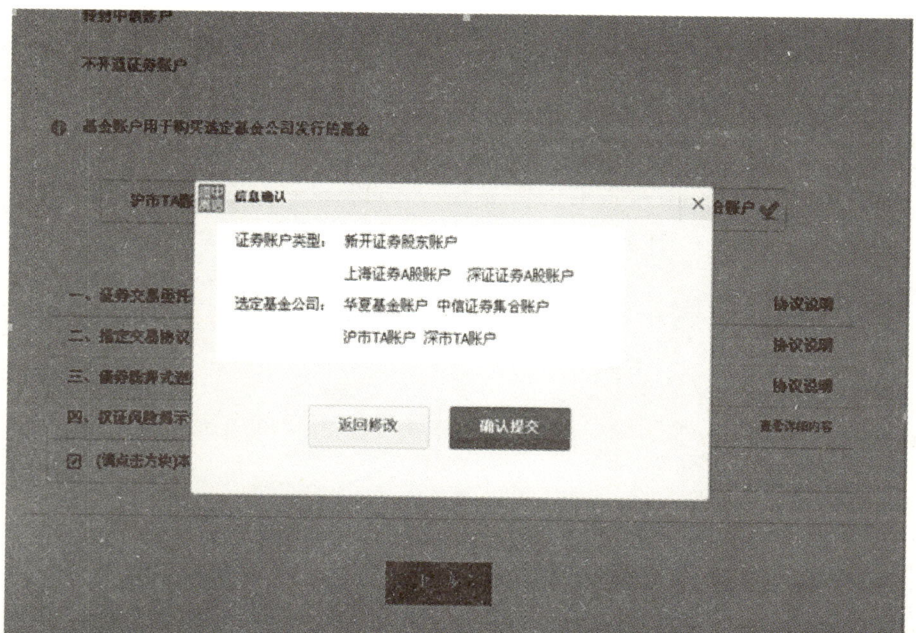

图 1-21　第十五步：确认提交

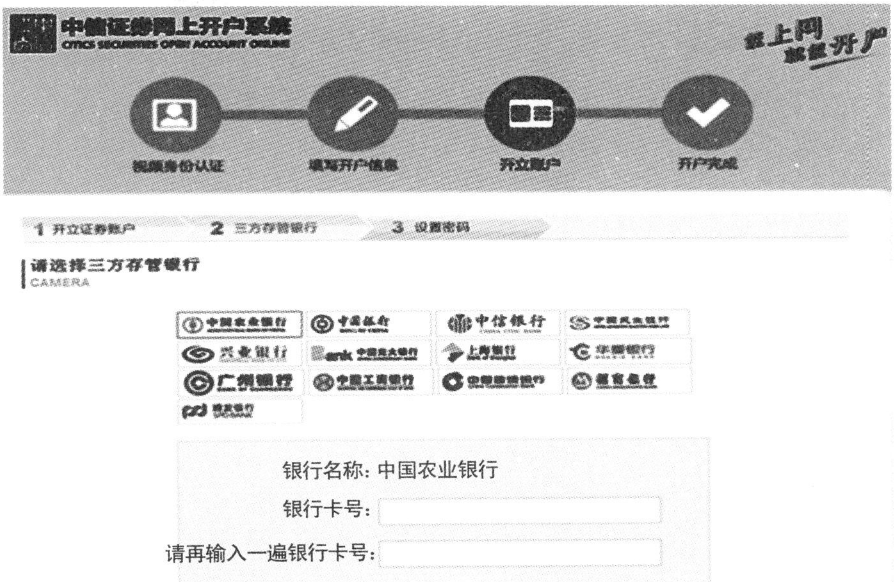

图 1-22　第十六步：选择三方存款银行

图 1-23　第十七步：设置密码

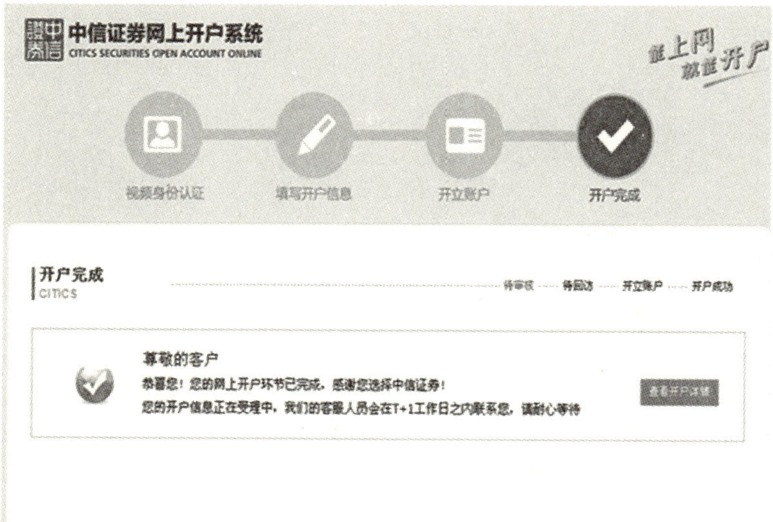

图 1-24　第十八步：开户完成

三、下载交易软件进行交易

下载所属证券公司的网上交易软件（带行情分析软件）或证券公司有附送软件安装光盘在电脑安装使用。用资金账户，交易密码登陆网上交易系统，进入系统后，通过银证转账将银行的资金转入资金账户就可以买卖股票操作了。图 1-25、图 1-26、图 1-27 分别为中信证券开户者的登陆界面、银证业务界面和股票买卖界面。

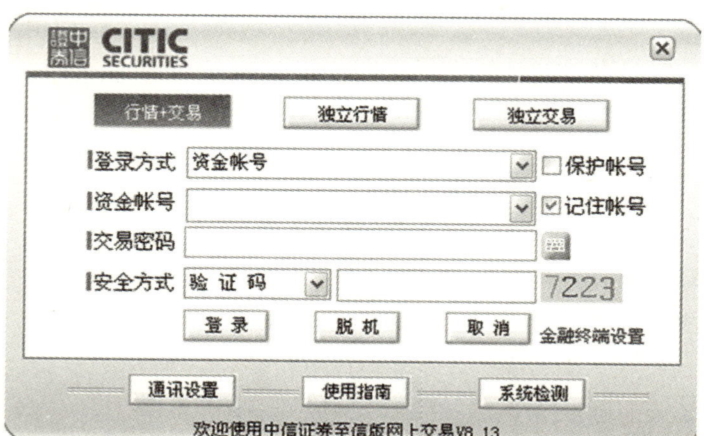

图 1-25　中信证券登陆界面

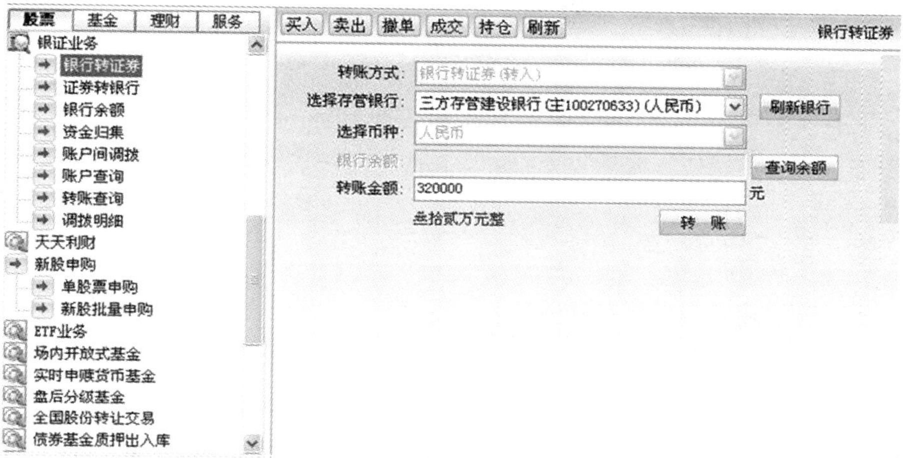

图 1-26　中信证券的银证业务银行转证券操作界面

图 1-27　中信证券的股票买入界面

股票交易费用

股票交易费用是指投资者在委托买卖证券时应支付的各种税收和费用的总和，通常包括印花税、佣金、过户费、其他费用等几个方面的内容。

一、印花税

证券交易印花税是印花税的一种，是根据书立证券交易合同的金额对卖方进行收取的税费，税率为1‰。从2008年9月19日开始，财政部将证券交易印花税政策由双边征收改为单边征收，即只对卖出方（或继承、赠与A股、B股股权的出让方）征收证券（股票）交易印花税，对买入方（受让方）不再征税。税率仍然保持1‰不变。

二、佣金

佣金是指投资者在委托买卖证券成交之后按成交金额的一定比例支付给券商的费用。此项费用一般由券商的经纪佣金、证券交易所交易经手费及管理机构的监管费等构成。

委托买卖股票的佣金标准是0.3‰~3‰，它的最低起点是5元。委托者委托买卖成交后，在和承办委托的证券商办理交割时，需要按照实际成交金额的0.3‰~3‰向证券商交纳委托买卖佣金。证券商不得任意或变相提高或降低佣金的收费标准，如果受委托的买卖没有成交，则证券商不能向委托者收取佣金。

佣金的成交价格由股票代理商行决定，一般的股票买卖投资者可以去和账户所在的证券交易所协商，散户一般在1.0‰~2.0‰。由于国家放开了一人一户政策，券商之间竞争加剧，佣金也有所下调，目前网上开户佣金最低达到0.3‰。

三、过户费

过户费是指投资者委托买卖的股票、基金成交后买卖双方为变更股权登记所支付的费用。这笔收入是证券登记清算机构的收入，在证券经营机构同投资者清算交割时代替证券登记清算机构进行扣收。其收费标准为：上海证券交易所 A 股、基金交易的过户费为成交票面金额的 1‰，起点为 1 元，其中 0.5‰ 由证券经营机构交登记公司；深圳证券交易所免收 A 股、基金、债券的交易过户费。

四、红利税

上市公司给股票持有者按比例用现金分红时国家收取的税叫红利税。红利税占股票持有者所得红利的 10%。假如你有 100 股，分红利 10 元钱，应扣红利税 =10×10% =1 元，所以你税后实得现金红利是 9 元钱。

五、其他费用

其他费用是指投资者在进行委托买卖证券时，向证券营业部缴纳的委托费（通讯费）、撤单费等。这些费用主要用于通讯、设备、单证制作等方面的开支。其他费用一般由券商根据需要酌情收取，没有明确的收费标准，但其收费需要得到当地物价部门批准，目前有相当多的证券经营机构出于竞争的考虑而减免部分或全部此类费用。

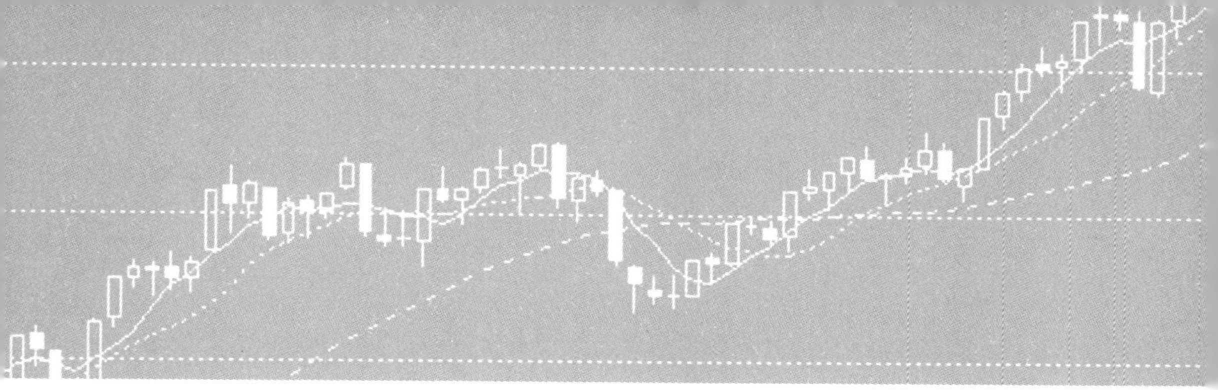

第二章
九层之台起垒土——股票的基本面分析

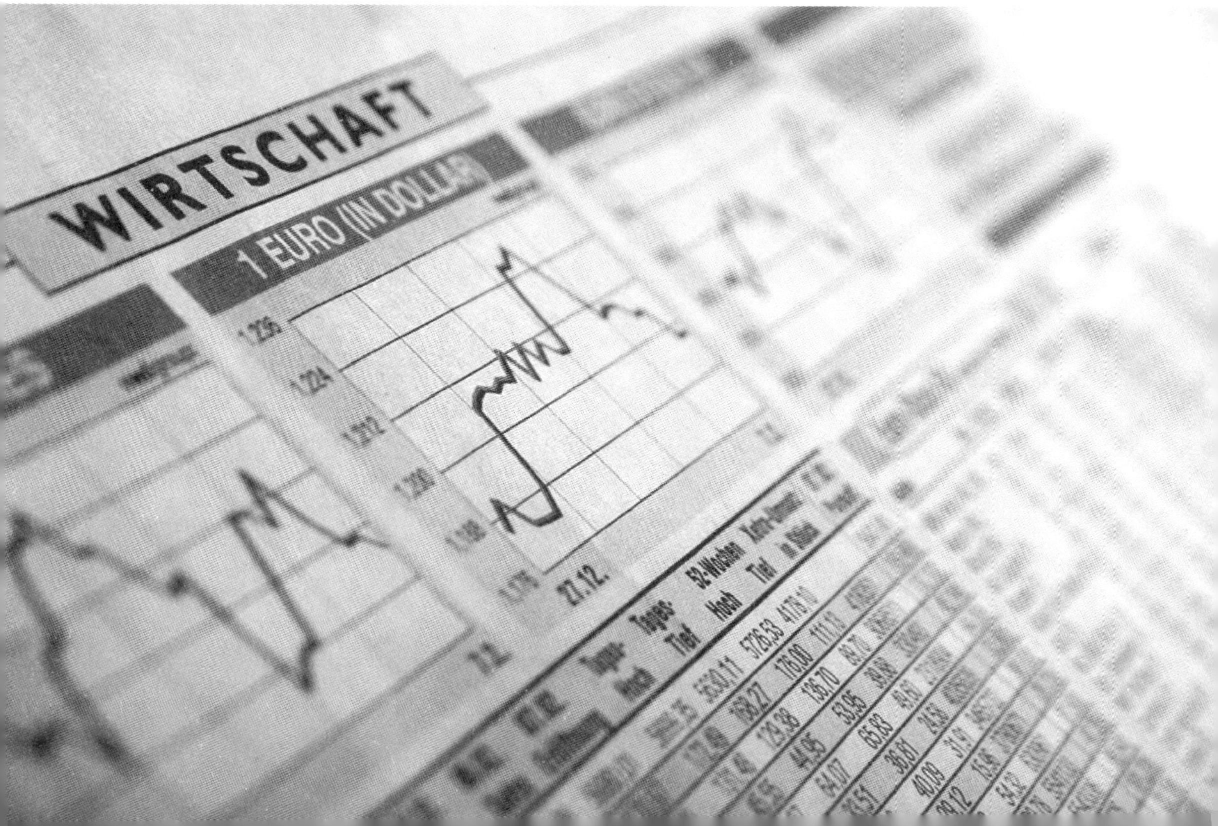

价格是投资者将付出的，价值是投资者将得到的。在决定购买股票时，内在价值是一个重要的概念。没有公式能用来计算内在价值。投资者必须了解所要买的股票背后的企业，然后给企业估价。

第一节　宏观经济环境分析

一个企业生产经营状况的好坏，既受其内部条件的影响，又受其外部宏观经济环境和市场环境的影响。一个企业，无力决定它的外部环境，但可以通过内部条件的改善，来积极适应外部环境的变化，充分利用外部环境，并改变自己的小环境，以增强自身活力，扩大市场占有率。因此，作为企业家对经济周期波动必须了解、把握，并能制定相应的对策来适应周期的波动，否则将在波动中丧失生机。

经济周期的影响

在影响股价变动的市场因素中，宏观经济周期的变动，是最重要的因素之一，它对企业营运及股价的影响极大，是股市的大行情。因此经济周期与股价的关联性是投资者不能忽视的。

经济周期包括衰退、危机、复苏和繁荣四个阶段，一般说来，在经济衰退时期，股价会逐渐下跌；到危机时期，股价跌至最低点；而经济复苏开始时，股价又会逐步上升；到繁荣时，股价则上涨至最高点。经济周期的四个阶段如图 2-1 所示。

经济周期影响股价变动，但两者的变动周期又不是完全同步的。通常情况是，不管在经济周期的哪一阶段，股价变动总是比实际的经济周期变动要领先一步。即在衰退以前，股价已开始下跌，而在复苏之前，股价已经回升；经济周期未步入高峰阶段时，股价已经见顶；经济仍处于衰退期间，股市已开始从

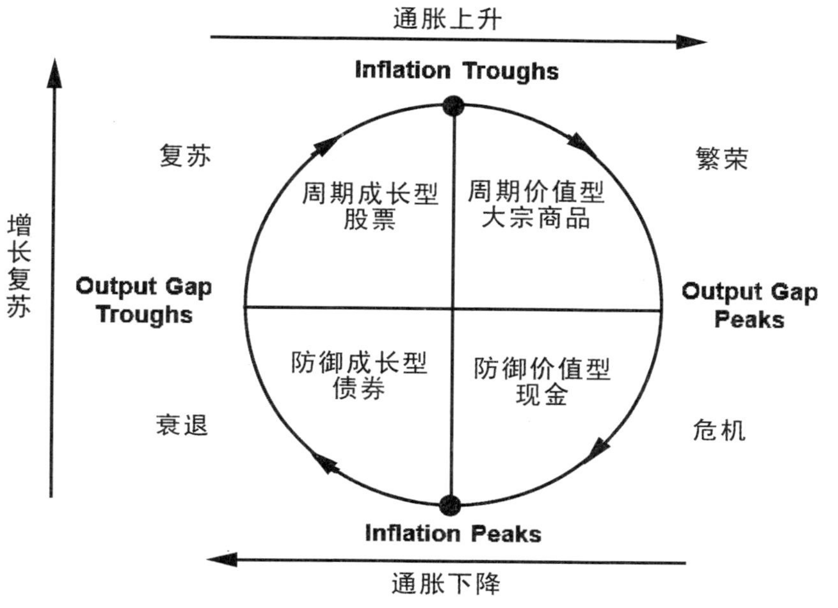

图 2-1　经济周期的四个阶段

谷底回升。这是因为股市股价的涨落包含着投资者对经济走势变动的预期和投资者的心理反应等因素。

当经济开始衰退之后，企业的产品滞销，利润相应减少，促使企业减少产量，从而导致股息、红利也随之不断减少，持股的股东因股票收益不佳而纷纷抛售，使股价下跌。当经济衰退已经达到经济危机时，整个经济生活处于瘫痪状况，大量的企业倒闭，股票持有者由于对形势持悲观态度而纷纷卖出手中的股票，从而使整个股市价格大跌，市场处于萧条和混乱之中。经济周期经过最低谷之后又出现缓慢复苏的势头，随着经济结构的调整，商品开始有一定的销售量，企业又能开始给股东分发一些股息红利，股东慢慢觉得持股有利可图，于是纷纷购买，使股价缓缓回升；当经济由复苏达到繁荣阶段时，企业的商品生产能力与产量大增，商品销售状况良好，企业开始大量盈利，股息、红利相应增多，股价上涨至最高点。

炒股箴言

投资者要收集相关宏观经济资料和政策信息，随时注意经济发展的动向，正确把握当前经济发展处于经济周期的何种阶段，对未来做出正确判断是至关重要的，切忌盲目从众。尤其是中长期投资者特别要注意，要把握经济周期，认清经济形势，不要被股价的小涨和小跌所驱动。在把握经济周期波动的基础上，配合技术分析的趋势线进行研究或许会大有裨益。

通货膨胀的影响

通货膨胀是影响股票市场以及股价的一个重要宏观经济因素。这一因素对股票市场的影响比较复杂，它既有刺激股票市场的作用，又有压抑股票市场的作用。通货膨胀主要是由于过多地增加货币供应量造成的。货币供应量与股价一般是呈正比关系，即货币供应量增大使股价上升，反之，货币供应量缩小则使股价下降，但在特殊情况又有相反的作用。

不管何种原因引发的通货膨胀，都会对股市的运动产生影响。在通货膨胀初期，由于货币供应迅速增加，社会总供给所需的资金相对充裕，经营规模扩大，产品产值倍数扩张，效益凸显。同时，消费者面临货币贬值的压力，抢先购物保值，社会需求量节节攀升，总供需相对平衡，股市利好信心大增。

在通货膨胀后期，预期的价格上升幅度太大，一方面投资成本升幅过大，另一方面消费者苦于物价过高不再扩大消费，市场供需均势被打破，宏观经济萧条，股市就会上涨无力。

当货币供应量增加时，多余部分的社会购买力就会投入到股市，从而把股价抬高；反之，如果货币供应量少，社会购买力降低，投资就会减少，股市陷入低迷状态，因而股价也必定会受到影响。当通货膨胀到一定程度，通货膨胀率甚至超过了两位数时，将会推动利率上升，资金从股市中外流，从而使股价下跌。

总之，当通货膨胀对股票市场的刺激作用大时，股票市场的趋势与通货膨胀的趋势一致；而其压抑作用大时，股票市场的趋势与通货膨胀的趋势相反。

炒股箴言

投资者可以通过关注物价指数的走向来判断通货膨胀水平。我国政府经常会公布一些比较重要的物价指数，利用这些物价指数的走向，投资者可以粗略分析判断通货膨胀或通货紧缩的水平。

利率的影响

对股票市场及股价产生影响的种种因素中最敏锐者莫过于金融因素。在金融因素中，利率水准的变动对股市行情的影响又最为直接和迅速。

一般理论认为，利率下降时，股价就上升；利率上升时，股价就下跌。因此，利率的高低以及利率同股票市场的关系，也成为投资者买进和卖出股票的重要依据。利率对股价的影响有两种途径，具体如下：

一是利率上升时，一部分资金从投向股市转向到银行储蓄和购买债券，从而会减少市场上的股票需求，使股价出现下跌。反之，利率下降时，储蓄的获利能力降低，一部分资金就可能回到股市中来，从而扩大对股票的需求，使股价上涨。图 2-2 为 2015 年两次利率调整对股市的影响。

二是利率对上市公司经营的影响，进而影响公司未来的估值水平。贷款利率提高会加重企业利息负担，从而减少企业的盈利，进而减少企业的股票分红派息，受利率的提高和股票分红派息降低的双重影响，股价必然会下跌：相反，贷款利率下调将减轻企业利息负担，降低企业生产经营成本，提高企业盈利能力，进而增加企业的股票分红派息，受利率的降低和股票分红派息增加的双重影响，股价必然会上涨。表 2 -1 为历次利率调整对股市的影响。从表中可以看出涨多跌少的明显的规律性。

投资者应该明白，从中长期来看，利率升降和股市的涨跌并不是简单的负相关关系。因为，股市的中长期走势不仅仅受利率走势影响，它同时对经济增长因素、非市场宏观政策因素的反应也很敏感。如果经济增长因素、非市场宏观政策因素的影响大于利率对股市的影响，则股市的走势就会与利率的走势相背离。

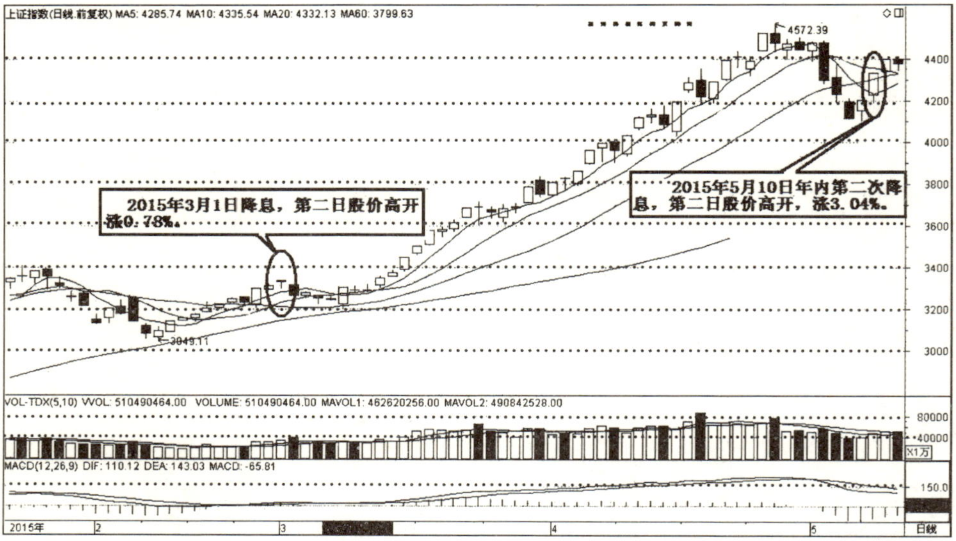

图 2-2　2015 年两次利率调整对股价的影响

炒股箴言

利率与股价运动呈反向变化是一般情形，那么投资者就应该密切关注利率的升降，并对利率的走向进行预测，以便在利率变动之前抢先一步对股票买卖作出决策。

表 2-1　2002 年以来历次利率调整对股价的影响

调整时间	存款利率	贷款利率	次日沪指
2015. 05. 11	2. 25%	5. 10%	3. 04%
2015. 03. 02	2. 50%	5. 35%	0. 78%
2014. 11. 22	2. 75%	5. 60%	1. 85%
2012. 07. 06	3. 00%	6. 00%	1. 01%
2012. 06. 08	3. 25%	6. 31%	-0. 51%
2011. 07. 07	3. 50%	6. 56%	-0. 58%
2011. 04. 06	3. 25%	6. 31%	0. 22%
2011. 02. 09	3. 00%	6. 06%	-0. 89%

调整时间	存款利率	贷款利率	次日沪指
2010．12．26	2．75%	5．81%	-1．90%
2010．10．20	2．50%	5．56%	0．07%
2008．12．23	2．25%	5．31%	-4．55%
2008．11．27	2．52%	5．58%	1．05%
2008．10．30	3．60%	6．66%	2．55%
2008．10．09	3．87%	6．93%	-0．84%
2008．09．16	4．14%	7．20%	-4．47%
2007．12．21	4．14%	7．47%	1．15%
2007．09．15	3．87%	7．29%	2．26%
2007．08．22	3．60%	7．02%	0．50%
2007．07．21	3．33%	6．84%	3．81%
2007．05．19	3．06%	6．57%	1．04%
2007．03．18	2．79%	6．39%	2．87%
2006．08．19	2．52%	6．12%	0．20%
2006．04．28	2．25%	5．85%	1．66%
2004．10．29	2．25%	5．58%	-1．58%
2002．02．21	1．98%	5．31%	1．57%

第二节　行业背景和发展前景分析

行业的生存发展，不仅会受到行业内部竞争、技术革新换代的影响，也会受到国家或地区经济政策、产业政策的制约。

行业性质分析

公司的成长受制于其所属产业和行业的兴衰的约束，如企业属于电子工业、精细化工产业，属成长型产业，其发展前景比较好，对投资者的吸引力就大；反之，如果公司属于煤炭或棉纺业，则属夕阳产业，其发展前景欠佳，投资收益就相应要低。因此，公司所属行业的性质对股价影响极大，必须对公司所属的行业性质进行分析。其具体分析应从以下三个方面进行：

一、商品形态

分析公司产品是生产资料还是消费资料，前者是满足人们生产需要，后者是满足人们的生活需要，二者受经济环境的影响差别很大。一般情况下，生产资料受经济发展变动的影响较大，当经济好转时，生产资料的生产增长比消费资料快；反之，当经济恶化时，生产资料的生产萎缩也快。在消费资料中，奢侈品比必需品萎缩快。

二、需求形态

分析公司产品的销售对象及销售范围。如公司产品是以内销为主还是外销为主，内销易受国内政治、经济因素的影响，外销则易受国际经济、贸易气候的左右。同时还必须调查分析企业商品对不同需求对象的满足程度，不同的需要对象对商品的性能、品质也有不同的要求，公司以需求定产，否则，必然影响公司的产品销售，从而影响盈利水准，使投资收益降低，股价下跌。表2－2为2014~2015年的“一带一路”概念股中各企业国际业务占比对照表。国际业务占比高的股票必然受到政策倾斜和市场追捧，股价会有好的表现。

表2－2　“一带一路”概念股中各企业国际业务占比对照表

行业	股票	国际业务占比（2013年数据供参考，部分企业后有切入国际业务）	市值（亿元）
基建	中工国际	96.75%	241
	中材国际	57.97%	167
	中钢国际	27.69%	97
	中国电建	25.80%	832
	葛州坝	19.04%	458
	中国交建	17.05%	2073
	中国股份	5.79%	175
	中国建筑	5.68%	2016
高铁	中国中铁	4.04%	1980
	中国铁建	3.62%	1801
	中国北车	7.82%	1789
	中国南车	6.56%	1905

续表

行业	股票	国际业务占比（2013年数据供参考，部分企业后有切入国际业务）	市值（亿元）
机械	达刚路机	76.71%	45
	振华重工	71.99%	256
	三一重工	29.92%	701
	柳工	19.5%	138
	徐工机械	17.54%	351
	厦工股份	11.42%	107
能源开发	中联重科	7.31%	477
	中色股份	5.79%	194
	中国中冶	5.65%	923
油气设备	江钻股份	22.63%	101
	杰瑞股份	18.88%	355

三、生产形态

投资者需要分析行业是劳动密集型、资本密集型还是知识密集型。其中，劳动密集型以劳动投入为主，资金密集型以资本投入为主，知识密集型则以知识、技术投入为主。在经济不发达国家或地区，劳动密集型企业比重较大，而在发达国家或地区，资本密集型企业占优势。随着科学技术的发展，技术密集型已取代资本密集型。不同类型的公司，劳动生产率和竞争力不同，企业产品的销售和盈利水平也不同，投资收益也各不相同。

行业的生命周期分析

任何一个行业一般都有其存在的寿命周期，由于行业寿命周期的存在，使行业内各公司的股价深受行业发展阶段的影响。每个行业的发展都可分为4个阶段，分别是初创期、成长期、稳定期和衰退期，只是不同行业发展的各个阶段的时间会有差别，但各个阶段的特征对不同行业来讲一般是类似的（表2－3）。

表2－3　行业生命周期及其特征

项目	初创期	成长期	稳定期	衰退期
厂商数量	很少	增多	减少	很少
利润	较低或亏损	增加	无大变化	减少或亏损
风险	较高	较高	减少	较高

一、初创期

一个行业尚处于初创期，往往是技术革新时期，由于前景光明，吸引了多家公司进入该行业，投入到新技术新产品的创新和改造的潮流中。经过一段时间的竞争，一些公司的产品为市场消费者所接受，逐渐占领和控制了市场，而更多的公司则在竞争过程中遭到淘汰。

在初创期，低利润、高风险使人们极少关注这类行业，因而其股价偏低，投资者应对行业的性质和社会经济形势进行综合分析，从而对该行业的未来前景做出正确预测，一旦发现其具有远大前景就应该逐渐加大投资，待发展到成长期、稳定期之后，将会获得高额回报，包括股息和价差两部分。沪深指数中都有重点行业指数，反映不同行业股票的市场表现。图 2-3 为 2014 年下半年至 2015 年 3 月的上证材料指数。材料行业虽不是新兴行业和朝阳产业，但随着大盘走势向好，仍有优异的表现。

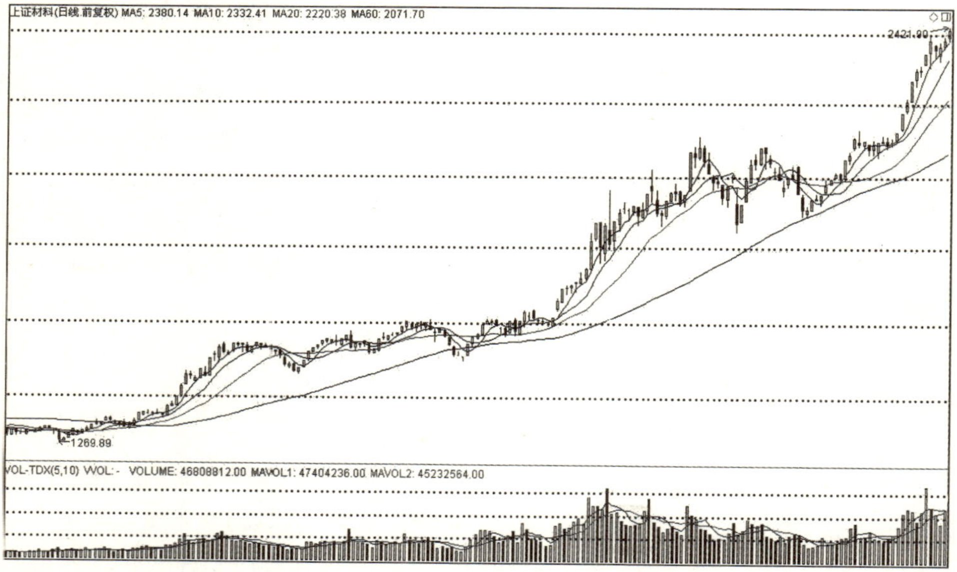

图 2-3　2014 年下半年至 2015 年 3 月的上证材料指数

二、成长期

这一时期技术创新仍在继续，但不如初创期那么快，利润的提高也不再主要依靠新产品或新技术的开发，而主要是取决于公司生产经营规模的扩大。而且，在经过初创期的激烈竞争后，优胜劣汰，少数大企业已基本控制了该行业。它们有雄厚的实力和庞大的资本经营规模，所以有较好的经济效益和稳定的获利水平，公司利润呈稳定增长之势，股价稳步上升，股息丰厚，处于成长期的很多公司的股票为市场热门的蓝筹股。

三、稳定期

随着市场需求的饱和，产品销售增长率减慢，盈利机会减少，行业进入稳定期。这一个阶段主要由少数大企业控制整个行业，它们经过上一阶段的激烈竞争，已成为资金实力雄厚、财务状况良好、竞争力强的一流企业，由于新企业很难进入该行业，所以行业利润因垄断而达到很高水平，而风险相对较低，公司股价基本上稳定上升。

四、衰退期

行业走向成熟后，继续扩张的空间已不大，技术创新基本停滞，市场趋向饱和，产品开始老化，行业扩张受阻甚至收缩，消费需求向更高层次迈进，平均利润率下降趋势明显，不少公司开始移向新产业部门，余下的勉强维持经营。这些公司的股票在市场上表现平淡或出现下跌，已退居二线股、三线股地位，甚至成为遭人遗弃的垃圾股。

所以最有价值的是处于成长阶段初期和中期的行业，这个时期最容易产生牛股。

炒股箴言

不同行业稳定期的时间长短并不相同，一般来说，技术含量高的行业稳定阶段时间较短，而公用事业稳定阶段持续的时间较长。

第三节　公司经营状况分析

在股票市场中，股票发行企业的经营状况是决定其股价的长期的、重要的因素。而上市公司的经营状况则通过财务报表反映出来，因此，分析和研究上市公司财务报表，也就是通常所说的基本分析的部分，就显得尤为重要了。

公司盈利能力分析

衡量公司现实的盈利能力，以及通过分析各种资料而对公司将来的盈利能力做出预测是投资者要掌握的一项重要方法。衡量公司盈利能力的指标有资产利润率、销售利润率及每股收益率。

一、资产利润率

资产利润率又称投资盈利率、资产所得率、资产报酬率、企业资金利润率，是反映企业资产盈利能力的指标。是指企业在一定时间内实现的利润与同期资产平均占用额的比率。企业资产利润率这项指标能促进使企业全面改善生产经营管理，不断提高企业的经济效益。

资产利润率的计算公式为：

资产利润率 = （利润总额/资产平均占有额）×100%

资产平均占用额就是期初期末资产总额的平均数。

这一指标可进一步扩展为：

资产利润率 = 销售利润率 × 总资产周转率

该比率越高，表明企业的资产利用效益越好，整个企业盈利能力越强，经营管理水平越高。图 2-4 为中炬高新的利润表摘要。

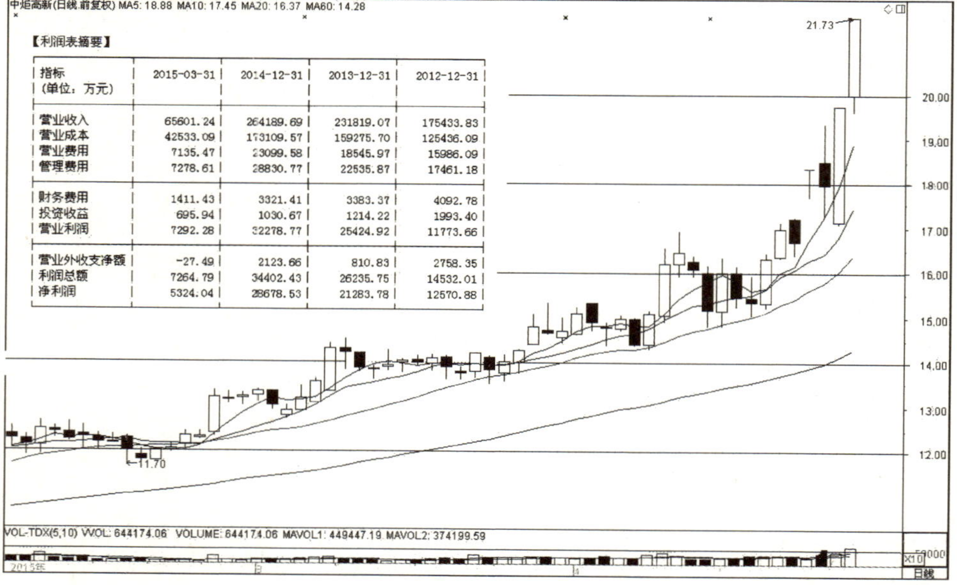

【利润表摘要】

指标（单位：万元）	2015-03-31	2014-12-31	2013-12-31	2012-12-31
营业收入	65601.24	264189.69	231819.07	175433.83
营业成本	42533.09	173109.57	159275.70	125436.09
营业费用	7135.47	23099.58	18545.97	15986.09
管理费用	7278.61	28830.77	22535.87	17461.18
财务费用	1411.43	3321.41	3383.37	4092.78
投资收益	695.94	1030.67	1214.22	1993.40
营业利润	7292.28	32278.77	25424.92	11773.66
营业外收支净额	-27.49	2123.66	810.83	2758.35
利润总额	7264.79	34402.43	26235.75	14532.01
净利润	5324.04	28678.53	21283.78	12570.88

图 2-4 中炬高新利润表摘要

二、销售利润率

销售利润率是指衡量一个企业销售收入的收益水平的指标。它属于盈利能力类指标，其他衡量盈利能力的指标还有资产收益率、权益净利率、已占用资产回报率、净现值、内部收益率、投资回收期等。

销售利润率还有一个俗称，即毛利率。但实际上，销售利润率与销售毛利率是两个不同的指标，因为销售利润率已剔除了期间费用，而毛利率则仍包含期间费用（管理费用、财务费用销售费用等）。

销售利润率计算公式如下：

$$销售利润率 = 主营业务利润总额/营业收入 \times 100\%$$

三、每股收益率

每股收益又称每股税后利润、每股盈余，指税后利润与股本总数的比率，它是测定股票投资价值的重要指标之一，是分析每股价值的一个基础性指标，是综合反映公司获利能力的重要指标，它是公司某一时期净利润与股份数的比率。该比率反映了每股创造的税后利润，比率越高，表明所创造的利润就越多。若公司只有普通股时，每股收益就是税后利润，股份数是指发行在外的普通股股数。如果公司还有优先股，应先从税后利润中扣除分派给优先股股东的利息。图 2-5 为中国联通的各项财务指标。

600050
中国联通

最新提示	公司概况	财务分析	股东研究	股本结构	风险因素	公司报道	行业分析
公司大事	港澳特色	经营分析	主力追踪	分红扩股	高层治理	业内点评	关联个股

☆财务分析☆ ◇600050 中国联通 更新日期：2015-04-24◇ 港澳资讯 灵通V6.0
★本栏包括【1.财务指标】【2.报表摘要】【3.环比分析】★

【1.财务指标】
【主要财务指标】

财务指标	2015-03-31	2014-12-31	2013-12-31	2012-12-31
审计意见	未经审计	标准无保留意见	标准无保留意见	标准无保留意见
净利润(万元)	104928.58	398173.85	344285.38	236810.68
净利润增长率(%)	-4.4652	15.6523	45.3842	67.6838
加权净资产收益率(%)	1.3500	5.2000	4.6800	3.3100
资产负债比率(%)	56.9617	57.9021	58.2911	59.0564
净利润现金含量(%)	1878.9028	2321.3272	2421.5221	3156.0403
基本每股收益(元)	0.0495	0.1878	0.1624	0.1120
每股收益-扣除(元)	-	0.1886	0.1539	0.0930
每股收益-摊薄(元)	0.0495	0.1878	0.1624	0.1117
每股资本公积金(元)	1.3121	1.3121	1.3221	1.2632
每股未分配利润(元)	1.4059	1.3564	1.2279	1.1098
每股净资产(元)	3.6975	3.6485	3.5316	3.4108
每股经营现金流量(元)	0.9301	4.3606	3.9332	3.5260
经营活动现金净流量增长率(%)	3.4588	10.8669	11.5484	7.6103

图 2-5　中国联通各项财务指标分析

公司财务状况分析

财务分析是企业分析最主要的方面，通过财务分析就可以对上市公司经营情况做出比较准确的判断，上市公司的优劣往往都是通过企业的财务分析得出的。公司财务分析的主要内容包括4项，分别是收益性分析、安全性分析、成长性分析和周转性分析，详见表2-4。

表2-4 财务分析内容

内容	分析
收益性分析	收益性分析就是对公司获利能力的分析。一个公司当前投入的资本如何运转、获利状况如何，是衡量公司有无活力、经济效益优劣的依据，也是投资者选择公司或证券的主要依据。因为决定股息多少及股价走势的根本因素就是公司利润率的高低及利润额的大小。作为股票投资者，当然应该选择利润丰厚、投资回报率高的公司进行投资；而那些利润率低甚至亏损或投资利润率不断下降的公司股票，应该成为市场抛售的对象
安全性分析	安全性分析就是对公司偿债能力的分析。投资者在追求高收益的同时，应注意防范风险，以确保投资的安全。在某一时点上，公司的获利能力与偿债能力并不完全成正比。投资者应加强对公司流动性状况及资本结构的分析，如该公司出现偿债能力下降因素，投资者应及时做出决策以转移风险
成长性分析	成长性分析就是对公司扩展能力的分析。投资者现在投入一笔资金以求将来收回更多的资金，因此，投资者不能只看到公司的当前效益或者短期效益，而应注重公司未来的发展前景和发展能力。一个公司当前盈利虽低，或者因把大部分盈利转化为投资造成目前分红派息少，但成长速度快、潜力大，则该公司股价升值速度也会很快，就值得投资
周转性分析	周转性分析就是对公司经营效率的分析。一个公司经营成本的高低可通过分析财务报表中各项资金和资产周转速度的快慢来反映出来。若资金周转速度快，则说明资金利用效率高，公司经营活动顺畅，结构协调，那么购买该公司股票将有利可获；反之，则说明公司经营效率低，缺乏活力

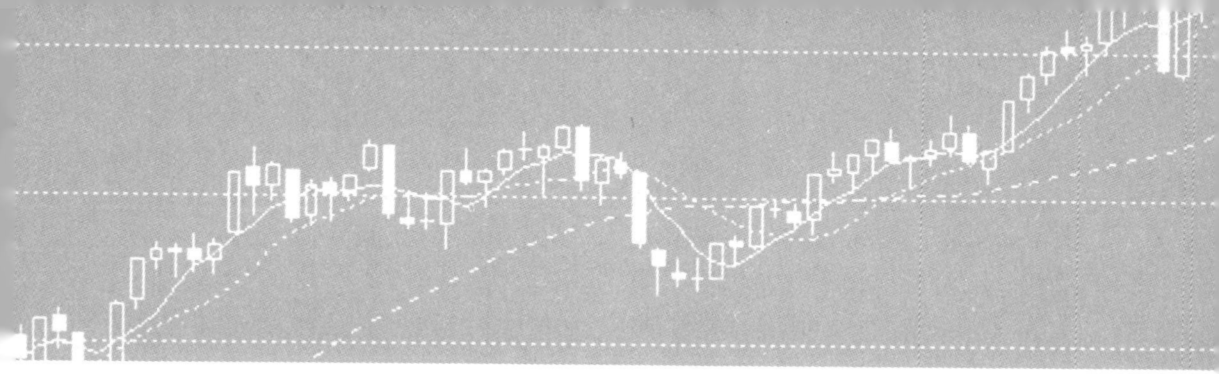

第三章
锱铢必较定成败——看懂盘面语言

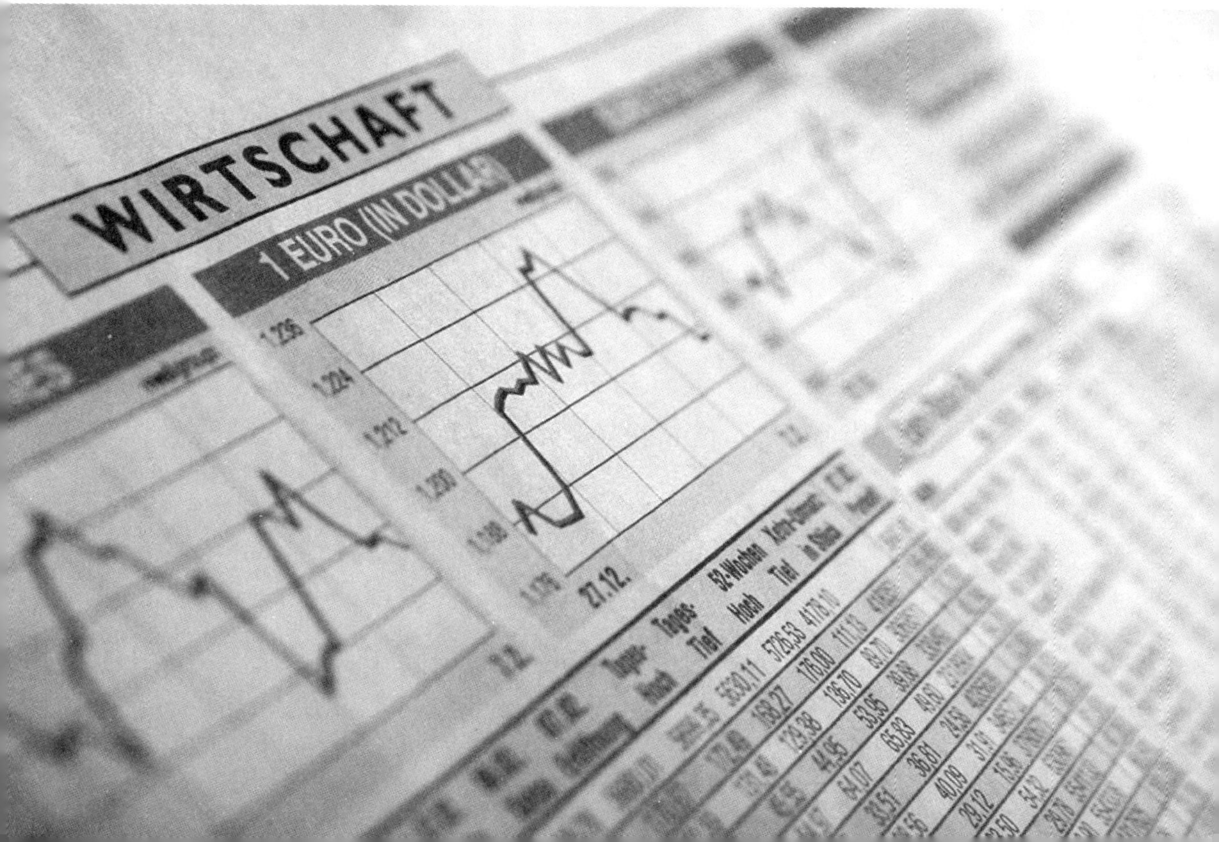

盘面是最能反映股市真实变化的，如果投资者能够学会看盘，读懂盘面表达出来的市场语言，就能把握股市的脉搏，决定自己的操作，进行真正的“博弈”，从而掌握赚钱的良机。

第一节　看懂分时图

通过分时图，可以了解大盘和个股的动态实时（即时）分时走势。在实战研判中，分时图占有极其重要的地位，是即时把握多空力量转化（即市场变化）的基本指标。因此，分时图是最适合短线操作者的看盘入口。

认识分时图

分时走势图也叫即时走势图，它把股票市场的交易信息用曲线的形式在坐标上及时地反映出来。坐标的横轴是开盘时间，纵轴的上半部是大盘指数或股价，下半部为成交量。观察分时走势图，可以帮助投资者了解当日主力的操作动向。分时走势图分为指数分时走势图和个股分时走势图。

一、大盘分时走势图

看大盘分时图时要注意以下几项。

1. 白色曲线

表示大盘加权指数，即证交所每日公布、媒体常说的大盘实际指数。

2. 黄色曲线

大盘不含加权的指标，即不考虑股票盘子的大小，而将所有股票对指数的影响看作相同而计算出来的大盘指数。参考白黄二曲线的相互位置可知：

当大盘指数上涨时，黄线在白线之上，表示流通盘较小的股票涨幅较大；反之，黄线在白线之下，说明盘子小的股票涨幅落后大盘股。当大盘指数下跌时，黄线在白线之上，表示流通盘较小的股票跌幅小于盘子大的股票；反之，盘子小的股票跌幅大于盘子大的股票。

3. 红绿柱线

在粗横线附近有红绿柱状线，是反映大盘即时所有股票的买盘与卖盘在数量上的比率。红柱线的增长缩短表示上涨买盘力量的增减，绿柱线的增长缩短表示下跌卖盘力度的强弱。

4. 针柱状线

表示成交量。一条针柱状线代表一分钟的成交量，单位是手（1 手为 100 股）。成交量是反映股市上人气聚散的一面镜子，人气旺盛才可能买卖踊跃，买气高涨，成交量自然也就会放大；相反，如果投资者人心动摇，人气低迷，成交量自然就会缩小。

5. 委买

是指当前所有个股委托买入前三档的手数之和。委托买入的手数比委托卖出的手数越多，表示买方比卖方气势强，指数向上的概率也就越大。

6. 委卖

是指当前所有个股委托卖出前三档的手数之和。委托卖出的手数比委托买入的手数多，表明卖方力量大于买方力量，指数下跌的概率就越大。

7. 委比数值

是委买委卖手数之差与之和的比值。当委比数值为正值大的时候，表示买方力量较强，股指上涨的机率大；当委比数值为负值的时候，表示卖方的力量较强，股指下跌的概率大。

大盘分时走势图见图 3-1。

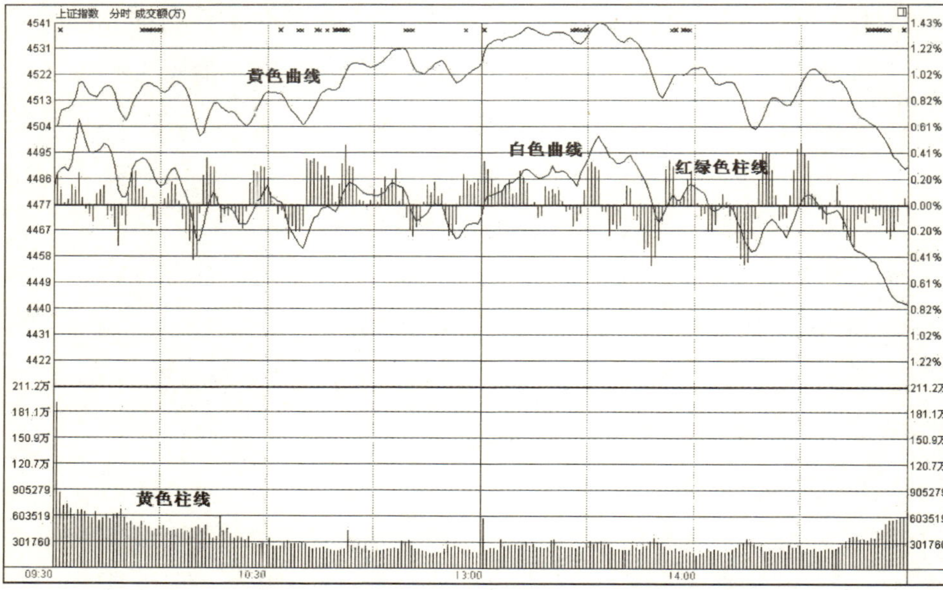

图 3-1 大盘分时图

二、个股分时走势图

在关注个股分时走势图时要注意以下几项。

1. 白色曲线

又叫分时价位线，表示某只股票实时成交的价格。分时价位线能直观地反映当日股价的运行变化情况和即时成交价格。当分时价位线持续运行在分时均价线上方时，表明市场预期较好，买盘踊跃，当天介入的大部分资金处于获利状态，属于强势盘口特征。当分时价位线持续运行在分时均价线下方时，表明市场预期较差，卖盘踊跃，当天介入的大部分资金处于被套状态，属于弱势盘口特征。

2. 黄色曲线

又称分时均价线，表示某只股票实时成交的平均价格。分时均价线本质上是一条移动平均线，代表当天买进该股的所有投资者的平均买入成本。

3. 黄色柱线

在红白曲线图下方，用来表示每一分钟的成交量。

4. **成交明细**

在盘面的右下方为成交明细显示，显示动态每笔成交的价格和手数。

5. **外盘内盘**

外盘又称主动性买盘，即成交价在卖出挂单价的累积成交量；内盘主动性卖盘，即成交价在买入挂单价的累积成交量。外盘反映买方的意愿，内盘反映卖方的意愿。

6. **量比**

是指当天成交总手数与近期成交手数平均的比值，具体公式为：现在总手/〔（5 日平均总手/240）×开盘多少分钟〕。量比数值的大小表示近期此时成交量的增减，大于 1 表示此时刻成交总手数已经放大，小于 1 表示表示此时刻成交总手数萎缩。

个股分时走势图见图 3-2。

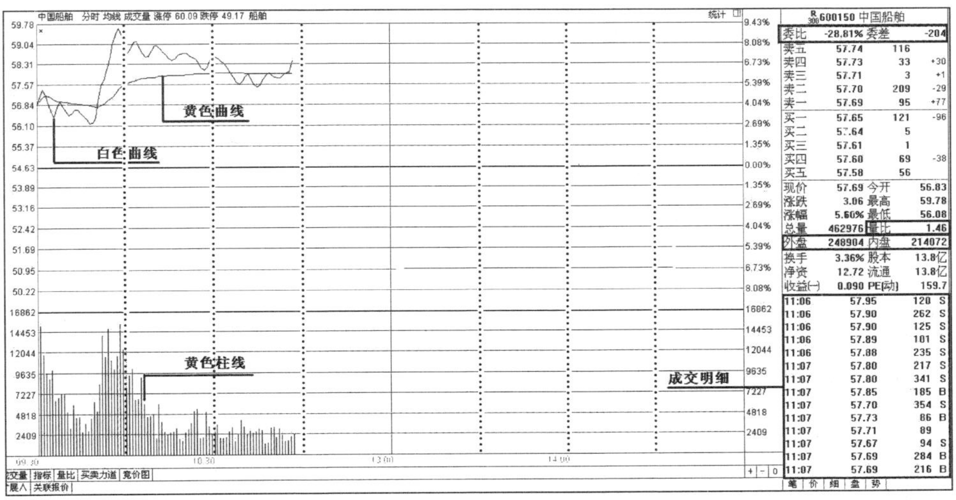

图 3-2 个股分时图

炒股箴言

实战中的 K 线分析，必须与即时分时图分析相结合，才能真实可靠地读懂市场的语言，洞悉盘面股价变化的奥妙。K线形态分析中的形态颈线图形以及波浪角度动量等分析的方法原则，也同样适合即时动态分时走势图分析。

分时看盘基本功

股市是一个博弈的市场，进入该市场就要准备战斗，因此首先要明白自己的对手，如果连自己的对手是谁都不知道，那就更谈不上战略部署、战术运用了。分时图是将股票交易信息实时在坐标图上显示的技术图形。坐标的横轴表示开市时间，纵轴的上半部分是指数或价格，下半部分是交易量。分时图是股市现场交易的即时资料，通过分时图的研究分析，可以了解当天主力资金的操盘意图。

看盘包括的内容相当广泛，只要能影响大盘或个股走势的内容都是投资者要关注的，如国家经济政策、影响个股的行业景气信息、大盘趋势技术分析、个股股质分析、个股技术分析、个股主力分析。

看盘不仅包括当天的实时交易，如开盘、收盘、盘口异动、尾市急拉、尾市急跌、各种涨停板现象，还包括不同分析周期的技术分析，如年K线、月K线、周K线、日K线及60分钟K线技术分析，技术分析又包括K线技术、K线形态、缺口技术、切线分析、指标分析。

一、买盘与卖盘

当某个投资者委托买入的价格与另一个投资者委托卖出的价格相同时，则成交；当委托买入价格与卖出价格达不到成交条件时，就排队等候。对于委托卖出的卖单，按价格由低向高排列，价格低的排在前面；对于买单，同样按委托买入的价格排序，价格高的排在前面。

二、内盘与外盘

外盘是以委卖价实现的成交量，俗称主动买盘，在股票软件的成交明细里以红色数字（手数）出现或者在数字后面标明。内盘是以委买价实现的成交量，也称主动卖盘，在股票软件的成交明细里以绿色数字（手数）出现或者在数字后面标明。

由于内盘、外盘显示的是开市后至现时以“委卖价”和“委买价”各自成交的累计量，所以对判断目前的走势强弱非常有帮助。一般来讲，当外盘大于内盘时，反映了场中买盘承接力量较强，走势向好；当内盘大于外盘时，则反映场内卖盘力量大于买盘，走势偏弱。如果主动性买盘与主动性卖盘价格相差很大，说明买方追高意愿不强，同时卖方也有较强的惜售心理，多空双方处于僵持状态。图3-3为2015年5月14日中国一重早盘时的内盘与外盘买卖情况，显示买入踊跃，故股价被不停地拉高。

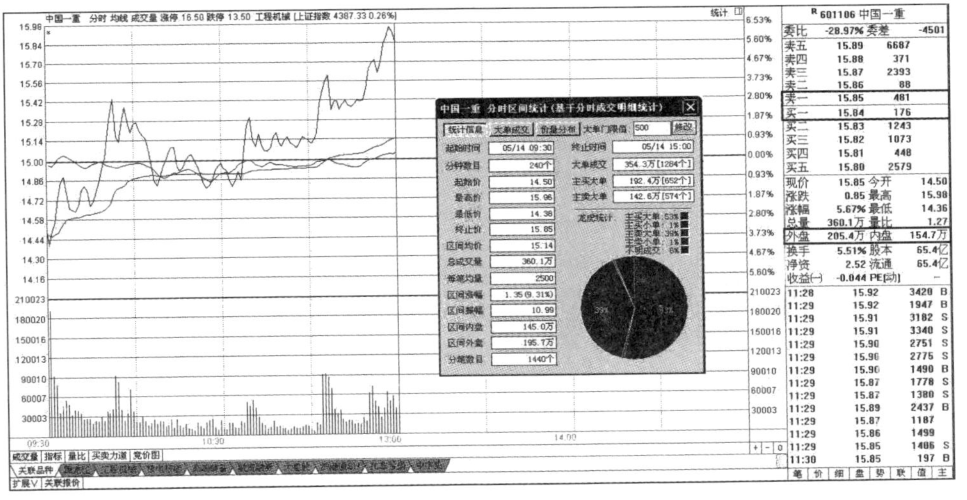

图3-3　2015年5月14日中国一重早盘时的内盘与外盘买卖情况

三、委比

委比是衡量某一时段买卖盘相对强度的指标，委比的取值为-100～+100。涨停的股票的委比一般是+100，而跌停是-100。委比为0，意思是买入（托单）和卖出（压单）的数量相等，即委买：委卖=5：5。

委比的计算公式为：委比=（委买手数-委卖手数）/（委买手数+委卖手数）×100%。其中，委买手数是指现在所有个股委托买入下三档的总数量。委卖手数是指现在所有个股委托卖出上三档的总数量。委比值的变化范围为

-100%～+100%。

当委比值为-100%时，表示只有卖盘而没有买盘，说明市场的抛盘非常大。

当委比值为+100%时，表示只有买盘而没有卖盘，说明市场的买盘非常有力。

当委比值为负时，卖盘比买盘大，说明市场抛盘较强；而委比值为正时，说明买盘比卖盘大，说明市场强劲。委比值从-100%到+100%的变化是卖盘逐渐减弱、买盘逐渐强劲的一个过程；反之，从+100%到-100%，说明买盘逐渐减弱，卖盘逐渐增强。

四、量比

量比是衡量相对成交量的指标，是指股市开市后平均每分钟的成交量与过去5个交易日平均每分钟的成交量之比。量比是将某只股票在某个时点上的成交量与一段时间内的成交量平均值进行比较得出的指标，它能够排除因股本不同造成的不可比情况，是发现成交量异动的重要分析工具。其计算公式为：量比=现成交总手/［过去5日平均每分钟成交量×当日累计开市时间（分）］。当量比大于1时，说明当日每分钟的平均成交量大于过去5日的平均值，数值越大，表明该股当日流入的资金越多，市场活跃度越高；当量比小于1时，说明当日每分钟的平均成交量小于过去5日的平均值，量比值越小，说明资金的流入越少，市场活跃度越低。

五、大单

大单是指每笔成交中的大手笔单子。一般情况下，股价的大幅上升或下跌都是由主力使用大笔资金推动的，这些主力资金不可能一手两手地进行交易，因此，一旦有主力资金进入，个股应该出现盘中大买卖单成交活跃的现象。例如，一只股票长期极少出现连续大手成交买卖单，近期突然在委托买卖中出现大量买卖盘，且成交大单不断时，这就表明主力资金开始进入，股价很快就会上涨。正确判别单笔主动性大买单的真伪是看盘的基本功，也是看盘的基本要求。图 3-4 为 2015 年 4 月 26 日中国南车拉升时连续的大单买入。

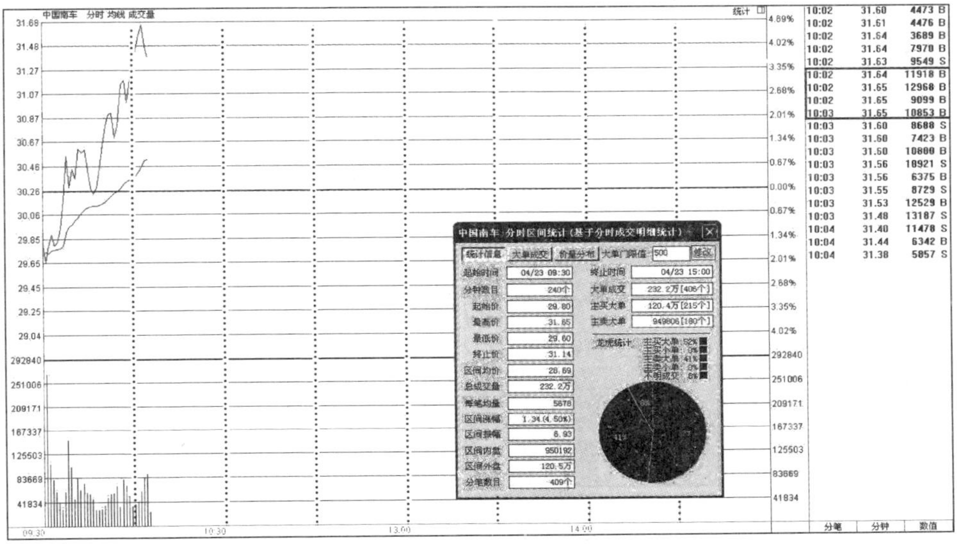

图 3-4　2015 年 4 月 26 日中国南车拉升时连续的大单买入

看盘应关注的问题

盘面中显示的内容太多，我们看盘时不可能做到面面兼顾。另外，各种信息的重要性也不一样，有些信息对我们来说不太重要。因此，在看盘时，我们应该重点关注比较重要的内容，主要有以下几点。

一、关注开盘时集合竞价的股价和成交量

看盘时应关注当日的开盘状态，看是高开还是低开。高开就是指当天的开盘价高于前一个交易日的收盘价；低开就是指当天的开盘价低于前一交易日的收盘价。开盘价表示市场的意愿，其高低表示当天股价是上涨还是下跌。另外还需要看成交量，它的大小往往表示参与买卖的投资者数量的多少，它对一天成交的活跃程度有很大影响。图 3-5 为 2015 年 4 月 24 日一批大盘蓝筹股的集合竞价和成交情况。

2015-04-24 09:18 集合竞价信息

	代码	名称	涨幅%	现价	涨跌	买价	卖价	总量	现量	涨速%	换手%	今开	最高	最低	昨收	市盈(动)	总金额	量比
1	601669	中国电建	× 10.04	–	1.14	12.49	12.49	0	0	–	0.00	–	–	–	11.35	24.57	0.0	0.40
2	601106	中国一重	× 4.91	–	0.57	12.19	12.19	0	0	–	0.00	–	–	–	11.62	–	0.0	11.84
3	600050	中国联通	× 0.68	–	0.06	8.85	8.85	0	0	–	0.00	–	–	–	8.79	46.79	0.0	3.91
4	601766	中国南车	× 0.45	–	0.14	31.01	31.01	0	0	–	0.00	–	–	–	30.87	80.17	0.0	2.18
5	600021	上海电力	× 0.05	–	0.01	19.96	19.96	0	0	–	0.00	–	–	–	19.95	32.20	0.0	1.09
6	601186	中国铁建	-1.27	–	-0.29	22.57	22.57	0	0	–	0.00	–	–	–	22.86	24.86	0.0	0.50
7	600150	中国船舶	-1.67	–	-0.91	53.65	53.65	0	0	–	0.00	–	–	–	54.56	1701.55	0.0	0.54
8	601818	光大银行	-1.86	–	-0.10	5.29	5.29	0	0	–	0.00	–	–	–	5.39	8.71	0.0	2.38
9	000875	吉电股份	-2.01	–	-0.19	9.28	9.28	0	0	–	0.00	–	–	–	9.47	185.08	0.0	0.94
10	600030	中信证券	-2.25	–	-0.83	36.01	36.01	0	0	–	0.00	–	–	–	36.84	35.80	0.0	2.13
11	601668	中国建筑	-2.34	–	-0.22	9.18	9.18	0	0	–	0.00	–	–	–	9.40	12.49	0.0	1.22
12	999999	上证指数	× -0.00	4414.49	-0.02	–	–	0	–	0.00	0.00	0.00	0.00	0.00	4414.51	19.43	0.0	0.00

2015-04-24 09:30 集合竞价信息

	代码	名称	涨幅%↓	现价	涨跌	买价	卖价	总量	现量	涨速%	换手%	今开	最高	最低	昨收	市盈(动)	总金额	量比
1	601669	中国电建	× 10.04	12.49	1.14	12.49	–	9510	1800	0.00	0.03	12.49	12.49	12.49	11.35	27.04	1188万	0.53
2	601106	中国一重	× 2.41	11.90	0.28	11.88	11.90	462115	67728	-0.91	0.71	12.00	12.00	11.62	11.62	–	5.52亿	19.89
3	601766	中国南车	× 2.04	31.50	0.63	31.20	31.50	73346	19781	1.28	0.06	31.10	31.50	31.10	30.87	81.81	2.29亿	3.48
4	600021	上海电力	× 0.10	19.97	0.02	19.97	19.99	8268	2316	0.05	0.04	19.96	20.00	19.96	19.95	32.23	1651万	1.86
5	600050	中国联通	× -0.23	8.77	-0.02	8.77	8.79	361360	72408	-0.34	0.17	8.80	8.85	8.70	8.79	46.69	3.18亿	7.58
6	600150	中国船舶	-1.91	53.52	-1.04	53.50	53.52	4960	2238	-0.14	0.04	53.60	53.67	53.50	54.56	1669.12	2659万	1.33
7	601186	中国铁建	-2.06	22.39	-0.47	22.38	22.39	23432	13366	-0.70	0.02	22.55	22.55	22.38	22.86	24.35	5277万	1.27
8	000875	吉电股份	-2.11	9.27	-0.20	9.24	9.25	16782	309	-0.10	0.15	9.28	9.28	9.20	9.47	181.17	1555万	2.58
9	601818	光大银行	-2.23	5.27	-0.12	5.26	5.27	129652	23778	-0.18	0.03	5.28	5.28	5.26	5.39	8.52	6843万	3.72
10	600030	中信证券	-2.31	35.99	-0.85	35.91	35.99	104238	28492	-0.05	0.11	36.01	36.09	35.89	36.84	34.97	3.75亿	4.10
11	601668	中国建筑	-2.66	9.15	-0.25	9.13	9.14	152263	51854	-0.32	0.05	9.18	9.18	9.13	9.40	12.16	1.40亿	2.08
12	999999	上证指数	× -1.58	4344.59	-69.92	–	–	941.7万	–	-0.26	0.04	4355.95	4355.95	4344.59	4414.51	19.43	138.4亿	3.19

图 3-5　2015 年 4 月 24 日一批大盘蓝筹股的集合竞价和成交情况

二、关注开盘价

在看盘中，开盘价是非常关键的。对于一只股票来讲，低开、高开和平开都是有一定含义的。一般来讲，开盘价预示这只股票一天的整体走势，高开预示整体走势会不错，平开预示没有太大风险，低开则要引起注意了。一只正处于升势的股票，在上涨了一定的幅度之后，一个低开可能就是致命的。图 3-6 为开盘高开但成交量低构成买入时机。

三、关注开盘后半小时股价的变动方向

经过上一个交易日后将近 20 个小时的思考，投资者所做的投资决策会较为坚决并接近于理性，所以，在这半个小时中，最能反映出投资者的多空力量对比，由此可以判断出全天的大致走势。一般来说，如果股价开得太高，在半小时内可能就会回落；如果股价开得太低，在半小时内可能就会回升。这时要看成交量的大小，如果高开又不回落，而且成交量放大，那么这个股票就很可能要上涨。图 3-7 为开盘半小时与全天走势的对比。

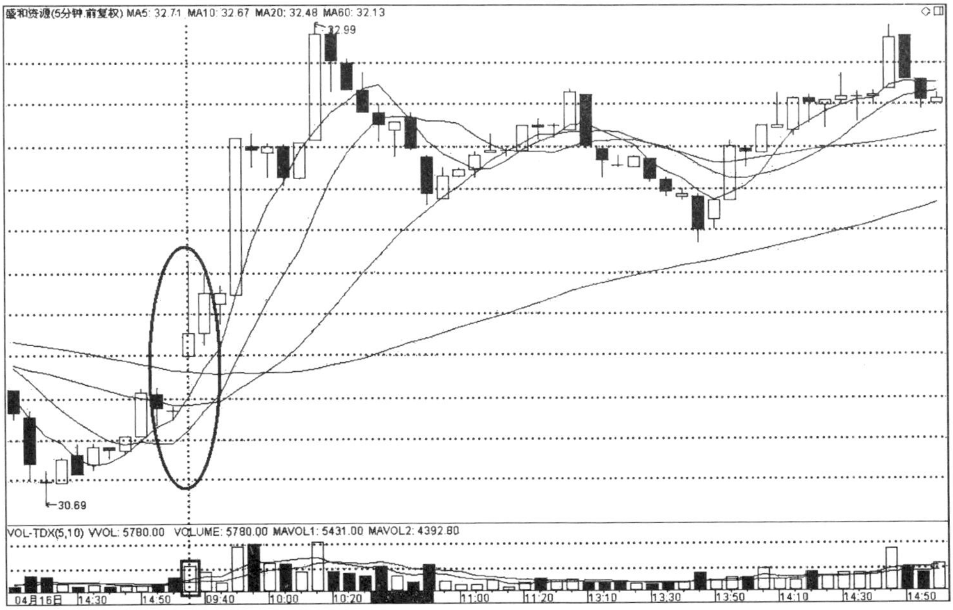

图 3-6 开盘高开但成交量低构成买入时机

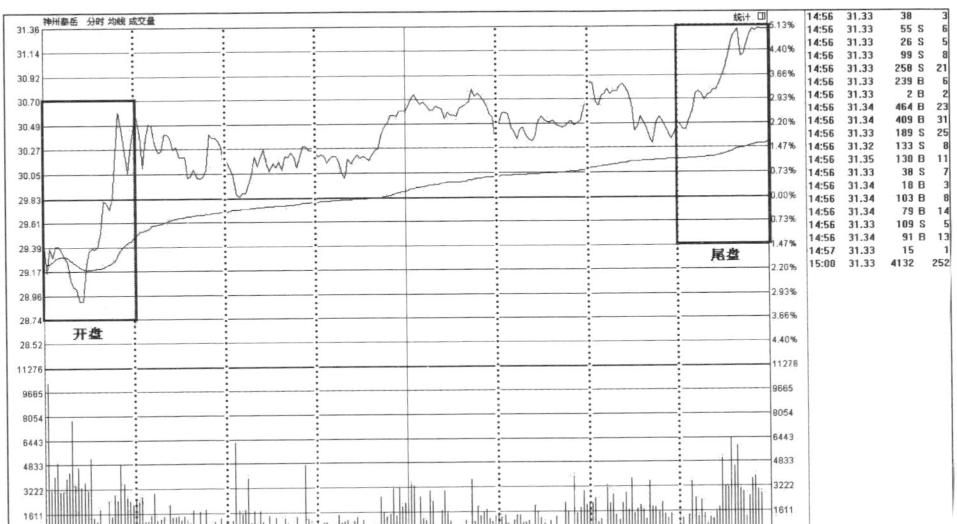

图 3-7 开盘半小时与全天走势的对比

四、关注现手和总手数

现手说明股市中刚刚成交的一次成交量的大小。如果某只股票连续出现大量，表示有很多投资者在买卖该股，成交非常活跃，很有可能创出新高。而如果半天也没人买，则不大可能成为好股。总手数也叫作成交量，就是指现手的累计数。有时总手数是比股价更为重要的指标。总手数与流通股数的比称为换手率，它表明持股人中有多少人是在当天买入的。换手率高，说明该股买卖的人多，容易上涨。这样的个股，股性特别活跃，也是目前的热门题材个股。表 3 – 1 为 2015 年 4 月 17 日涨幅前十位和跌幅前十位的总手数与成交额的对比。

表 3 – 1　2015 年 4 月 17 日涨跌幅前十位个股总手数与成交额对比

▼	代码	名称	涨幅%↓	现价	涨跌	买价	卖价	总量	现量	涨速%	换手%	今开	最高	最低	昨收	市盈(动)	总金额	量比
1	601106	中国一重	× 10.06	7.22	0.66	7.22	–	358.8万	2	0.00	5.49	6.85	7.22	6.71	6.56	–	25.4亿	1.41
2	600035	DR楚天高	10.06	9.52	0.87	9.52	–	929126	65	0.00	7.67	8.99	9.52	8.98	8.65	40.62	8.77亿	0.86
3	000718	苏宁环球	× 10.05	10.62	0.97	10.62	–	552465	441	0.00	3.76	9.50	10.62	9.34	9.65	451.67	5.64亿	1.00
4	600157	永泰能源	× 10.04	7.67	0.70	7.67	–	586.7万	46	0.00	16.60	7.08	7.67	6.50	6.97	125.81	41.6亿	5.43
5	002298	鑫龙电器	10.04	14.47	1.32	14.47	–	3467	43	0.00	0.10	14.47	14.47	14.47	13.15	399.27	502万	0.13
6	601918	国投新集	× 10.03	9.65	0.88	9.65	–	151.5万	7	0.41	5.85	8.67	9.65	8.35	8.77	–	13.8亿	1.02
7	000070	特发信息	× 10.03	16.12	1.47	16.12	–	1164	2	0.00	0.05	16.12	16.12	16.12	14.65	71.98	188万	0.06
8	000859	国风塑业	× 10.03	10.09	0.92	10.09	–	457808	810	0.00	10.89	9.10	10.09	9.10	9.17	918.97	4.54亿	2.19
9	002586	围海股份	10.03	20.74	1.89	20.74	–	143454	101	0.00	4.15	19.15	20.74	19.15	18.85	110.41	2.96亿	1.00
10	000875	吉电股份	10.02	9.22	0.84	9.22	–	211.0万	6282	0.00	18.91	8.38	9.22	8.06	8.38	180.20	18.9亿	1.66

▼	代码	名称	涨幅%↑	现价	涨跌	买价	卖价	总量	现量	涨速%	换手%	今开	最高	最低	昨收	市盈(动)	总金额	量比
1	300288	朗玛信息	-8.69	202.00	-19.22	202.00	203.00	27389	455	0.09	5.04	201.00	216.00	199.10	221.22	654.82	5.65亿	1.36
2	300351	永贵电器	-8.34	31.99	-2.91	31.99	32.00	231753	1825	0.59	24.78	34.50	35.20	31.41	34.90	94.49	7.52亿	1.38
3	002004	华邦颖泰	× -8.28	35.77	-3.23	35.77	35.78	607750	4036	-0.19	12.55	35.99	39.10	35.10	39.00	62.79	22.3亿	1.68
4	002134	天津普林	-8.28	13.29	-1.20	13.29	13.30	122125	1360	-0.67	4.97	13.49	13.87	13.04	14.49	335.18	1.63亿	1.93
5	300364	中文在线	-8.20	73.78	-6.59	73.65	73.78	68759	722	-0.28	22.92	74.44	78.30	72.33	80.37	194.17	5.11亿	1.03
6	002636	金安国纪	-7.63	29.40	-2.43	29.39	29.40	275591	2115	0.34	29.08	28.65	31.00	28.65	31.83	146.63	8.08亿	1.76
7	600380	健康元	× -7.40	24.03	-1.92	24.04	24.05	933004	16	0.41	6.04	25.60	25.88	23.36	25.95	104.86	23.1亿	0.98
8	002356	浩宁达	-7.09	91.40	-6.97	91.40	91.41	48557	961	-0.07	6.07	89.20	101.99	88.53	98.37	217.12	4.55亿	1.00
9	300287	飞利信	-6.98	49.02	-3.68	49.01	49.02	69976	1475	-0.96	4.39	52.70	53.83	47.43	52.70	145.29	3.58亿	0.98
10	300173	松德股份	× -6.66	43.00	-3.07	42.99	43.00	167317	918	-0.41	14.78	41.46	45.55	41.46	46.07	1894.26	7.18亿	2.77

五、关注买盘和卖盘

在看盘软件的走势图中投资者都会直接看到“买五”“卖五”“内盘”“外盘”“委比”和“量比”等名词。这些项目都是表示目前盘中买卖双方力量对比的指标。

如果以“委卖”价成交，则说明买方愿意以卖方的报价成交，以“委卖”价成交的量越多，就说明市场中的多头气氛就越浓。以“委卖”价实现的成交量称为“外盘”，也称为“主动性买盘”。反之，如果以“委买”价实现的成交量称为“内盘”，也称“主动性卖盘”。因此，当外盘大于内盘时，说明市场买方力量强劲，走势向好；当内盘大于外盘时，说明市场中卖盘汹涌，走势偏弱。图 3-8 为 2015 年 5 月 14 日早盘收盘时华电国际分时图，外盘大于内盘时，市场买方力量强劲。

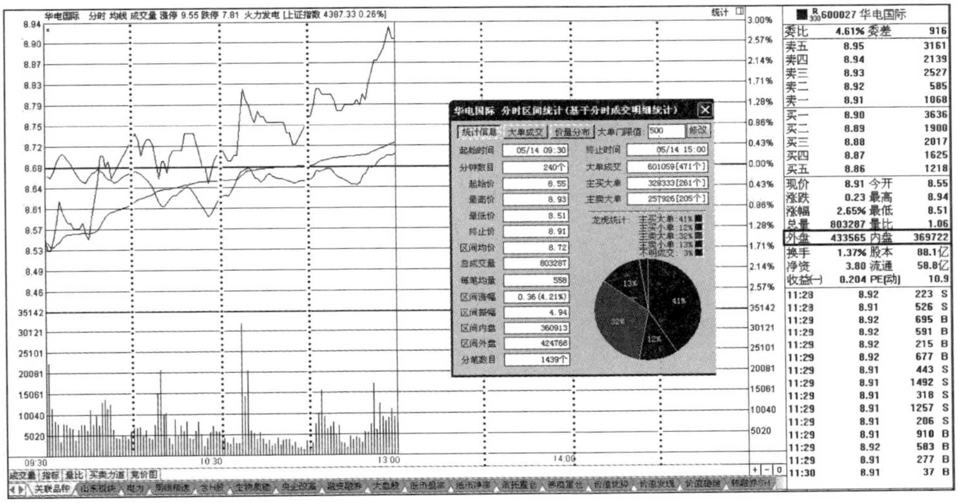

图 3-8　外盘大于内盘时，市场买方力量强劲

六、开盘后股票涨、跌停板情况

开盘后涨、跌停板的情况会对大盘产生直接的影响。在实行涨、跌停板制度后，可以发现涨、跌停板的股票会对与其有可比性、同类型的股票产生助涨或助跌的作用。图 3-9 为中国南车开盘后上攻涨停的情况。

七、关注阻力和支撑情况

阻力越大，股价上行就越困难；反之，支撑越强，股价上行就越容易。因此，对阻力和支撑的把握有助于对股价未来趋势的研判。当股价冲过阻力区时，表示股价走势很强，投资者可买进或持股；当股价跌破支撑区时，表示股票走势很弱，投资者可卖出或不进场参与。

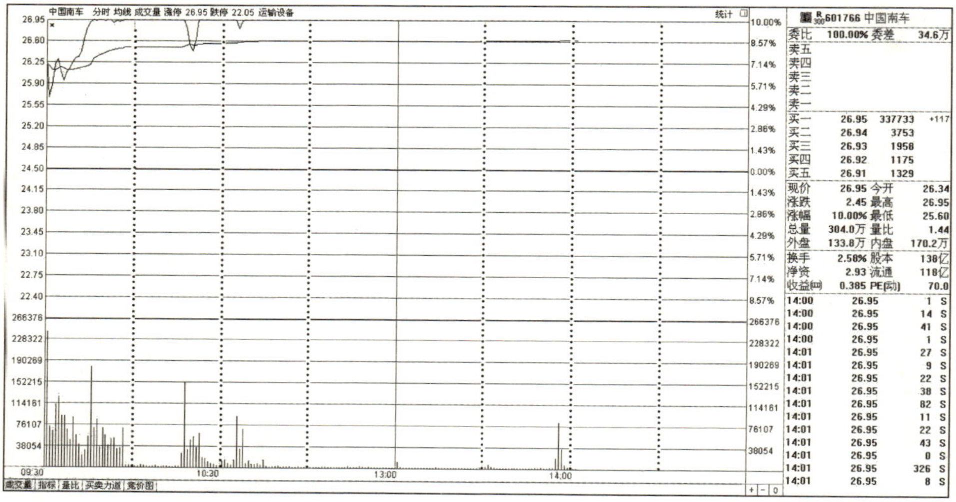

图 3-9　中国南车开盘后上攻涨停

第二节　盘中重要时段分析

目前沪深交易所规定，每周一至五的上午 9：30～11：30，下午 13：00～15：00 为交易时间，每天交易时间共为 4 小时。每日走势可分为开盘、盘中、尾盘三个主要阶段。对于投资者来说，需要重点关注的几个时段有集合竞价时段、开盘后半小时、上午休市前和下午开市前半小时、收盘前半小时或 15 分钟。

集合竞价看盘分析

所谓集合竞价，就是指在每个交易日的 9：15～9：25，交易者可根据股票前一天的收盘价和对当日股票走势的预测来输入委托价格，在这段时间内，输入交易所系统的所有价格都是平等的，不按照时间优先和价格优先的原则成交，而是按能使成交量最大化的原则来定出股票的某一成交价位，使符合该价位条件的所有买卖者达成交易。这个价位就被称为集合竞价的价位，而这个过程则被称为集合竞价过程。

目前，我国沪深两家交易所均采用集合竞价和连续竞价两种交易方式。连续竞价是指对买卖申报逐笔连续撮合成交的竞价方式。上午9：15～9：25为集合竞价时间，其余交易时间均为连续竞价时间，即上午9：30～11：30和下午1：00～3：00。

根据规定，在开盘集合竞价时段的前5分钟（9：15～9：20），交易者可以下单也可以撤单；在集合竞价时段的后5分钟（9：20～9：25），交易者只能下单而不能撤单；9：25，系统将公布集合竞价的成交价格和成交数量；9：30分之后，属于连续竞价时段，股票随之展开连续4个小时的交易。

集合竞价是当日交易多空搏杀的第一个回合，也是当日行情的预演。集合竞价成交就是个股的当日开盘价，主要有高开、平开和低开三种方式。具体来说，集合竞价中的盘面信息主要如表3－2所示。

表3－2　集合竞价的盘面信息

分类	分析
高开	如果股价处于K线低位，高开是好事；如果股价处于K线高位，高开则也可能是出货了
低开	如果股价处于K线低位，小心新的一波下跌；如果股价处于K线高位，低开则往往是跳水的象征
平开	没多大分析意义，主要看前一天涨跌情况
挂单踊跃	如果一只个股买卖盘挂单都特别大，则往往意味着该股将会出现异动。具体参考第1条
挂单稀疏	挂单稀疏的股，往往没机会
涨停价挂单	重大利好刺激或是机构发疯拉升，使得个股在集合竞价的时候就奔向涨停，这些个股如果要去追，就要看速度了

续表

分类	分析
跌停价挂单	重大利空刺激或是机构发疯出货，使得个股在集合竞价的时候就奔向跌停，这些个股如果要想及时出掉，也是需要看速度的。尽量在早上9点15分之前就尝试着挂单，很多机构和部分券商提供的交易账号可以在9点15分之前挂单
有没有人打价格战	所谓价格优先，就是买的时候价格越高越好，卖的时候价格越低越好，我们在集合竞价的时候可以去观察，如果有人抢着买入，那么就看涨；如果有人抢着卖出，则看跌

通过集合竞价，可以反映出该股票是否活跃。如果是活跃的股票，集合竞价所产生的价格一般较前一日为高，表明买盘踊跃，股票有上涨的趋势。如果是非活跃股或冷门股，通过集合竞价产生的开盘价格一般较前一日为低，买盘较少，股价有下跌的趋势。

炒股箴言

对于短线投资者来说，集合竞价时间段看盘的时候，需要注意以下两个问题：一是主力集合竞价的诱空战术。所谓诱空，就是指在本意做多的情况下，故意引诱别人做出相反的动作，通过别人上当受骗，达成自己的目的。二是集合竞价的诱多战术。诱多战术是隐瞒自己的做空意图，刻意在集合竞价时摆出一副要上攻的态势，拼命往高处报出买单，推高股价，诱使大家认为股价将要拉升，而开盘后却猛烈下挫，大肆抛售。这样的诱多战术令人防不胜防，效果极佳。

开盘半小时看盘分析

每天开盘后半小时，是多空双方交战最激烈的阶段。多方为了收集筹码，开盘后经常会迫不及待地买进。而空方为了达到出货的目的，也会故意拉高股价，从而造成开盘后股价急速拉高的现象。有时多方为了买到便宜的筹码，开盘后会急速打压股价，使得投资者产生恐惧心理，不顾一切地抛售手中的筹码，使得开盘后股价急速下跌。所以对开盘后半小时的分时走势进行分析有助于对大势的研判。

开盘后 30 分钟的股价走势可以分为三个阶段，即第一个 10 分钟，9：30 ~ 9：40；第二个 10 分钟，9：40 ~ 9：50；第三个 10 分钟，9：50 ~ 10：00。图 3-10 为开盘 30 分钟各时段的分时走势图与全天走势的关系。

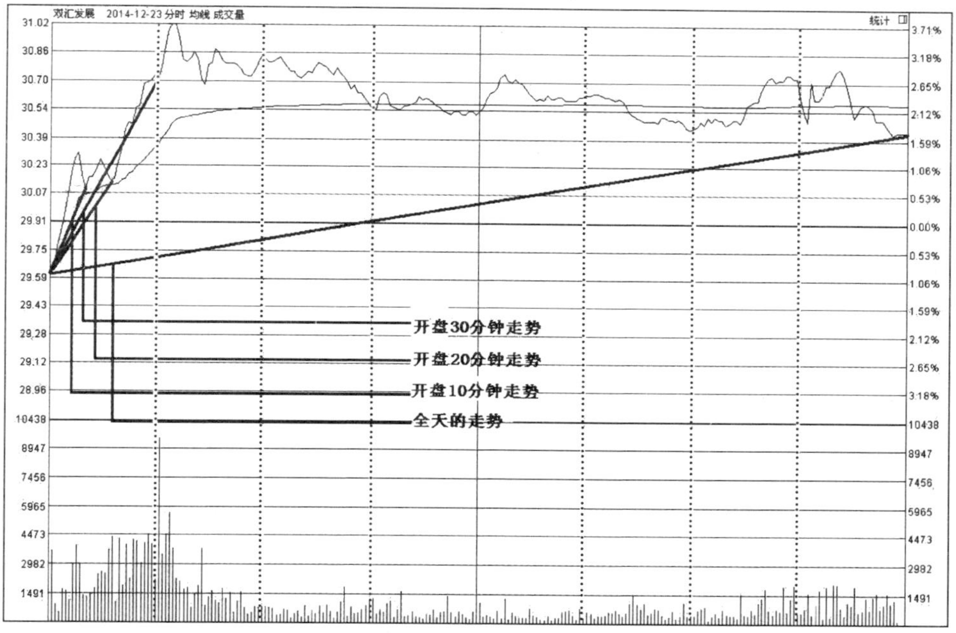

图 3-10 开盘 30 分钟各时段走势图与全天走势的关系

第一个 10 分钟是多空双方极为关注的时间段，多空双方之所以这么重视第一个 10 分钟，是因为此时参与交易的股民还不是很多，盘中买卖的量都不是很大，因此可以用不大的量来达到预期的目的，如想要炒作该时段的股价，只要用少量的资金就可以达到操纵股价涨势或跌势的目的。

第二个 10 分钟是多空双方进入修整状态的阶段，是多空双方休息的时候。此时双方经过前 10 分钟的较量后，对原有的趋势进行修正，双方知道对方的实力后对操作思路进行进一步的部署，因此这段时间是买入后卖出的转折点。

第三个 10 分钟因为参与买卖的人数越来越多，买卖盘口变得较实在，因此可信度较大，这段时间的走势基本上会成为全天股价运行的基础。

对开盘后 30 分钟后的市场趋势判断，有利于对股票价格的大势做出合乎理性的预测，从而使投资者做出的决策更加符合理性预期。

盘中时间看盘分析

在 10 点以后，股市进入多空双方搏杀阶段，除去开盘与收盘个半个小时，其余时间全为盘中交易，股价在盘中走势，无论是探底拉升、窄幅震荡，还是冲高回落，全部体现着控盘主力的操作意图。

一、盘中三阶段

在盘中这 3 小时中，又可分为多空搏斗、多空决胜和多空强化三个阶段。

1. 多空搏斗

当开盘拉开了一日股市的序幕后，盘中开始了多空双方的正式交手。指数、股价波动的频率越高，则表明多空双方的搏斗越是激烈。若指数、股价长时间平行，则表明多空双方退出观望，无意恋战。多空双方的胜败除依赖自身的实力外，还要考虑消息和人气两个因素。图 3-11 为盘中多空搏斗。

2. 多空决胜

多空双方经过激烈拼斗，此时已打破相持不下的僵局，大盘走势出现明显的倾斜。若多方占优，则步步推高；若空方占优，则每况愈下。多空双方能否战胜对方，取决于指标股的表现和涨跌家数两方面的因素。

3. 多空强化

将 14：30 前盘中出现的最高和最低点描出并取其中间值为标准，如果此时指数在中间值和最高点中间，则涨势会进一步强化，尾市有望高收。若此时指数在中间值和最低点之间，则往往会导致“杀尾盘”。多空强化是盘中的最后阶段，在经过多空双方激烈的拼斗后，形势已经明朗，盘末会出现强者更强、弱者更弱的局面。图 3-12 为盘中多空强化。

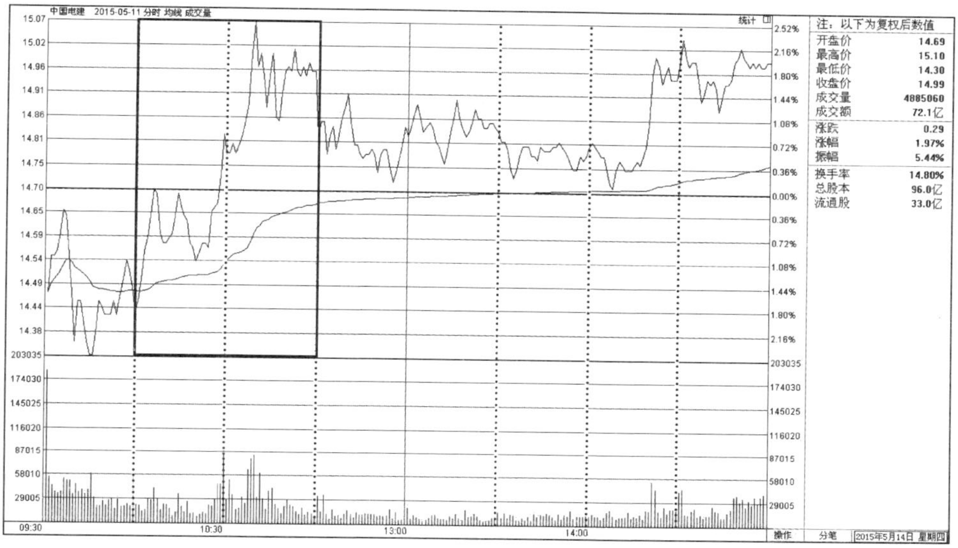

图 3-11　盘中多空搏斗

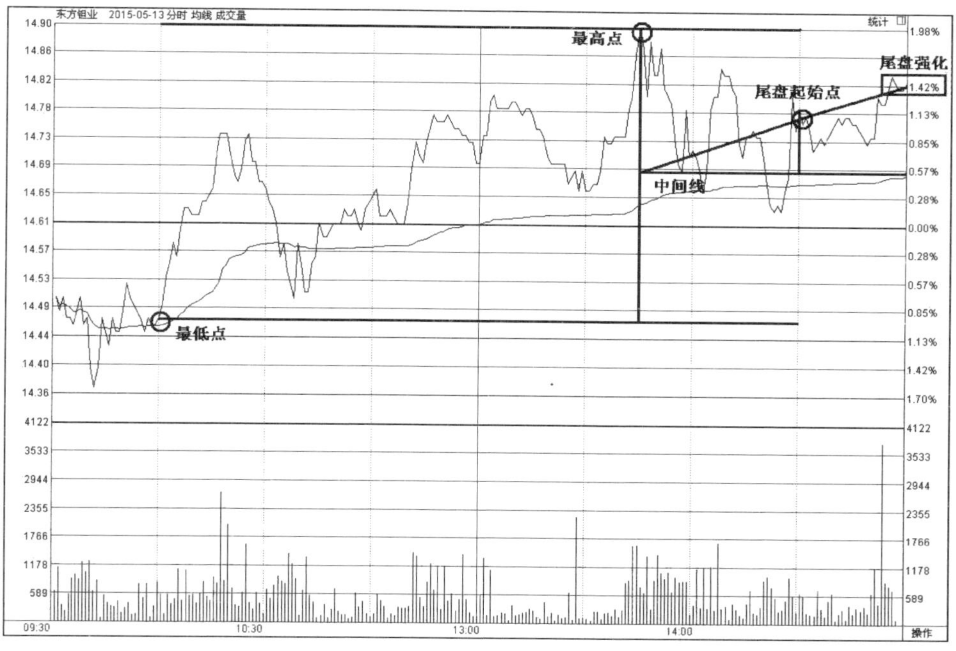

图 3-12　盘中多空强化

二、常见盘中运行状态

盘中运行状态一般有以下几种常见情况：

（1）个股低开高走，若探底拉升超过跌幅的 1/2 时，此时股价回调跌不下去，表示主力做多信心十足，可跟进（图 3-13）。

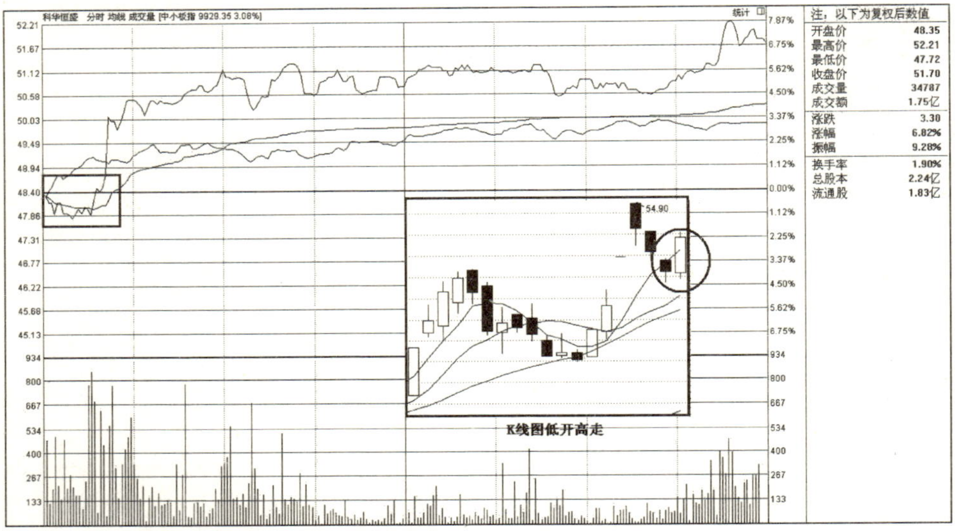

图 3-13　低开高走后探底回调 1/2 止跌可买入

（2）当大盘处于上升趋势中，个股若平开高走，回调不破开盘，股价重新向上，表示主力做多坚决，待第二波高点突破第一波高点时，投资者应加仓买进（图 3-14）。

（3）个股低位箱体走势，高开低走、平开平走、低开平走，向上突破时可以跟进。但若是高位箱体突破时，应注意风险，具体分三种情况：

1）若当日股价走势出现横盘，最好观望，以防主力震荡出货。

2）若当日股价高开或平开平走，且属高位盘整一年左右，成交量地量的，在其当日放量向上突破时，可跟进图（3-15）。

3）若当日股价低开平走，原则上仅看做弱势止跌回稳的行情，可以少量介入追反弹，不宜大量跟进。

（4）大市低位时，个股如形成 W 底、三重底、头肩底、圆弧底时，无论

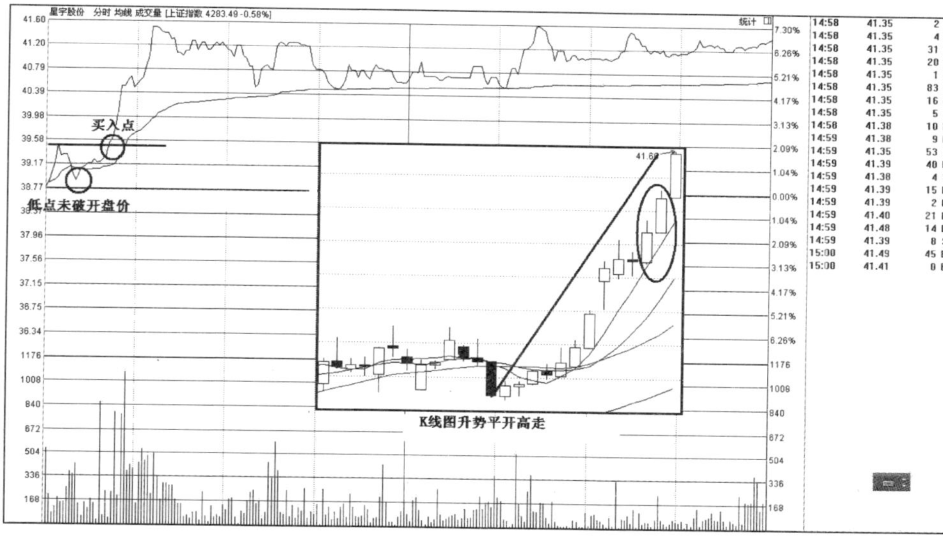

图 3-14 平开高走，回调不破开盘可在突破第一波高点时买进

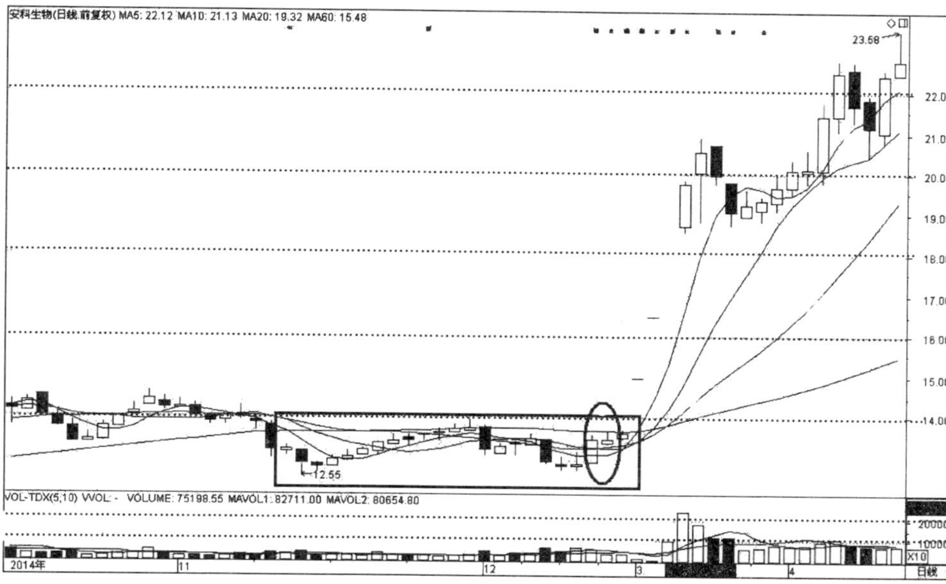

图 3-15 低位箱体平开平走突破时买进

其高开低走，低开低走，只要盘中拉升突破颈线位，且此时突放巨量，则不宜追高，待其回调颈线不破颈线时挂单买进（图 3-16），其中低开低走行情，

虽然个股仍在底部，但毕竟仍属弱势，应待突破颈线时红盘报收，回调也不长阴破位时才可买进。

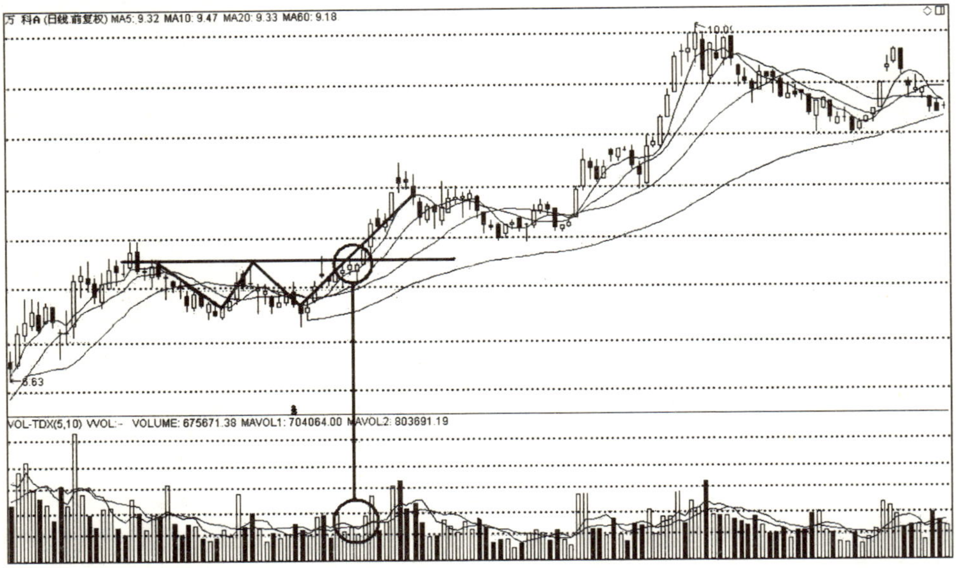

图 3-16 W 底突破颈线位时买入

（5）大市下跌时，若个股低开低走，突破前一波低点，多是主力看淡行情，有其弱势或有实质性利空出台，低开低走，反弹无法超过开盘，多是主力离场观望，若再次下破第一波低点，则应市价杀跌卖出（图 3-17）。

收盘半小时看盘分析

收盘价是股票交易一天的最后价格定位，是多空双方经过一天的交战后最后的结果。它的本质在于对第二天股价走势的指向。尤其是收盘前半小时的交易行为，对我们做出“买入”还是“卖出”决定，有着极为重要的提示性。

一、收盘前半小时拉升

尾盘拉升通常有以下几种原因：

（1）庄家为保存实力，在抛盘比较少的尾盘拉升，消耗资金少。

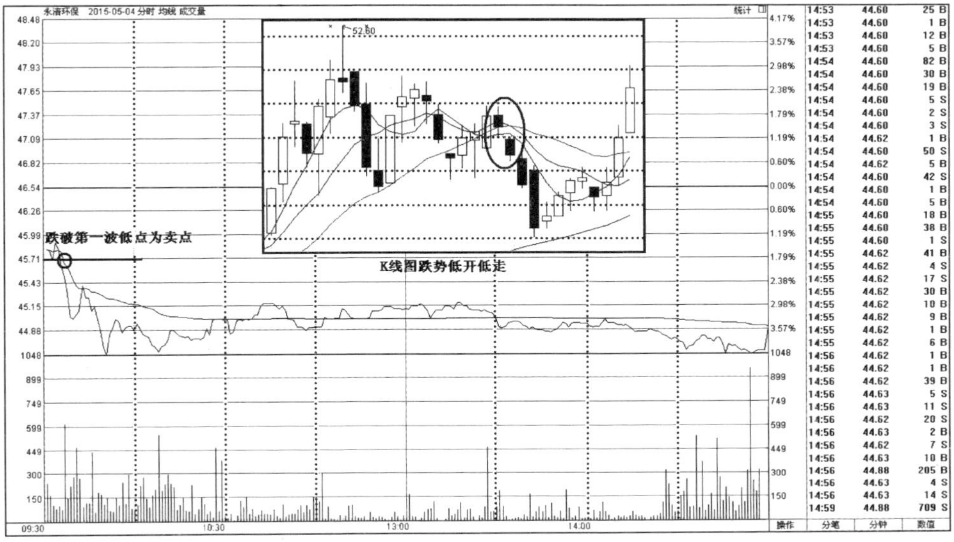

图 3-17　跌市低开低走破第一低点宜卖出

（2）庄家货没出完，需要快速拉高，明天接着出货。

（3）庄家当天在底部获得了所需的筹码，需要快速脱离成本区。

（4）有资金突然获得了利好消息（比如明天有重大事项公布）抢酬。

（5）全天都在高位徘徊，最后封涨停，显示主力做多决心强。

（6）全天都在次高位徘徊，大盘尾盘向上翘或回钩，追买人气足，涨停则意味明天可能会高开或继续上涨，会有短线资金买盘涌入推至涨停。

（7）主力为修饰 K 线图，拉出光头阳线，显示做多信心。

尾盘最后半小时左右开始出现放量震荡拉升，不是平滑的直线，全天成交量也明显比先前放大，如图 3-18 所示。分时图上呈现出量增价涨的态势，但是实际上这是庄家力量不强的表现，这种尾盘的震荡拉高其实是一种对敲，这样的拉升方式主要目的还是吸引跟风盘入场，既降低庄家拉升的成本，又为以后的出货加大了空间。这种走势出现后往往股价还能走高，但持续时间不会很长，短线投资者可以参与。

其盘面特征有以下两方面。

（1）连续的大单扫盘。

（2）股价一般没有回荡，呈现出一气呵成的斜线上攻走势，明天必涨。

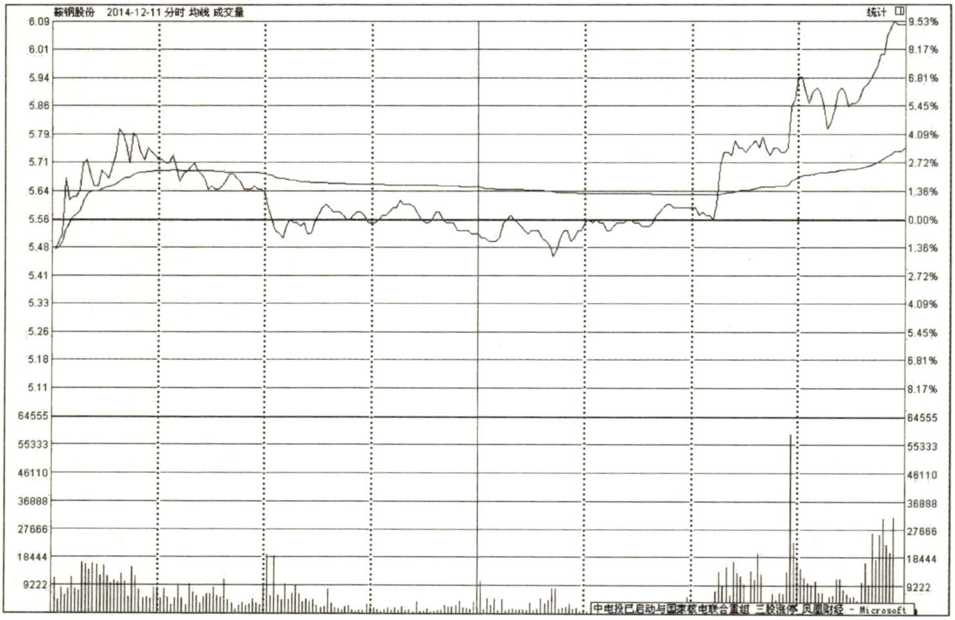

图 3－18　尾盘拉升

尾盘拉升还有一种极端情况，在个股的走势中，有时会看到当天股价走势都很平淡，尾盘最后几分钟突然拉升，中间不出现震荡回调，基本是一条直线，成交量快速放大，不给任何人追进去的机会（图 3－19）。在这种情况下，如果短线投资者急于入场追涨，那么将承担较大的市场风险。

二、收盘前半小时下跌

股价全天运行平稳，临近尾市时才开始下跌，股价以砸盘的方式向下放量回落，短时间内呈现凌厉下跌态势，如图 3－20 所示。其盘口特征为：

（1）大单、小单一起对着接盘砸，直到下方没有按盘才稍有停顿。

（2）下跌角度一般呈 45 度角为多，明天必跌，投资者应马上出局。

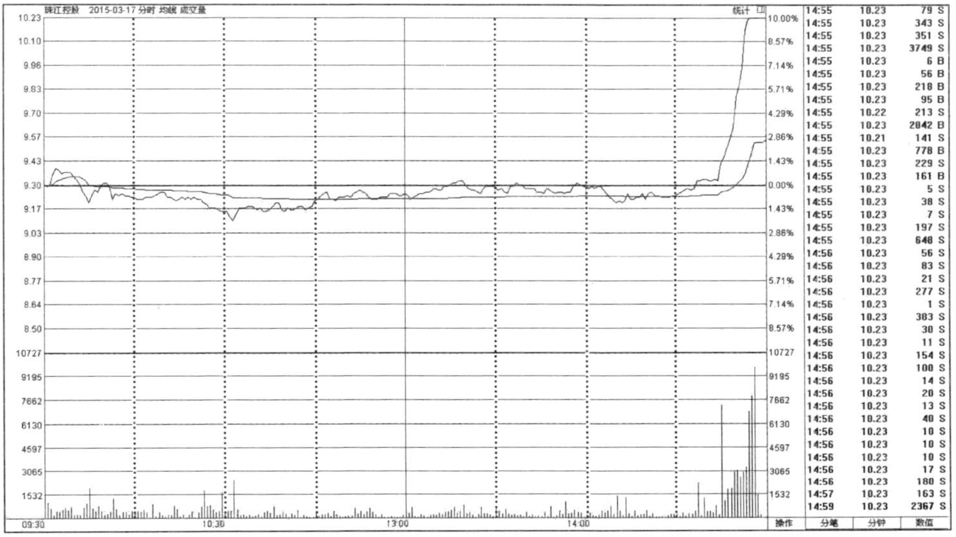

图 3-19 尾盘收市前几分钟急拉

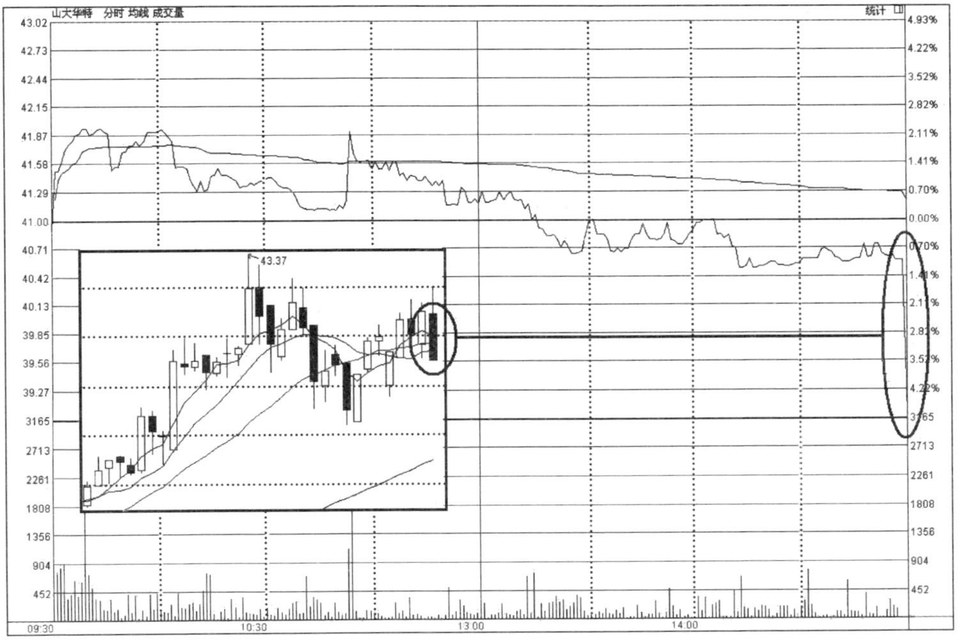

图 3-20 尾盘急跌

炒股箴言

在尾市出现收市前半小时拉升情况中，股价一般都处于一轮上涨后的整理形态或一轮下跌后的止跌形态中；而收盘前半小时忽然下跌的走势，一般都出现在一轮较大的上涨之后，其K线组合呈现出走势减缓或急升的整理形态。

第三节　盘口异动分析

许多时候，大资金时常利用盘口挂单技巧，引诱投资者做出错误的买卖决定，委买委卖盘常失去原来的意义，例如有时主力刻意挂出大的卖盘动摇持股者的信心，使短线或不明情况的投资者抛出手中的筹码，这时股价不跌反涨，充分显示主力刻意示弱、欲盖弥彰的意图。

上压板和下托板

大量的委卖盘挂单俗称上压板（图3-21）。简单地讲，上压板是在委卖盘出现相对较大的挂单，通常会呈现挂而不卖的现象。这种挂单喜欢出现在卖二、卖三的位置，随着股价的浮动而波动。另一种现象，就是这个大卖单被一笔吃掉。人常说：看到的未必真实。上压板对这句话诠释得淋漓尽致，它是通过大卖单压境来吓退意志不坚定的散户，从而达到洗盘的效果。所以，单独出现的上压板，往往是拉升的前兆。

大量的委买盘挂单俗称下托板（图3-22）。和上压板正好相反，是通过委买盘的大单来诱惑散户上钩，误以为是主力要大举进攻而出现的大笔买单。所以，单独出现的下托板，可理解为主力在暗渡陈仓，预示着下跌的开始。

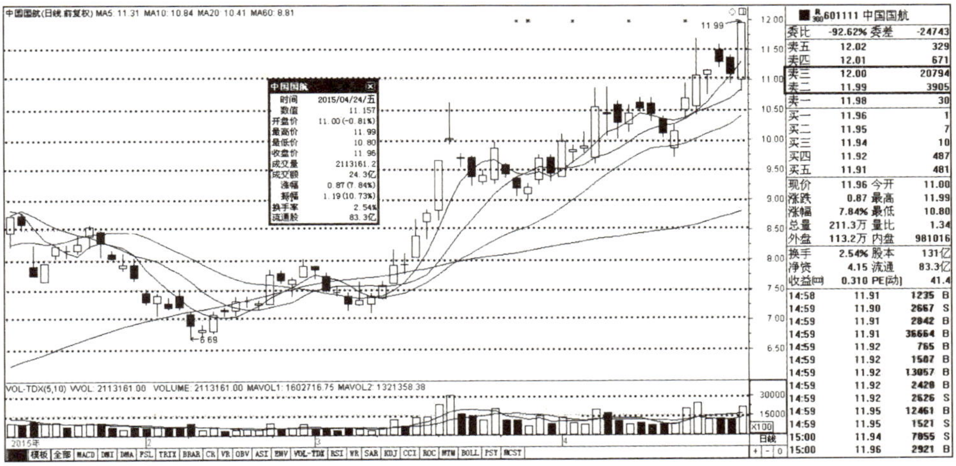

图 3-21　上压板

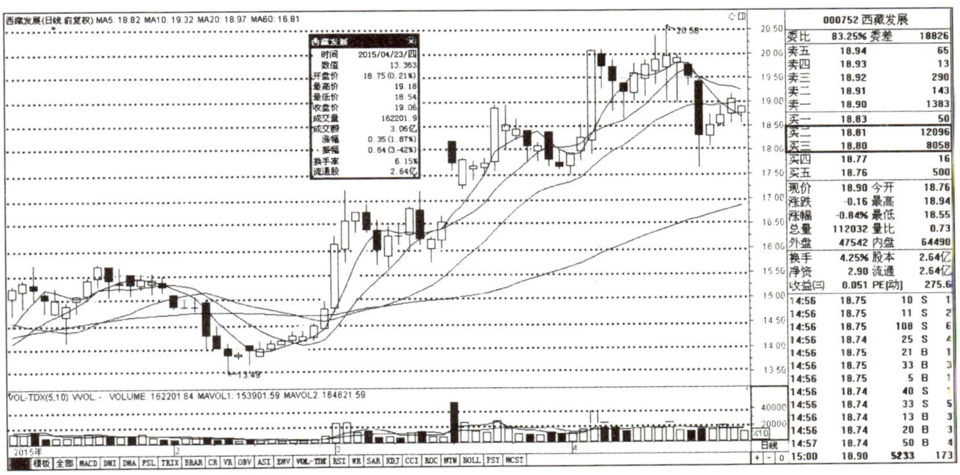

图 3-22　下托板

不论是上压还是下托，都是为了操纵股价、引人跟风，投资者应注意股价处于不同的阶段，其作用是不同的。当股价处于刚启动不久的中低价区域时，主动性买盘较多，盘中出现了下托板，往往预示着主力做多意图，可考虑介入。注意如果这里出现上压板，但股价不跌反涨，则表明主力压盘吸货的可能性偏大，往往是大幅涨升的先兆。

当股价升幅很高且处于高价区域时，盘中出现下托板，但走势没有明显上涨并且成交量增加，此时很有可能是主力诱多出货。如果上压板较多，但股价上涨无量，则预示顶部即将出现，股价将大幅下跌。

炒股箴言

当上压板和下托板同时出现时，可当上压板视之，除了洗盘吸筹外，还有控制股价涨跌节奏的含义。值得注意的是，主力在上攻时会撤掉上压板，吃掉非主力的卖单；有时会在买盘布置下托板，让跟风盘来同拉升股价；而实力强劲的庄家会直接攻击卖二以上的位置，不用布置下托板，霸气外露，让跟风盘望而却步。所以，上攻时是否用下托板，也是判断主力强弱的一种方法。

连续出现的单向大买单

一、盘口意义

连续的单向大买单，显然非中小投资者所为，而大户也大多不会如此轻易买卖股票而滥用自己的钱。大买单数量以整数居多，但也可能是零数。但不管怎样都说明有大资金在活动，如用大的买单或卖单告知对方自己的意图，像666手、555手，或者用特殊数字含义的挂单比如1818手（要发要发）等，而一般投资者是绝不会这样挂单的。

大单相对挂单较小且成交量并不因此有大幅改变，一般多为主力对敲所致。成交稀少的较为明显，此时应是处于吸货末期，进行最后打压吸货之时。大单相对挂单较大且成交量有大幅改变，是主力积极活动的征兆。如果涨跌相对温和，一般多为主力逐步增减仓所致。

二、扫盘

在涨势中，常有大单从天而降，将卖盘挂单连续悉数吃掉，即称为扫盘（图 3-23）。在股价形成多头排列且涨势初起之际，若发现有大单一下子连续横扫了多笔卖盘时，则预示着主力正大举进场建仓，是投资者买进的绝好时机。

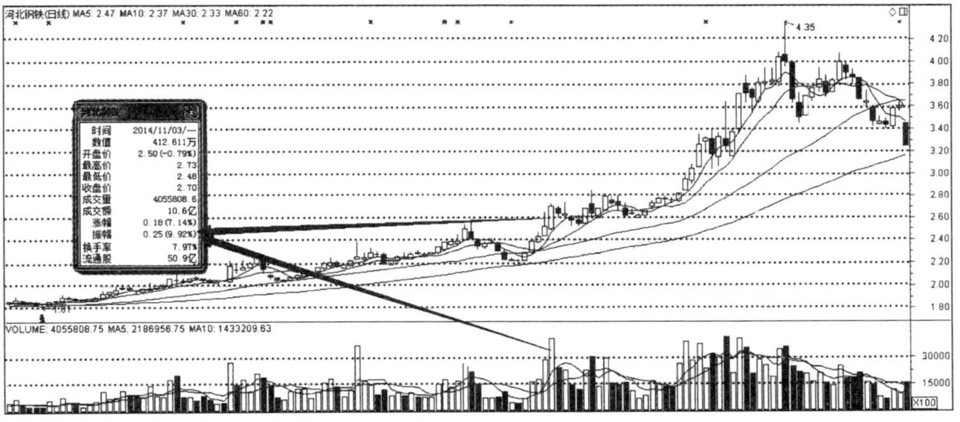

图 3-23 扫盘

三、隐性买卖盘

在买卖成交中，有的价位并未在委买委卖挂单中出现，却在成交一栏里出现了，这就是隐性买卖盘，其中经常蕴含庄家的踪迹。单向整数连续隐性买单的出现，而挂盘并无明显变化，一般多为主力拉升初期的试盘动作或派发初期激活追涨跟风盘的启动盘口。表 3-3 为 2015 年 4 月 24 日浙江众成的尾盘买卖情况，表中无大单，却出现尾盘拉升情况，说明存在隐性买卖盘。

表 3-3　2015 年 4 月 24 日浙江众成尾盘存在隐性买卖盘

002522 浙江众成 分时成交明细　　Up/PageUp:上翻 Down/PageDown:下翻

时间	价格	现量			时间	价格	现量			时间	价格	现量			时间	价格	现量			时间	价格	现量		
14:39	50.00	1	B	1	14:41	49.84	8	S	1	14:47	49.67	19	S	1	14:51	49.80	1	S	1	14:55	50.18	13	B	1
14:39	50.01	103	B	11	14:41	49.99	3	B	2	14:47	49.63	2	S	1	14:52	49.99	8	B	2	14:55	50.18	149	B	8
14:39	50.00	1	S	1	14:42	49.99	10	B	3	14:48	49.61	13	S	4	14:52	49.99	7	B	3	14:55	50.20	1	B	1
14:39	50.00	15	S	1	14:42	49.99	49	B	5	14:48	49.80	60	B	4	14:52	49.99	28	B	4	14:55	50.18	122	S	5
14:39	50.01	21	B	3	14:42	49.84	2	S	1	14:48	49.80	29	B	4	14:52	50.00	71	B	5	14:55	50.18	4	S	1
14:39	50.01	50	B	1	14:43	49.84	3	B	2	14:48	49.80	1	S	1	14:52	49.99	3	S	1	14:55	50.20	3	B	1
14:39	50.05	348	B	7	14:43	49.84	2	S	1	14:48	49.80	4	S	1	14:52	49.99	6	B	1	14:55	50.29	45	B	3
14:39	50.00	59	S	6	14:43	49.93	5	B	1	14:48	49.87	8	B	8	14:52	49.99	21	B	3	14:55	50.29	19	B	1
14:39	50.00	257	S	3	14:43	49.84	1	S	1	14:48	49.80	129	S	14	14:52	49.99	7	B	3	14:55	50.20	5	S	2
14:39	50.00	17	S	3	14:43	49.84	4	S	1	14:49	50.00	9	B	2	14:53	49.99	2	B	2	14:55	50.30	62	B	3
14:39	50.00	2	S	1	14:43	49.93	20	B	1	14:49	50.00	34	B	3	14:53	49.90	1	B	1	14:55	50.68	227	B	24
14:39	50.06	105	B	11	14:43	49.99	27	B	3	14:49	50.00	16	B	3	14:53	49.84	2	S	1	14:56	50.70	2	S	1
14:39	50.00	15	S	2	14:43	49.80	24	S	5	14:49	50.00	80	B	11	14:53	49.90	9	B	1	14:56	50.70	10	S	1
14:39	50.04	5	B	2	14:43	49.80	1	B	1	14:49	50.00	2	B	2	14:53	50.00	400	B	39	14:56	50.70	2	S	1
14:39	50.05	20	B	3	14:44	49.80	5	B	1	14:49	50.00	86	B	11	14:53	49.98	20	B	1	14:56	51.00	9	B	4
14:40	50.00	58	S	2	14:44	49.63	15	S	4	14:50	49.99	4	B	2	14:53	50.00	10	B	3	14:56	50.90	1	B	1
14:40	50.05	1	B	1	14:44	49.83	1	B	1	14:50	49.99	5	B	1	14:54	50.00	70	B	6	14:56	50.80	30	S	2
14:40	50.05	1	B	1	14:44	49.80	6	S	2	14:50	49.91	8	S	2	14:54	49.99	218	S	7	14:56	51.00	200	B	14
14:40	50.00	20	S	1	14:45	49.80	1	B	1	14:50	49.91	2	B	1	14:54	50.02	200	B	9	14:56	51.50	42	B	8
14:40	50.00	10	S	1	14:45	49.80	10	B	2	14:50	49.85	28	S	2	14:54	50.00	2	B	1	14:56	51.00	10	S	1
14:40	50.04	2	B	1	14:45	49.80	10	B	1	14:50	49.90	23	B	2	14:54	49.98	110	S	6	14:56	51.00	69	S	2
14:40	50.00	25	S	6	14:45	49.66	2	S	1	14:50	49.90	1	S	1	14:54	50.00	70	B	4	14:56	51.00	51	S	2
14:40	50.00	6	S	2	14:46	49.67	9	S	2	14:51	49.86	20	S	1	14:54	50.00	105	S	13	14:56	51.50	28	B	3
14:40	50.00	8	S	2	14:46	49.67	5	S	1	14:51	49.86	2	S	1	14:54	50.06	100	B	13	14:56	51.79	30	B	5
14:40	50.00	15	S	2	14:46	49.80	30	B	6	14:51	49.90	2	B	1	14:54	50.00	30	S	1	14:56	51.80	12	B	3
14:40	50.03	3	B	2	14:46	49.65	186	S	8	14:51	49.90	10	B	1	14:54	50.06	20	B	1	14:56	51.50	2	S	1
14:40	50.00	4	S	2	14:47	49.64	2	B	1	14:51	49.98	10	B	3	14:54	50.02	103	S	6	14:56	51.80	10	B	2
14:40	50.00	30	S	5	14:47	49.64	28	B	2	14:51	50.00	128	B	9	14:54	50.10	301	B	26	14:56	51.80	27	B	3
14:40	50.00	15	S	2	14:47	49.64	5	B	2	14:51	49.98	18	B	2	14:54	50.10	10	S	1	14:56	51.80	8	S	4
14:41	50.00	2	S	1	14:47	49.63	1	S	1	14:51	50.00	6	B	2	14:55	50.18	10	B	2	14:56	51.80	28	S	4
14:41	50.00	13	S	1	14:47	49.67	69	B	3	14:51	49.80	192	S	15	14:55	50.18	9	B	3	14:56	51.80	56	S	5
14:41	50.00	6	B	2	14:47	49.67	2	S	1	14:51	50.00	3	B	1	14:55	50.18	10	B	1	14:57	51.80	31	S	2
14:41	50.00	4	B	1	14:47	49.80	1	B	1	14:51	49.98	1	B	1	14:55	50.18	11	B	1	15:00	52.30	1193		112

一般来说，上有压板，而出现大量隐性主动性买盘（特别是大手笔），股价不跌，是大幅上涨的先兆；下有托板，而出现大量隐性主动性卖盘，则往往是庄家出货的迹象。

四、无征兆的大单

一般无征兆的大单，多为主力对股价运行状态实施干预所为。如果是连续的无征兆的大单，则股价现行运行状态有可能被改变。如果不连续，则实战意义不大。

1. 低迷期的大单

当某只股票长期低迷，某日股价启动，卖盘上挂出巨大抛单（每笔经常上百、上千手），买单则比较少，此时如果有资金进场，将挂在卖一、卖二、卖三档的压单吃掉，可视为是主力建仓动作。注意，此时的压单并不一定是有人在抛空，有可能是庄家自己的筹码，庄家在造量吸引注意。大牛股在启动前就时常出现这种情况。

2. 盘整时的大单

当某股在某日正常平稳的运行之中，股价突然被盘中出现的上千手大抛单砸至跌停板附近，随后又被快速拉起；或者股价被突然出现的上千手大买单拉升然后又快速归位，表明有主力在其中试盘。主力向下砸盘，是在试探基础的牢固程度，然后决定是否拉升。如果该股一段时期总收下影线，则向上拉升的可能性大，反之出逃可能性大。表 3－4 为神马股份盘整时出现大单的情况。

表 3－4　2015 年 5 月 19 日神马股份盘整时出现大单

600810 神马股份 分时成交明细　　Up/PageUp:上翻 Down/PageDown:下翻

时间	价格	现量	时间	价格	现量	时间	价格	现量	时间	价格	现量	时间	价格	现量
10:32	12.44	60 B	10:36	12.38	21 B	10:39	12.34	55 B	10:42	12.36	10 S	10:46	12.37	21 B
10:32	12.44	20 B	10:36	12.38	49 B	10:39	12.34	66 S	10:42	12.37	5 B	10:46	12.37	5 S
10:32	12.43	5 S	10:36	12.38	169 B	10:39	12.36	54 B	10:42	12.38	207 B	10:46	12.37	49 S
10:32	12.45	424 B	10:36	12.38	10 B	10:39	12.36	2 S	10:43	12.38	14 S	10:46	12.37	20 S
10:32	12.45	42 B	10:36	12.38	2 B	10:39	12.32	655 S	10:43	12.38	41 S	10:46	12.37	8 S
10:33	12.43	16 S	10:36	12.38	28 B	10:40	12.37	60 B	10:43	12.38	5 S	10:46	12.37	10 S
10:33	12.43	6 S	10:36	12.37	28 S	10:40	12.36	5	10:43	12.39	5 B	10:46	12.37	78 S
10:33	12.45	6 B	10:36	12.37	19 S	10:40	12.37	7 B	10:43	12.38	34 S	10:46	12.37	147 B
10:33	12.45	104 B	10:37	12.35	374 S	10:40	12.37	2 B	10:43	12.39	17 B	10:46	12.38	243 B
10:33	12.45	20 B	10:37	12.37	3 B	10:40	12.36	26 B	10:43	12.39	1 B	10:46	12.38	10 S
10:33	12.40	158 S	10:37	12.34	1467 S	10:40	12.35	1 S	10:43	12.38	85 S	10:46	12.38	32 S
10:33	12.43	7 B	10:37	12.34	20 B	10:40	12.36	89 B	10:43	12.39	5 B	10:46	12.38	10 S
10:33	12.45	60 B	10:37	12.38	65 B	10:40	12.36	32 S	10:43	12.39	48 B	10:47	12.38	43 S
10:33	12.44	7 S	10:37	12.33	7 S	10:40	12.37	88 B	10:43	12.38	4 S	10:47	12.38	10 S
10:34	12.38	422 S	10:37	12.32	50 S	10:41	12.36	160 S	10:43	12.38	5 S	10:47	12.38	17 S
10:34	12.44	32 B	10:37	12.32	10 S	10:41	12.37	18 B	10:44	12.39	174 B	10:47	12.39	20 B
10:34	12.44	20 B	10:37	12.34	16 B	10:41	12.37	10 B	10:44	12.38	16 S	10:47	12.38	20 S
10:34	12.44	10 B	10:38	12.32	53 S	10:41	12.36	32 S	10:44	12.39	7 B	10:47	12.39	8 B
10:34	12.43	10 S	10:38	12.33	94 B	10:41	12.36	16 S	10:44	12.38	30 S	10:47	12.38	58 S
10:34	12.43	30 B	10:38	12.32	110 S	10:41	12.37	68 B	10:44	12.39	8 B	10:47	12.38	2 S
10:34	12.40	2 S	10:38	12.34	25 B	10:41	12.37	28 B	10:44	12.36	400 S	10:47	12.38	10 S
10:34	12.43	7 B	10:38	12.31	523 S	10:41	12.36	54 S	10:44	12.39	14 B	10:47	12.38	1 S
10:34	12.43	5 B	10:38	12.33	24 S	10:41	12.38	12 B	10:44	12.36	15 S	10:48	12.38	103 S
10:35	12.38	410 S	10:38	12.32	10 S	10:41	12.38	5 S	10:44	12.38	160 B	10:48	12.38	9 S
10:35	12.43	2 B	10:38	12.35	274 B	10:41	12.38	21 S	10:44	12.39	78 B	10:48	12.38	2 S
10:35	12.40	17 S	10:38	12.32	567 S	10:42	12.36	258 S	10:45	12.38	2 S	10:48	12.38	10 S
10:35	12.38	14 S	10:38	12.30	545 S	10:42	12.38	11 B	10:45	12.39	60 B	10:48	12.39	10 B
10:35	12.39	10 B	10:38	12.31	20 S	10:42	12.36	50 S	10:45	12.38	142 S	10:48	12.38	414 S
10:35	12.40	37 B	10:39	12.34	12 B	10:42	12.38	13 B	10:45	12.36	30 S	10:48	12.37	30 S
10:35	12.38	194 S	10:39	12.34	1 B	10:42	12.36	14 S	10:45	12.37	5 B	10:49	12.38	4 B
10:35	12.38	53 S	10:39	12.32	5 S	10:42	12.37	7 B	10:45	12.38	25 B	10:49	12.38	47 B
10:36	12.38	214 S	10:39	12.32	11 S	10:42	12.38	21 B	10:45	12.38	21 B	10:49	12.36	104 S
10:36	12.38	35 S	10:39	12.32	4 S	10:42	12.38	39 B	10:45	12.37	70 S	10:49	12.37	8 B
10:36	12.38	20 B	10:39	12.34	5 B	10:42	12.36	20 S	10:45	12.37	77 B	10:49	12.38	2058 B

3. 下跌后的大单

某只个股经过连续下跌，在其买一、买二、买三档常见大手笔买单挂出，这是绝对的护盘动作，但这并不意味着该股后市止跌。因为在市场中，股价护是护不住的，“最好的防守就是进攻”，主力护盘，证明其实力欠缺，否则可以推升股价。此时，该股股价往往还有下降空间，但投资者可留意该股，因为该股套住了庄，一旦市场转强，这种股票往往一鸣惊人。

五、大单吸货

股价处于低位，买单盘口中出现层层大买单，而卖单盘口只有零星小单，突然盘中不时出现大单吃掉下方买单，然后又快速扫光上方抛单，这表明主力在吸货震仓。

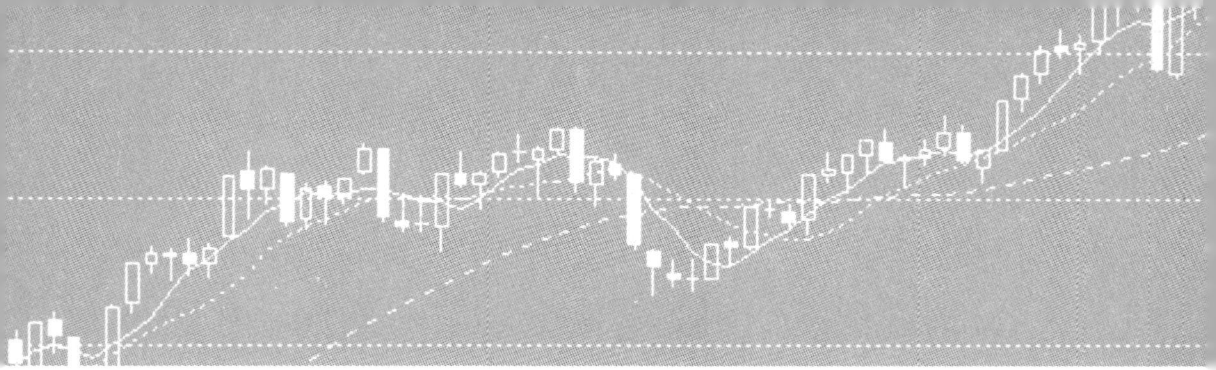

第四章
小小图形用处大——熟悉 K 线分析

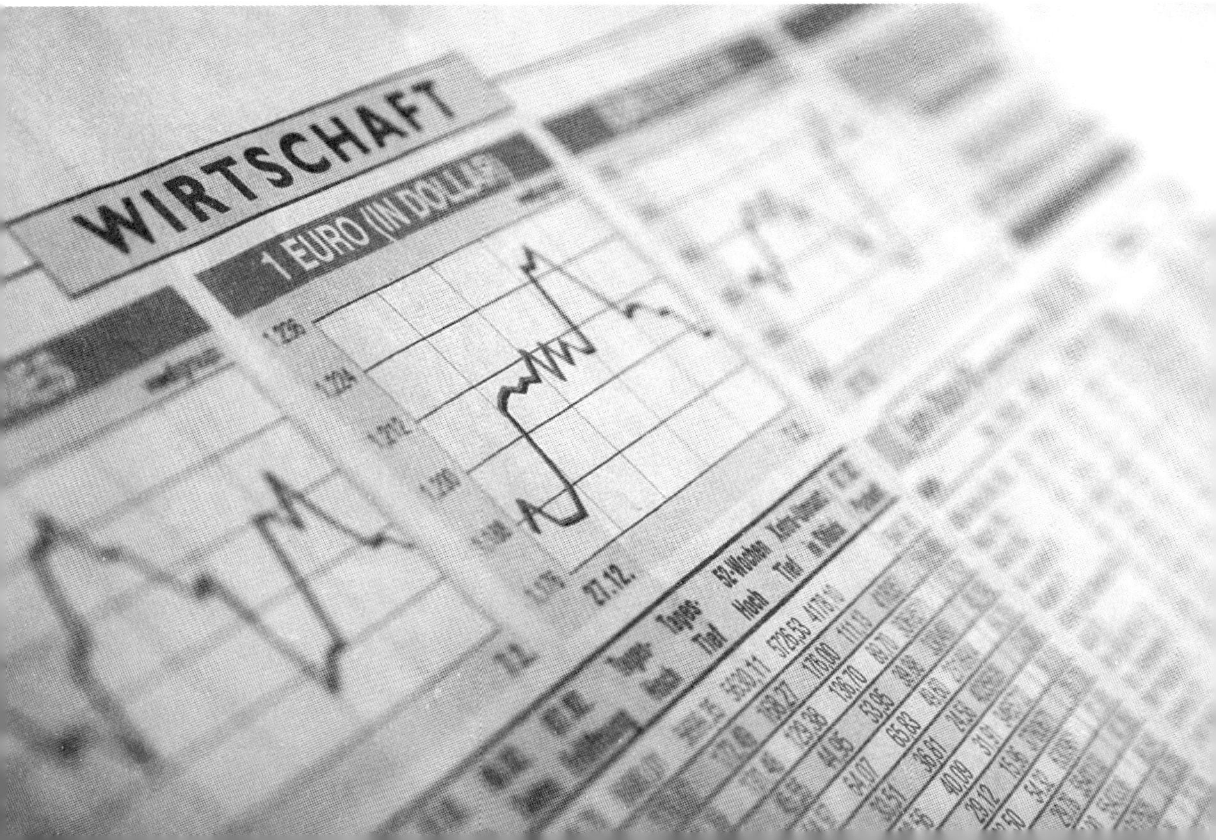

所谓K线图，就是将股票每日、每周、每月的开盘价、收盘价、最高价、最低价等涨跌变化状况，用图形的方式表现出来。K线又称阴阳线、棒线、红黑线或蜡烛线，它起源于日本德川幕府时代（1603—1867年）的米市交易，用来计算米价每天的涨跌，后来人们把它引入股票市场价格走势的分析中，目前已成为股票技术分析中的重要方法。

第一节　单根K线分析

K线的形成是一种多空心理演变的过程，反映出股票某个周期的走势和多空实力的变化。不少投资者形象地把它比喻为交战双方战斗的阵地。一根K线的形态也有无数种，不同的形态蕴涵着买卖双方力量的增减和转变过程的不同含义。

认识K线

K线是一种特殊的市场语言，不同的形态有不同的含义。一根K线记录的是股票在一天内价格变动情况。

一、K线的组成

K线是一条柱状的线条，由影线和实体组成，一根K线记录的是股票在一天内价格变动情况。如果将每天的K线按时间顺序排列在一起，就组成了股票价格的历史变动情况，也就是通常所说的K线图。单根K线从价格上说，是由开盘价、收盘价、最高价、最低价四个价位组成。单根K线从结构上说，是由实体和影线构成，如图 4-1 所示。

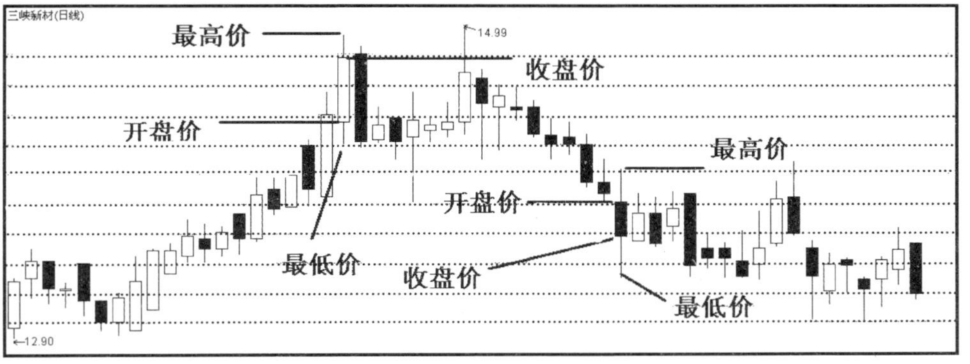

图 4-1　单根 K 线图示

在 K 线图，当收盘价高于开盘价时，实体部分一般绘成红色或空白，称为“阳线”；当收盘价低于开盘价时，实体部分一般绘成绿色或黑色，称为“阴线”。影线在实体上方的部分叫上影线，下方的部分叫下影线。实体分阳线和阴线两种，又称红（阳）线和黑（阴）线。

二、单根 K 线分析要点

单根 K 线的分析要点如表 4-1 所示。

表 4-1　单根 K 线分析要点

要点	分析
看阴阳	阴阳代表趋势方向。阳线表示将继续上涨，阴线表示将继续下跌。以阳线为例，在经过一段时间的多空拼搏，收盘高于开盘表明多头占据上风
看实体大小	实体大小代表内在动力。实体越大，上涨或下跌的趋势越是明显，反之趋势则不明显。阳线实体就是收盘高于开盘的那部分，阳线实体越大说明上涨的动力越足，阴线实体越大，下跌动力也越足
看影线长短	影线代表转折信号。向一个方向的影线越长，越不利于价格向这个方向变动，即上影线越长，越不利于股价上涨，下影线越长，越不利于股价下跌

炒股箴言

K 线图所包含的丰富信息，发出的买卖信号，能够帮助投资者看清股票走势，正确投资。学会怎么看 K 线图，是每个股票投资者应掌握的基本技能。如果用一分钟价格数据来绘 K 线图，就称为一分钟 K 线。用一个月的数据绘制 K 线图，就称为月 K 线图。绘图周期可以根据需要灵活选择，在一些专业的图表软件中还可以看到 2 分钟、3 分钟等周期的 K 线。喜欢做短线的随时观察 5 分钟 K 线图、15 分钟 K 线图，长线要看周 K 线图、月 K 线图。

大阳线分析

大阳线是股价走势图中常见的 K 线，表示最高价与收盘价相同（或略高于收盘价），最低价与开盘价一样（或略低于开盘价），上下没有影线或影线很短（图 4-2）。

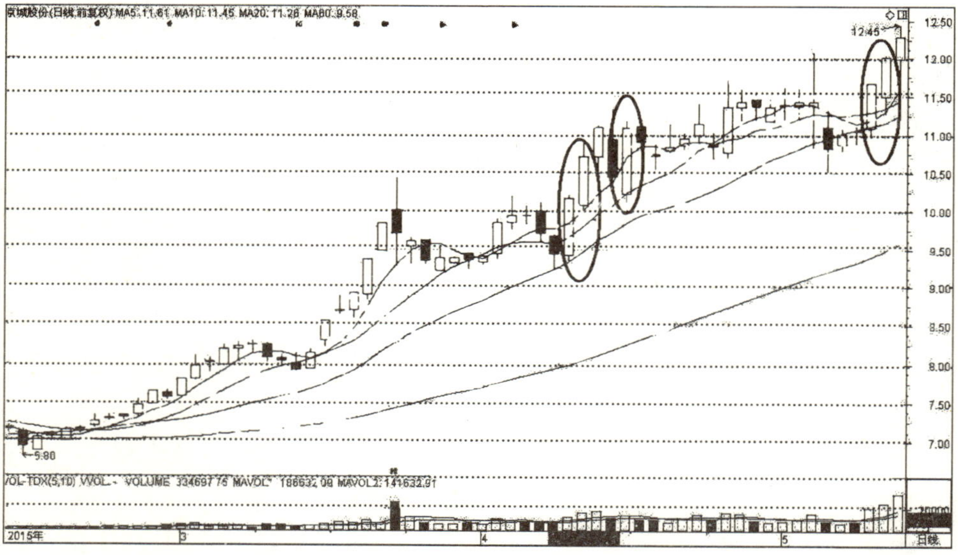

图 4-2　大阳线图示

如果股价刚开始上涨时出现大阳线，则表明股票有加速上扬的意味，投资者可买入；如果出现在股价连续上涨过程中，则要当心多方能量耗尽股价见顶回落；如果在连续下跌过程中出现大阳线，则表明股价有见底回升的兆头，此时投资者可逢低适量买入。

炒股箴言

无论股价处于什么态势都有可能出现大阳线，阳线实体越长，则力量越强，反之，则力量越弱；在涨停版制度下，最大的日阳线实体可达当日开盘价的 20%，即以跌停板开盘，涨停板收盘。

在 K 线图中，常出现的大阳线有以下几种。

一、光头光脚大阳线

光头光脚阳线开盘价就是最低价，K 线没有上影线和下影线，开盘后股价一路上升，并以全天最高价收盘（图 4-3）。

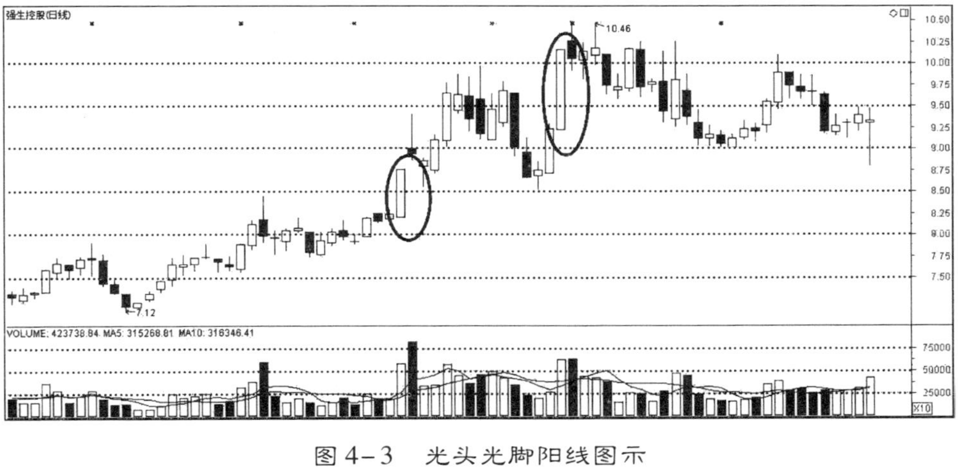

图 4-3　光头光脚阳线图示

光头光脚阳线一般表示多头（主导上涨的买方）占据市场的主动，空方无力抵抗，股价盘中节节高升，以全日最高价收盘，这样的 K 线表明多头力量强大，股票短期强势，次日继续上涨的概率较大。

投资者若持有这类股票，要注意分析以下几点：

（1）首先看清楚大阳线的内部结构，分析它的波性特征，借以判断主力的操盘意图。如果大阳线是以攻击波出现，则表明主力的攻击力度强悍，可以谨慎看涨，积极参与。

（2）注意大阳线出现的股价阶段性位置，根据不同的位置关系采取不同的操盘对策。

（3）特别留意大阳线出现时的开盘情况。低开大阳线、平开大阳线和高开大阳线的技术特征不同，需要特别小心甄别。

二、光头大阳线

光头阳线是指收盘价与全天最高价相同，没有上影线但可以带有下影线的阳 K 线（图 4–4）。光头阳线的出现表明主力做多意愿强烈，股价后期上涨的概率加大。

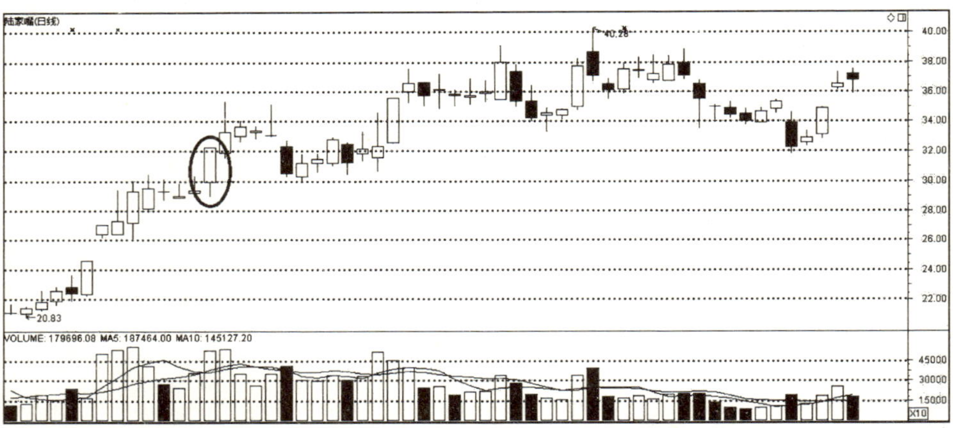

图 4–4　光头大阳线图示

光头大阳线以全天的最高价格收盘，涨幅大于 8%。技术意义通常表示买盘意愿强烈，后续走势价格将沿着买入方意愿上行。要特别留意下影线出现的时间段和长度。如果是在早盘第一时间段以尖刀底的形式出现，下影线的长度超过 5%，则表明主力有意展开盘中震仓洗盘，操盘计划急切，此时可以轻仓狙击，勿失良机。

光头阳线若出现在低价位区域，在分时走势图上表现为股价探底后逐浪走高且成交量同时放大，预示一轮上升行情的开始。如果光头阳线出现在上升行情途中，则有着助涨的作用，表明后市继续看好。

炒股箴言

在盘中操作时要把握一个原则，那就是当光头阳线在上升途中出现时，只要上升趋势不变，便可介入。但当上升趋势开始出现横向整理或是干脆掉头向下转为下降趋势时，那么即便这根阳线收得再好再漂亮也要远离，因为此时出现的光头阳线极可能是主力设下的多头陷阱。

三、光脚大阳线

光脚阳线是指全天的最低价与开盘价相同，没有下影线但可以带有上影线的一种阳 K 线（图 4–5）。光脚阳线的出现表示股指或股价上升势头很强。

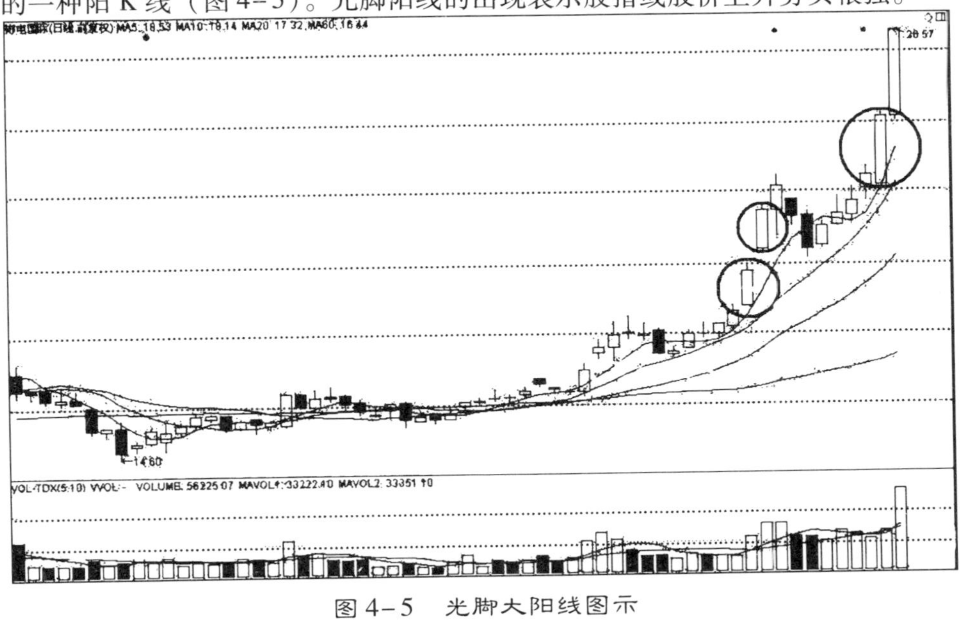

图 4–5　光脚大阳线图示

虽然光脚阳线的出现意味着股价趋势向好，但也要看它所出现的位置。当出现在上涨行情初期或是上涨途中时，光脚阳线是一种看多做多的信号，但当股价有了较大的涨幅，尤其是在上涨后期出现快速拉升走势后再出现这种光脚阳线，此时就要想到它是不是主力的骗线，骗线的目的当然是为了引诱投资者高位接盘，以便顺利出货。虽然有些个股高位出现光脚阳线后股价仍会继续向上运行，但获利风险在加大，因此对于不擅短线操作的普通投资者来说应该进行回避，以免遭受损失。

四、带上下影线的大阳线

带上下影线的阳线是最为普通的一种阳线。带上下影线的阳线是指开市价比最低价高，而收盘价又比最高价低，但明显比开市价高（图 4-6）。其中开市价与收盘价之间的长方形为实体，实体上端的细线为上影线，实体下端为下影线。

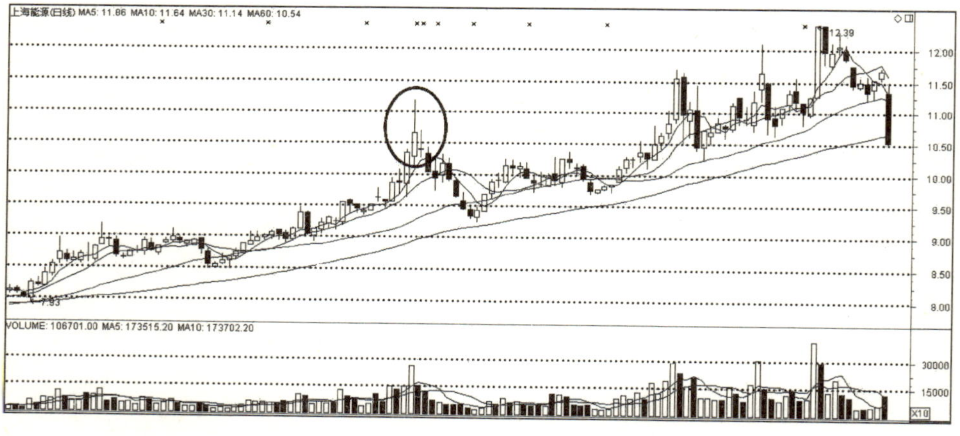

图 4-6　带上下影线的大阳线图示

由于存在着上下影线，说明当天的买卖过程中，曾经出现过上突下探的行情，买卖双方对当前的股价分歧开始增大，双方搏杀非常激烈，一度都占据优势，把股价推到了最高价或压到了最低价。然而，都被对方顽强地拉回去，只是到收市时，买方才把优势勉强保住。对买卖双方的优势的衡量，主要是依据上下影线的长短与实体的长度来确定。

在分析带上下影线的大阳线时要注意，实体部分不小于 8%，表明多头的攻击力度强劲。如果出现的上影线的长度超过 5%，要特别小心。还要注意下影线的长度，如果下影线很短，不超过 2%，而上影线很长，超过 5%，要特别注意量峰结构的特点。如果上影线出现时停留的时间很短，放量并不明显，盘口波形属于试盘波，股价处于底部区域或者拉升初中期，或者处于阶段性底部区域，则表明上影线只是多头主力的试探性操盘，股价还将拉升，投资者可以在盘中选择低点狙击。

在所有大阳线中，带上下影线的大阳线最容易导致投资者研判失误，决策失误。因此，在实战中，要高度重视，谨慎对待。比较有效的分析方法是先看股价的阶段性位置，第一步首先确定主力的操盘意图。如果拉升末期或者盘头阶段出现这样的大阳线，表明上影线属于出货导致，下影线属于诱多行为。下跌初期的反弹出现这样的大阳线，属于出货行为。

大阴线分析

K 线图中的“大阴线”，又称作长阴线。大阴线的特征是当天几乎以最高价开盘，最低价收盘，它表示多方在空方打击下节节败退，毫无招架之功（图 4-7）。目前我国股市在实行涨跌停板制度下，最大的日阴线实体可达当日

图 4-7 大阴线图示

开盘价的20%，即以涨停板开盘，跌停板收盘。

大阴线实体较长，可略带上、下影线，在涨势中出现大阴线，是见顶信号；在下跌刚开始时出现大阴线，后市看跌；在下跌途中出现大阴线，继续看跌；在连续加速下跌行情中出现大阴线，有空头陷阱之嫌疑。大阴线的力度大小，与其实体长短成正比，即阴线实体越长力度越大，反之则力度越小。

炒股箴言

大阴线出现在涨势之后，尤其是较大涨幅之后，表示股价即将回落或者正在做头部，这时应卖出股票为宜。大阴线出现在较大跌幅之后，暗示做空能量已经释放得差不多了，根据“物极必反”的原理，此时要弃卖而买，考虑做多，逢低吸纳一些股票。

一、光头光脚大阴线

光头光脚阴线表示开盘价即成为全日最高价，而收盘价成为全日最低价（图4-8）。该形态表示从一开始，卖方就占绝对优势，握有股票者不限价疯狂抛出，造成恐慌心理。市场呈一边倒趋势，直到收盘，价格始终下跌，最终以全日最低价收盘。

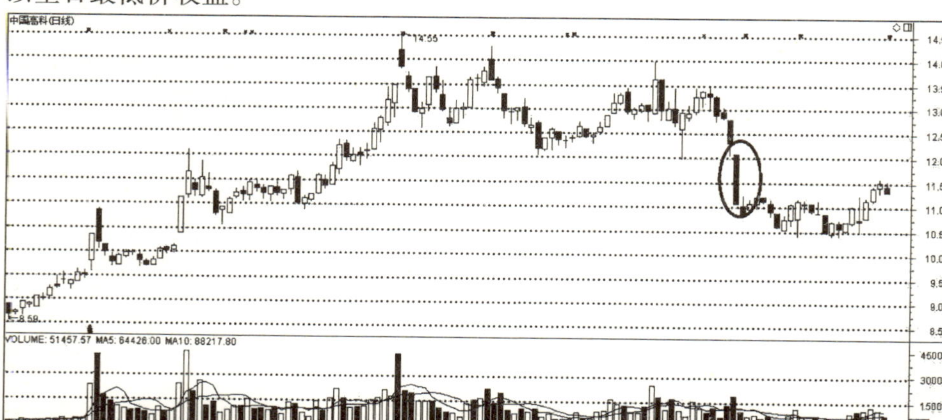

图4-8 光头光脚大阴线图示

这种 K 线图形表明空方在一日交战中最终占据了主导优势，多方无力抵抗，股价的跌势强烈，次日低开的可能性较大。如果在股价的高位区出现这种图形，投资者最好在最短的时间内将手中持有的股票抛光，尽可能先归避风险。

光头光脚的大阴线，是空方发起强大攻势取得全胜的结果，杀伤力是非常大的。无论是出现在什么位置，短线投资者的第一反应应是先出局观望，至少也要减仓，腾出资金为滚动回补做准备。

如果底部出现这种光头光脚大阴线之后股价形成反弹，若没有成交量的配合也仍不会有什么像样的行情产生，所以这种反弹很快便会夭折。在盘整末期或下跌趋势中途出现，说明股价向下突破再续跌势，此时应该顺势卖出。如果在连续上涨之后的高价区出现光头光脚大阴线，特别是有量的配合，这更是明显出货的行为，应该果断清仓。

如果出现在拉升初期，股价高开低走形成光头光脚大阴线，酷似长阴贯顶，则属于典型的阴线洗盘手法，投资者可以先出局观望，耐心等待洗盘结束后的下一波拉升。如果出现在拉升末期或者盘头阶段，股价向上跳空，幅度高达 10% 高开低走，最后跌停收盘，全天振幅高达 20%，巨量长阴，则是典型的见顶信号，投资者此时应该彻底清空筹码，离场休息。

二、光头大阴线

光头阴线是指带有下影线的阴 K 线，开盘价是当日最高价，一开盘卖方力量就特别大，股价一直处于下跌状态，但当跌到低位时，受到买盘力量的推升，股价得到支撑，由此股价可能会形成反弹（图 4–9）。

根据实体部分与下影线的长短不同，可将光头阴线分为三种情况。

（1）实体部分比影线长，表明卖压比较大。一开盘，股价大幅度向下，在低点遇到买方抵抗，买方与卖方发生激战，影线部分较短，说明买方把价位上推不多。从总体上看，卖方占了比较大的优势。

（2）实体部分与影线同长，表示卖方把价位下压后，买方的抵抗也在增加，但可以看出，卖方仍占优势。

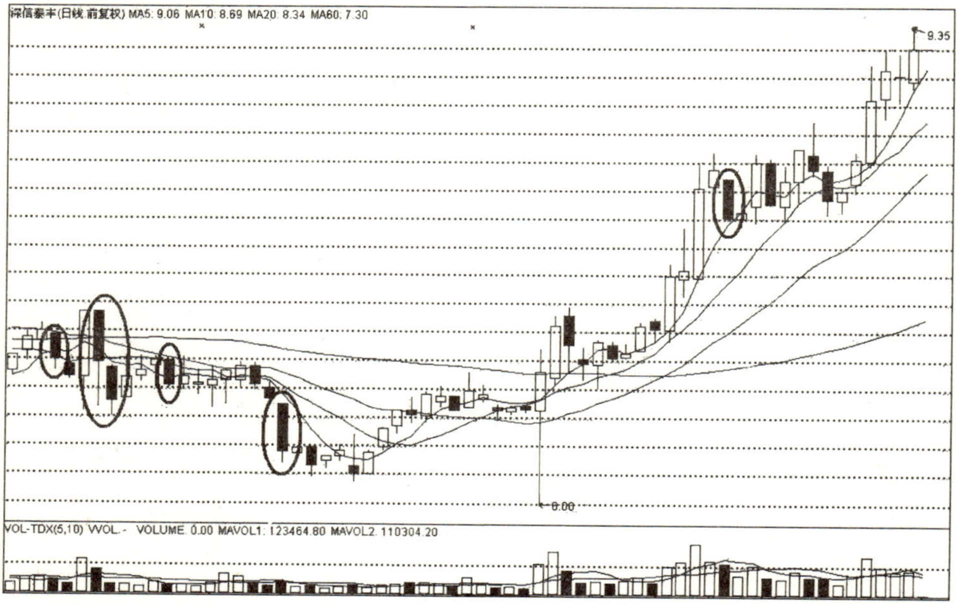

图 4-9 光头大阴线图示

（3）实体部分比影线短，表示卖方把价位一路压低，在低价位上，遇到买方顽强抵抗并组织反击，逐渐把价位上推，最后虽以阴棒收盘，但可以看出卖方只占极少的优势。后市很可能买方会全力反攻，把小阴实体全部吃掉。

光头大阴线属于典型的见顶信号之一，无论出现在哪一阶段，都预示着股价调整不可避免，此时短线投资者应当在盘中选择高点卖出，离场观望。

如果出现在拉升的末期，股价向上跳空，高开低走，带量下跌，则是典型的出货信号，带量下影线越长，就越说明主力杀跌的凶悍，出货心切。如果是对敲尾盘拉回，收出很长的下影线，欲盖弥彰，更表明主力的操盘意图旨在出货。

如果出现在底部区域，股价向下跳空低开低走，则是空头垂死挣扎的结果。

如果出现在拉升的初期，则是主力日内快速洗盘的表现，投资者可在次日逢低狙击，滚动建仓，也可以保持观望，耐心等待洗盘结束再进场。

三、光脚大阴线

光脚大阴线是一种带上影线的阴线实体，收盘价即成为全日最低价（图 4-10）。光脚阴线的 K 线实体可大可小，像倒锤头阴 K 线虽然实体很小，但它也属于光脚阴线的一种。

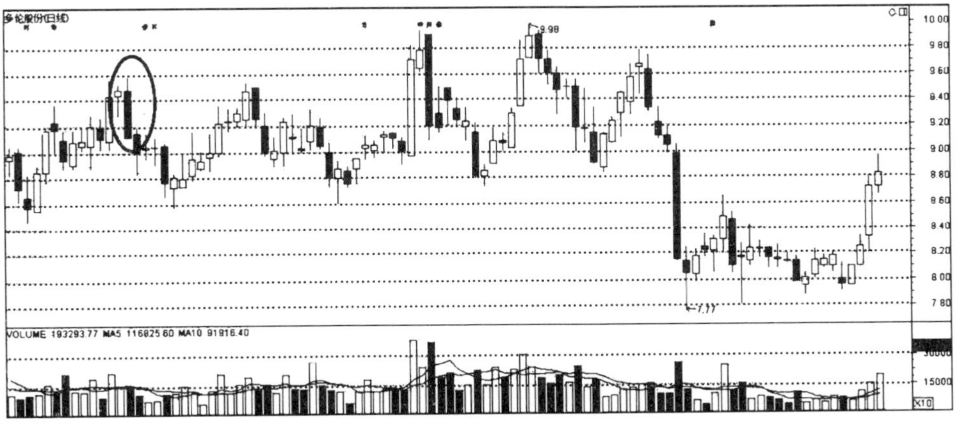

图 4-10　光脚大阴线图示

光脚大阴线表明多头在盘中搏杀之后，彻底败阵下来。此时空头占据了上风，预示着如果没有外力作用，第二天股价还将惯性低开。因此，无论处于哪一阶段，短线投资者都可以选择减仓。

市场上收出带有上影线的光脚阴线时，表明空方占据优势，在上涨冲高的过程中，上档的卖盘比较沉重。如果这种带有上影线的光脚阴线出现在股价上涨了一段行情时，投资者就应该引起重视了，因为这很有可能性是股价要反转下跌的信号。如果这种带有上影线的光脚阴线出现在股价已经下跌了一段行情时，表明股价虽有反弹，但上档卖盘的抛压比较严重，是否能够继续反弹，需要看后期走势的情况。此时，投资者不应该盲目进场抢反弹。如果出现在底部区域，则是典型的诱空行为，此时投资者应积极狙击，在盘中或者在尾盘试探性买进第一仓，滚动建仓。

四、带上下影线的大阴线

带有上下影线的阴线是指开盘价不是最高价，收盘价也不是最低价（图4-11）。此形态较常见，表明多头虽然很顽强，但是最终还是败阵下来，空头暂时占据上风。上影线可能是多头反击的信号，也可能是主力出货的信号。下影线则是主力打压的结果，也可能是多头反击的特征。实体部分大于8%，表明空头势力强大，凶悍无比。

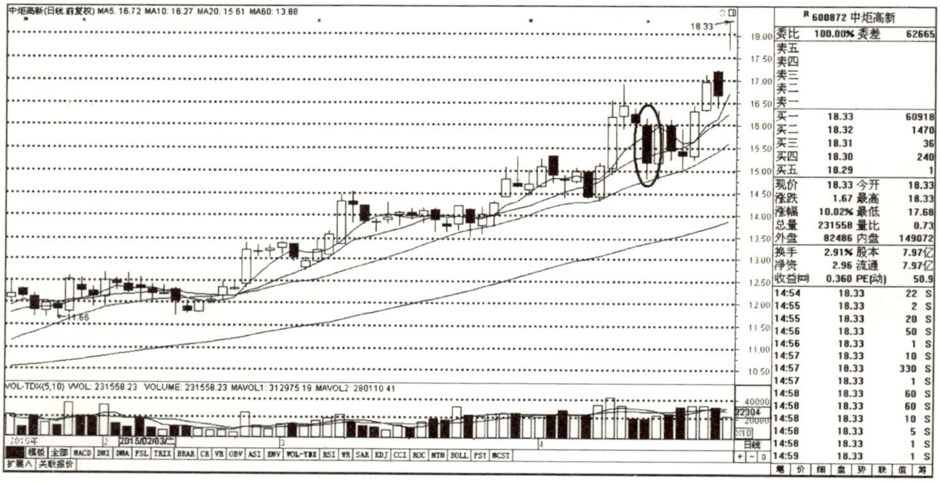

图4-11　带上下影线的大阴线图示

根据实战经验，可以将带上下影线的阴线分为实体长于上下影的阴线、实体短于上影长于下影阴线和实体短于下影长于上影的阴线三种。

实体长于上下影的阴线，这是比较常见的阴线形态，常常出现在下跌的中途，说明多空双方进行了全面的接触，所以带有上下的影线。阴线的实体较大说明空方占据明显优势，股价次日继续下跌的可能性较大。但若是出现在股价持续下跌之后的低价区，次日没有创出新低，第三日又带量上攻，则要注意股价趋势的逆转。

实体短于上影长于下影阴线，往往说明多方虽有心上攻，但遭到空方的强大抛压，多方下档的抵抗十分微弱，空方把控着全局。此阴线经常出现在持续上升的高价区转向下跌的转势位置上，标志着一波下跌趋势的开始；但若是出现在股价持续下跌之后的低价区，特别是这根阴线的实体较小，次日多方带量再次上攻的话，也要注意股价趋势的逆转可能。

实体短于下影长于上影阴线，说明多空双方分歧较大，交战激烈，空方的打压有所遇阻，只是略占优势，多方也有蓄势的可能。此阴线常常出现在下降趋势的中途，次日继续收阴的可能性较大；如果是出现在持续下跌的低价区或是上涨趋势的中途，次日下跌又未创出新低，收孕线，那么后市上涨的概率较大。

带上下影线的大阴线通常是多空分歧的信号，在实战中，要结合股价的阶段性位置分析主力的操盘意图。

如果出现在拉升的末期，则是主力出货的开始，预示着股价即将见顶。如果出现在盘头阶段，说明主力利用宽幅震荡态势，加大出货力度。如果出现在底部区域或者关键的技术点位，则是主力震荡吸筹的特征。短线投资者可以在盘中出现快速打压的时候积极狙击，第二天在盘中高抛，滚动操盘。

星形线分析

在K线中，开盘价到收盘价之间的价格段称为实体，价格波动超出实体之外的部分称为影线，实体上下都有较实体长的影线就叫十字星（图4-12）。所谓星形线，是指一些十字星形状的K线，实体很短但带上下影线，且与邻近的K线实体有一定的距离，从而看上去就像夜晚天空中闪闪发光的星星一样。

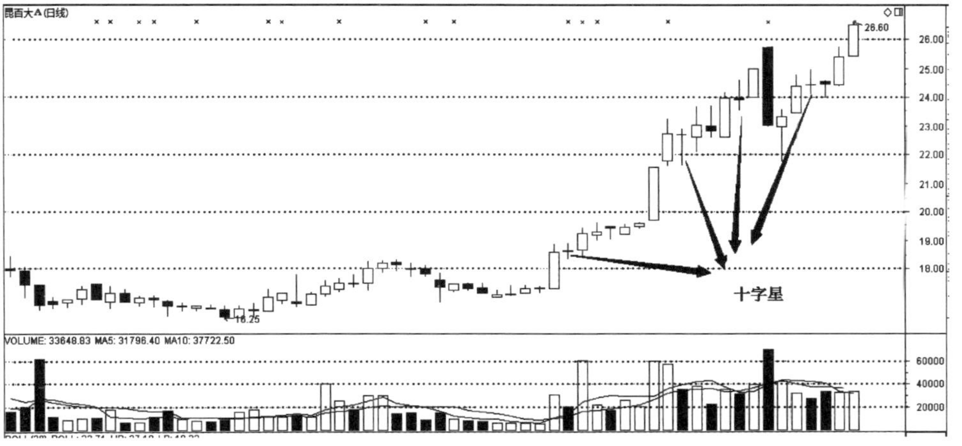

图4-12 十字星

“星”的形成是由于股价出现了开盘收盘相同或相近，全天股价波动不大的横盘走势。因此，就“星”本身的含义来说，仅仅表示多空双方势均力敌，在股价问题上分歧很小；另外也隐含着多空双方都在观望，等待进一步消息。除此之外并没有其他含义，更不能直接预示股价的未来趋势。但是，势均力敌现象在不同的走势背景下出现却能够表示非常不同且意义明确的含义。

十字星的一般理解为多空双方能量暂时较为平衡，一方未能压倒另一方，所以未做方向选择收阳线或收阴线。

在实际操作中，股价当日收十字星，证明个股上涨难，下跌也不易。但在关键点位，其意义就比较重要了：第一，上涨初期跳空十字星。中小投资者可在后期逢低积极介入，一是判断跳空缺口是否会被回补；二是看后期是否是放量上涨、缩量整理，以判断其个股后期走势的有效性。第二，上涨中期十字星。上涨中期的个股，第一天阳线，第二天收十字星，是庄家一种震荡洗盘的手法，故意做出上涨无力的样子，缩量收十字星是其要点。第三，上涨末期十字星。一只个股在上涨末期收十字星，一般有见顶嫌疑。第四，盘中十字星。一只个股箱体震荡时总出现十字星，此时的意义不大，只是主力在震荡洗盘。但是，通过洗盘后，如能放量拉升，可积极参与。

第二节　K 线组合分析

单根 K 线固然重要，但将多根 K 线组合起来看，更具有实际意义。投资者只要掌握了一些经典的 K 线组合，就能在一定程度上提高在股市中的胜算。

底部现阳线反转与顶部现阴线反转

一、底部现阳线反转

底部现阳线反转是 K 线组合中传统而精典的技术形态，由三根 K 线组成的 K 线组合，它是一种行情见底转势的形态。这种形态如果出现在下降趋势中应引起注意，因为此时趋势已发出比较明确的反转信号，是一个非常好的买入时机。

1. 底部现阳线反转形态特征

第一天，股价继续下跌，并且由于恐慌性的抛盘而出现一根巨大的阴线，大势不妙。第二天，跳空下行，但跌幅不大，实体部分较短，形成星的主体部分。构成星的部分，既可以是阴线，也可以是阳线。第三天，一根长阳线拔地而起，价格收复第一天的大部分失地，市场发出明显看涨信号，如图 4-13 所示。

图 4-13　底部现阳线反转图示

2. 底部现阳线反转分析

底部现阳线反转是一种行情见底转势的形态。这种形态如果出现在下降趋势中应引起注意，因为此时趋势已发出比较明确的反转信号，是一个非常好的买入时机。底部现阳线反转出现在下降趋势末端，才具有看涨的意义。在股价处于大幅下跌后出现的底部现阳线反转，其信号可靠性较强，如果底部现阳线反转出现后，次日股价向上跳空开盘或是在较高的价位上拉出一根放量阳线，则其转势向上的信号就越强。

底部现阳线反转止跌回升的效果与下列因素有密切关系。

（1）阳线实体深入阴线实体的部分越多，其转势信号越强。

（2）第一根 K 线对应的成交量越小，第三根 K 线对应的成交量越大，其信号就越可靠。

（3）底部十字星的转势信号比底部现阳线反转强。

炒股箴言

底部现阳线反转是次要的底部反转信号，因此一旦其出现后，等待次日的验证信号就显得十分重要。而设定止损位是必要的选择，对这种 K 线形态而言，出现底部现阳线反转形态那一天的最低价，往往就是一个很好的止损位，一旦股价跌破该价位，则说明下跌抵抗失败，投资者应及时止损出局。投资者应当结合均线系统进行分析，特别是大幅下跌后，均线系统中 5 日线有向上拐头迹象时，出现底部现阳线反转，则见底可靠性大大增强。

二、顶部现阴线反转

顶部现阴线反转在 K 线组合中是由三根 K 线组成的反转形态。在高位跳空高开，并且形成一个上下影线都很长的十字星形状的 K 线，通常如果遇到的是阴线，并且放量，那么黄昏即将到来（图 4－14）。顶部现阴线反转表示股价回落，是卖出信号，应伺机抛货。

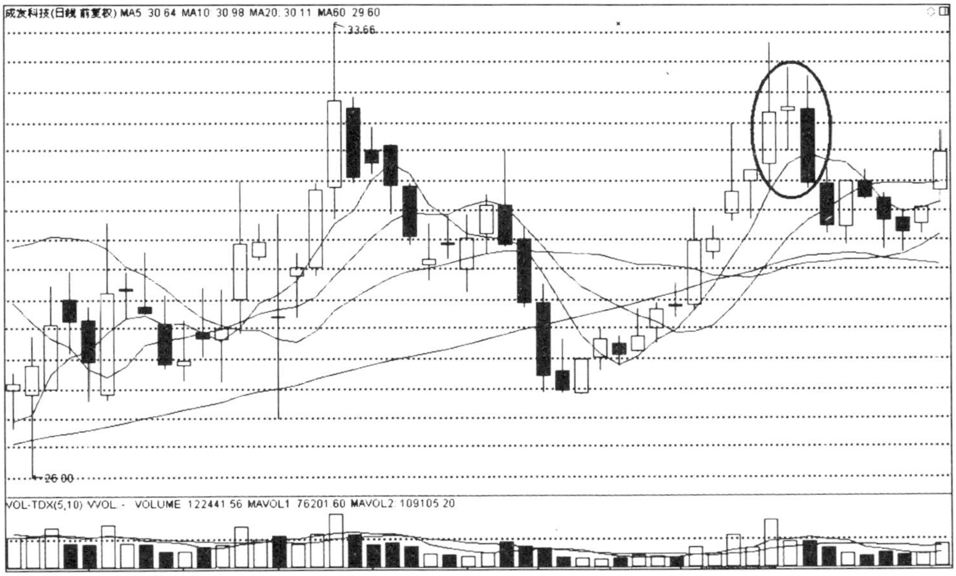

图 4-14　顶部现阴线反转图示

1. 顶部现阴线反转形态特征

顶部现阴线反转的特征如下：

(1) 在上升趋势中某一天出现一根长阳实体。

(2) 第二天出现一根向上跳空高开的星形线，且最低价高于前一天的最高价，与第一天的阳线之间产生一个缺口。

(3) 第三天出现一根长阴实体。

顶部现阴线反转的情况同底部现阳线反转正好相反，是较强烈的上升趋势出现反转的信号。

2. 顶部现阴线反转的运用

顶部现阴线反转是股价见顶回落的信号，实战中，顶部现阴线反转充当顶部的概率非常之高，在牛势的后期，要特别警惕这种反转信号。投资者遇到这种线组合，不宜再继续买进，应考虑及时减仓，并随时做好止损离场的准备。

顶部现阴线反转的 K 线组合形态如果出现在上升趋势中应引起注意，因为此时趋势已发出比较明确的反转信号或中短期的回调信号，对于投资者来说可能是非常好的卖入时机或中短线回避的时机。同时如能结合成交量的研判，对于提高判断的准确性有更好的帮助。

炒股箴言

黄昏十字星形态是更为强烈的趋势转弱信号，预示行情将进入震荡下行趋势中，投资者需要把握时机获利了结或止损出局。

阴线跳空低开高走收阳线与阳线跳空高开低走收阴线

阴线跳空低开高走收阳线与阳线跳空高开低走收阴线均属于两根 K 线的组合形态，两种形态图形组合刚好相反，所代表的市场含义也截然不同。

一、阴线跳空低开高走收阳线

阴线跳空低开高走收阳线，此种形态一般是先收出一根大阴线或一根中阴线，随后股价低开高走收阳线，为底部反转信号（图 4–15）。

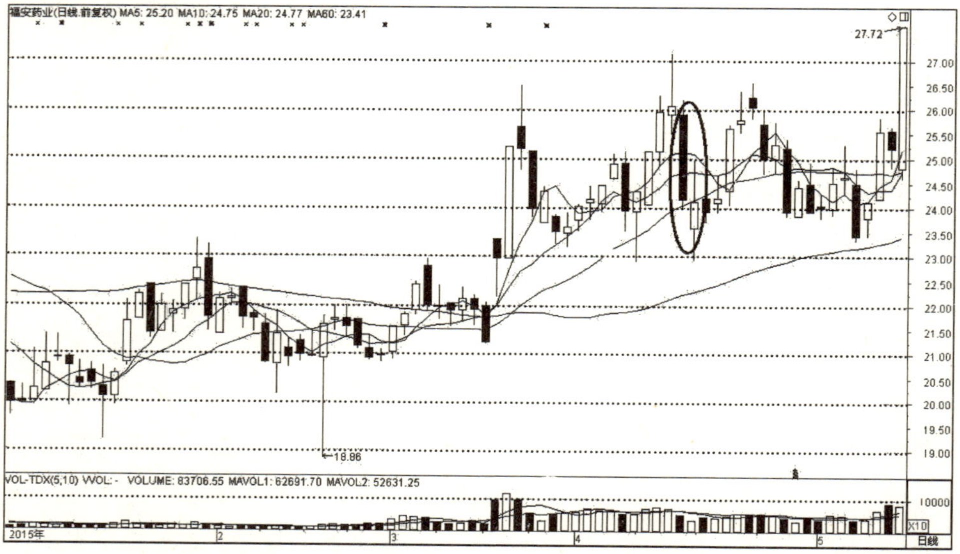

图 4–15 阴线跳空低开高走收阳线图示

阴线跳空低开高走收阳线的特征是：

（1）出现在下跌行情中。

（2）由一阴一阳两根 K 线组合而成。

（3）先是一根中阴线或大阴线，接着是一根跳空低开的中阳线或大阳线。

（4）阳线的收盘价在前一根阴线收盘价相同或相近的位置。

阴线跳空低开高走收阳线技术 K 线组合图形的出现，有股价走势见底的含义，提示投资者在目前价位不易盲目看空割肉，介入持股的投资者可以继续持股，空仓的投资者可以考虑少量建仓，并且为了防止阴线跳空低开高走收阳线接下来反转走势的失败，投资者可以在阴线跳空低开高走收阳线第二根阳线的最低价位设止损。

二、阳线跳空高开低走收阴线

在上升行情中，在出现中、大阳线的次日，股价跳空高开上攻无力，继而下跌，其收盘价与前一根阳线的收盘价相同或相近，形成一根大阴线或中阴线（图 4-16）。

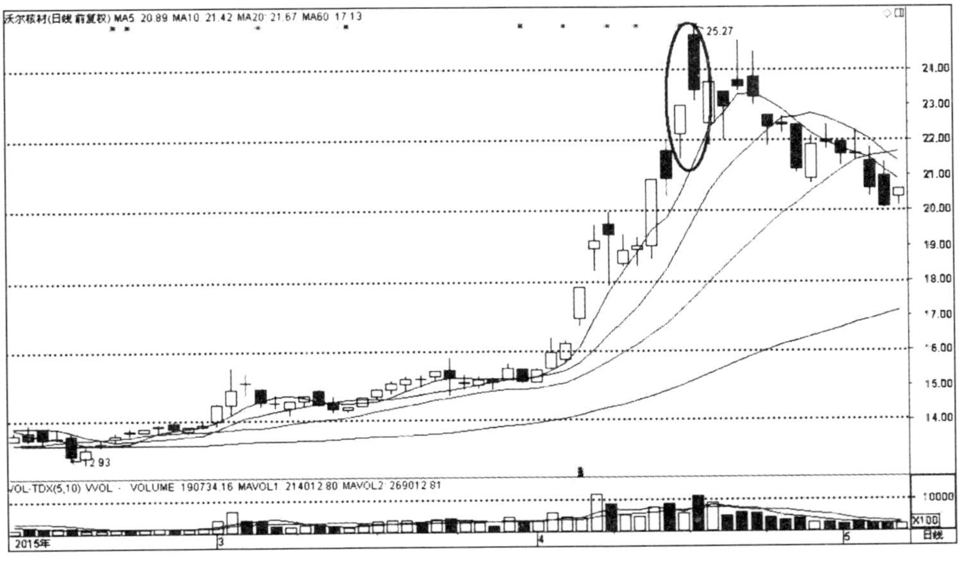

图 4-16　阳线跳空高开低走收阴线图示

阳线跳空高开低走收阴线的特征是：

（1）出现在上涨趋势中。

（2）由一阳一阴两根 K 线组合而成。

（3）先是一根中阳线或大阳线，接着是一根跳空高开的中阴线或大阴线。

（4）阴线的收盘价在前一根阳线收盘价相同或相近的位置。

阳线跳空高开低走收阴线 K 线组合图形在股价高位出现，尤其是股价大幅上涨之后，有见顶回落的含义，提示投资者在股价高位出现阳线跳空高开低走收阴线 K 线组合后，不易再盲目做多，空仓者应当继续空仓观望，持股者应采取减仓措施，切不可心存侥幸，应当及早退出，保住盈利，才是上策，尤其是股价高位 K 线出现阳线跳空高开低走收阴线，同时配合成交量放大，下跌转势信号更为可靠。

底部底开阳线上插阴线与顶部高开阴线下插阳线

一、底部底开阳线上插阴线

底部底开阳线上插阴线，顾名思义，指黑夜即将过去，黎明即将到来。由两根走势完全相反的较长 K 线构成，股价在经过一段时间下跌后第一天收出一根大阴线，第二天股价向下跳空低开之后收出一根大阳线。第二根 K 线的开盘价要远低于第一根 K 线的开盘价；但第二根 K 线的开盘价却高于前一天的收盘价，并且 K 线的阳线实体深入到前一天 K 线阴线使体内部二分之一以上。如图 4-17 所示。

底部底开阳线上插阴线 K 线组合一般出现在连续下跌的行情末期，底部底开阳线上插阴线 K 线组合说明多方开始强势反击，后市继续上涨可能性大。尤其是股价连续大幅下跌之后，暗示股价底部已经不远，股价见底回升的概率较大，投资者可考虑适量做多，而且第二根阳线收盘价深入第一根阴线实体部分越多，股价转势信号越强，如果底部底开阳线上插阴线 K 线组合出现后，配合成交量温和放大，后市股价上涨的幅度将大大增强。

图 4-17　底部底开阳线上插阴线图示

二、顶部高开阴线下插阳线

顶部高开阴线下插阳线顾名思义就是一种见顶回落的转向形态，由一根阳线与一根阴线组成，第一根为强劲的阳线，第二根 K 线开盘价比上日的最高价要高或接近上日最高价，但收盘价为当日波动的低点，而且深入第一根阳线的实体部分，如图 4-18 所示。

顶部高开阴线下插阳线是见顶信号，尤其是股价连续大幅上涨，在股价相对高位出现，预示股价上升乏力。上升势头将尽，一轮回调即将开始。顶部高开阴线下插阳线 K 线组合出现后，股价见顶回落的概率极高，投资者见此 K 线组合，从短期规避市场风险而言，应警觉后市有变，抛售出局为宜。应当注意的是，阴线实体深入阳线实体的部分越多，其转势信号越强，后市下跌的力度越大。如果顶部高开阴线下插阳线配合成交量的放大，后市杀伤力度将大大增强。

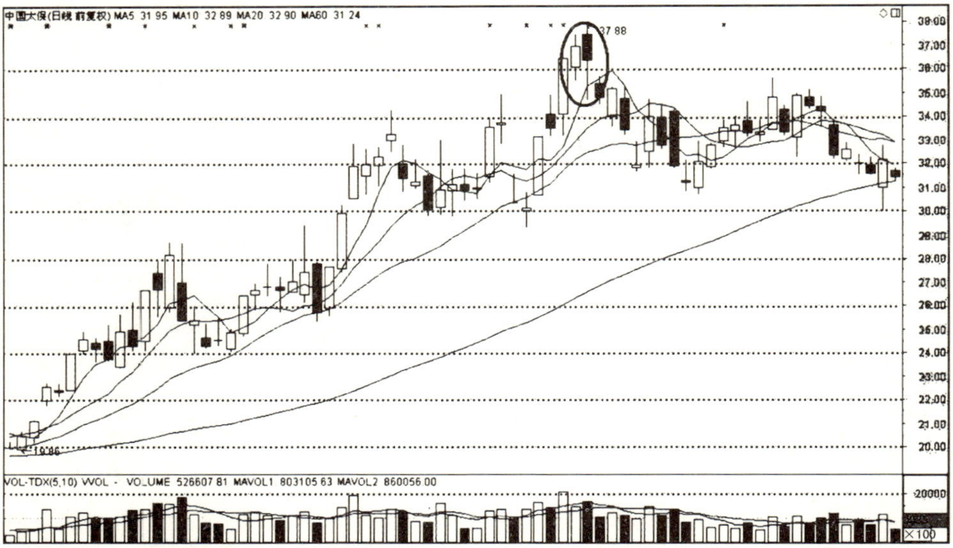

图 4-18 顶部高开阴线下插阳线图示

炒股箴言

实战中第二根阴线必须低于第一根阳线实体的一半以上，才有足够力量促使转势，否则最好等候趋势进一步明朗。第二根阴线的收盘价越低，见顶回落的可能性越大；第二根阴线在开盘阶段大幅超越前期高点，然后回头下跌，股价见顶回落的可能性大增；第二根阴线开盘时的初段的成交量越大，表示中了多头陷阱埋伏的投资者越多，转势的可能性也越大。

底部阴线后收高开高走阳线与顶部阳线后收低开低走阴线

底部阴线收高开高走阳线和顶部阳线收低开低走阴线，两种形态 K 线组合均属于两根 K 线组合中转势信号较强的一种 K 线组合形态，底部阴线收高开高走阳线在股价连续回调之后出现的较多，为底部反转信号，后市看涨。顶部阳线收低开低走阴线 K 线组合在股价连续上涨之后出现的较多，为顶部反转信号，后市看跌。

一、底部阴线后收高开高走阳线

底部阴线收高开高走阳线一般出现在股价下跌行情末期，由两根 K 线组成，是一种市场反转信号。当股价下跌了较大幅度后，先是一根大阴线或中阴线，接着出现一根高开高走的大阳线或中阳线，如图 4-19 所示。

图 4-19　底部阴线收高开高走阳线图示

底部阴线收高开高走阳线在股价相对低位出现，尤其是股价连续大幅下跌之后，一根下跌趋势中的大阴线，配合一根高开高走的大阳线，并且阳线的实体已经高过阴线的实体，说明股价连续回调下挫之后，空方的力量已经得到有效释放，空方无力再度向下打压股价，多头此时能量聚集，盘中高开高走，快速反攻，并且旗开得胜。投资者看到这种 K 线组合，不宜再继续看空，应当转变思维，持仓者应当继续持仓待涨，而空仓者应当考虑逢低吸纳。需注意的是，阳线收盘价超越阴线开盘价越多，转势信号越强。

二、顶部阳线后收低开低走阴线

顶部阳线收低开低走阴线常出现在上涨趋势末期中，由一阳一阴两根 K 线组成。股价先收一根中阳线或大阳线，但是次日股价直接低开，收出一根低开低走的中阴线或大阴线，阴线的收盘价已低于前一根阳线的开盘价。如图 4-20 所示。

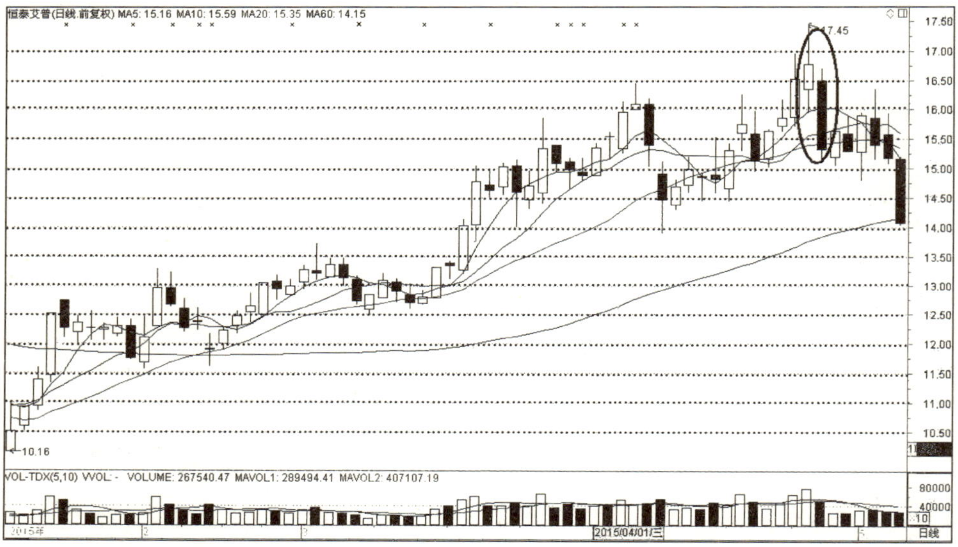

图 4-20 顶部阳线收低开低走阴线图示

顶部阳线收低开低走阴线组合说明股价处于高位，投资者普遍不愿再追涨买入，而看空后市的投资者大有人在，所以不惜成本在出逃，高位顶部阳线收低开低走阴线如配合成交量放大，后市下跌的动能将会更大。

当股价相对高位出现顶部阳线收低开低走阴线技术组合图形时，从短期规避市场风险而言，应当减仓操作，空仓者不宜再盲目追涨做多，而空仓者应当继续空仓观望，留着青山在，不怕没柴烧。需注意的是，顶部阳线收低开低走阴线 K 线组合，阴线收盘价跌破阳线开盘价越多，后市杀伤力度越强。

底部并列三阳线与顶部并列三阴线

在实际操作中，底部并列三阳线和顶部并列三阴线是一种较强的趋势持续形态。

一、底部并列三阳线

在上涨趋势中，出现三根连续创新高的小阳线。在 K 线上每天的收盘价上都接近当天的最高价，最好三根实体的长度接近。这种 K 线图形的出现通常是多头强势的一种直接体现，这种信号的出现往往表明一个强烈上涨趋势的展开（图 4–21）。

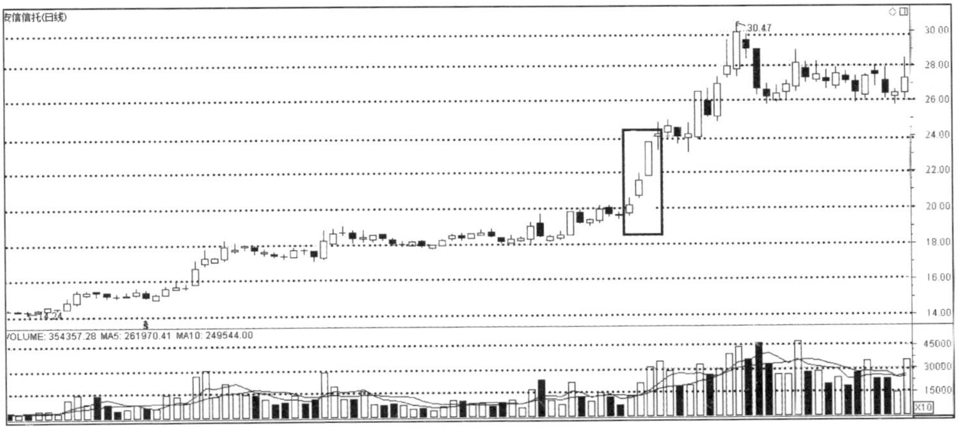

图 4–21　底部并列三阳线图示

底部并列三阳线是推动股价上涨的信号，一般来说在股价见底回升或横盘后出现底部并列三阳线，表明多方正积蓄力量，准备发力上攻。如若在底部并列三阳线后，股价上冲时，成交量能同步放大，那么说明该股已有新主力介入，往后继续上涨的可能性极大。投资者见到底部并列三阳线，可以考虑适量买进。

在底部并列三阳线中，如果连续三天的阳线实体较长，再加上没有上影线和下影线，这种底部并列三阳线的组合是最为强劲的多头趋势，当然有上影线，力度就会稍差，再加上下影线，多头趋势就开始有转变之嫌，力度最小的底部并列三阳线组合应该就是实体不断变小，上下影线较长，再结合高价圈的划分，可能已经变成多头陷阱了，投资者不能看到三根阳线就认为是底部并列三阳线，从而认定后市将继续上涨！

二、顶部并列三阴线

连续三根黑色的 K 线，接近最低价收盘。多方力不能支是看淡的一种形态，一种强烈的空头信号，预示着下跌趋势的展开！尤其是在上升后的一段时间出现，更加大了转势的可能性。

顶部并列三阴线（图 4-22）在行情上升时，尤其是股价有了较大升幅之后出现，暗示行情快要转为跌势；但如果顶部并列三阴线在下跌行情后期出现，特别是在股价有了一段较大跌幅或连续急跌后出现，暗示探底行情短期内将结束，并有可能转为一轮升势。投资者见到顶部并列三阴线后，可根据顶部并列三阴线出现时的位置，决定不同的投资策略。也就是说在上涨行情中出现顶部并列三阴线，要考虑做空，在下跌行情中出现顶部并列三阴线，要考虑做多。

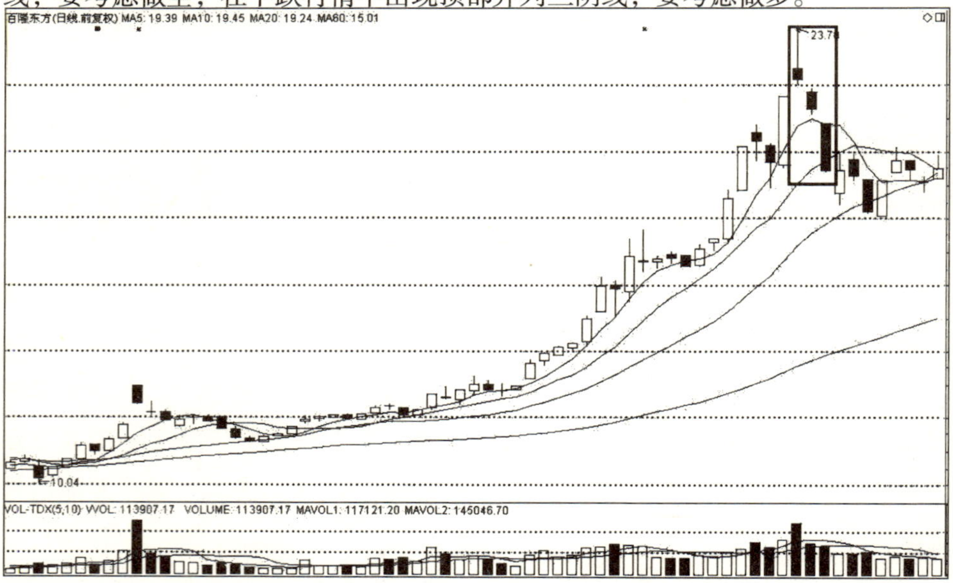

图 4-22　顶部并列三阴线图示

在顶部并列三阴线中，如果连续三天的阴线实体较长，再加上没有上影线和下影线，这种顶部并列三阴线的组合是最为强劲的空头趋势，反之实体不断缩小，再结合低价圈的捕捉，演变为空头陷阱的机会大增。

炒股箴言

底部并列三阳线或顶部并列三阴线一定要发生在上升趋势和下跌趋势中才有真正的指导作用。如果底部并列三阳线之前的 K 线是已经形成的不断下挫的阴线下跌趋势，则后市可能是一个反弹而已，上升趋势较难形成转势。反之，顶部并列三阴线也是一样，可能仅是正常的调整而已。

第三节　K 线形态分析

K 线形态是 K 线组合的一个升级。形态学分析是股市分析中不可以缺少的一门技术！熟练掌握 K 线形态分析会令你在股票市场中如鱼得水。形态学分析可以预测未来的方向，可以预测未来的趋势。

圆弧底与圆弧顶

圆弧顶与圆弧底是两种常见的反转形态，投资者及市场分析人士均相当重视对其研判，圆弧顶及圆弧底形态是渐进的过程，市场多空双方势均力敌，交替获胜，使股价维持一段较长时间的盘局，最终才会出现向上或向下的反转行情。

一、圆弧底

圆弧底是一种底部向上反转形态。先是股价缓缓下滑，不断小幅创新低。在缓慢阴跌到弧底附近时低位盘整。之后，股价缓缓上扬，不断小幅创新高。把整个过程中的低点连接起来就形成了圆弧底图形（图 4-23）。成交量变化与股价同步，先是逐渐减少，后来伴随股价回升而渐次增加，也呈圆弧状。

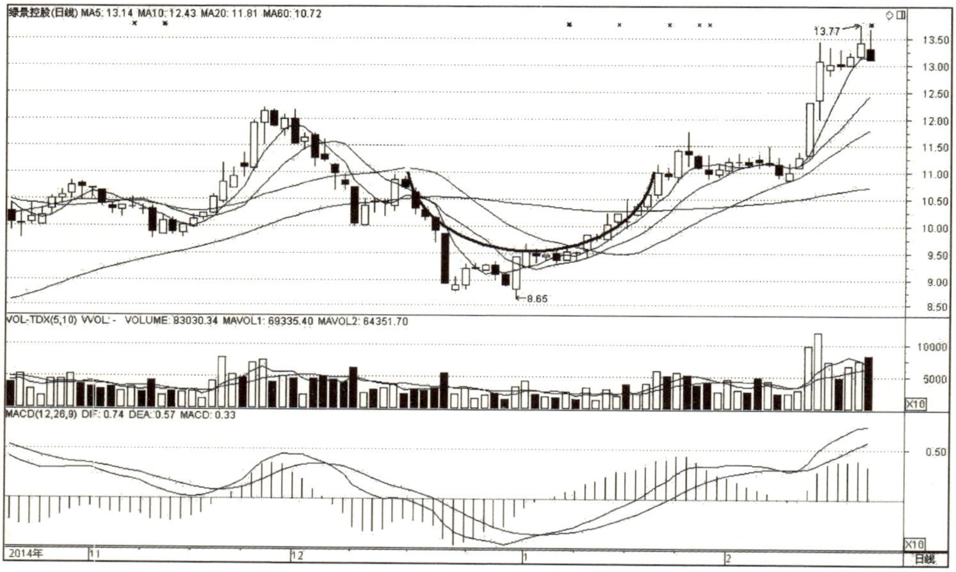

图 4-23 圆弧底图示

圆弧形底部通常是机构庄家吸货区域。因涨升初期吸引大量散户买进，给机构庄家后期拉升增加负担，机构庄家只有洗掉一批浮动筹码才会大幅拉升。普通投资者如在圆弧形底部买进，应注意识别行情启动前的震仓洗盘。

圆弧底形成耗时较长，不应过早介入，应在有效突破颈线时介入。圆弧底形成后，有时股价并不随即上涨，而是先走出一个来回窄幅拉锯的平台，也称进货平台，此处买进较佳。圆弧底的涨升目标位很难预测，一般只有通过支撑位、黄金分割等方法来预测。有一种说法是，圆弧底向上突破后的最小涨幅一般是颈线到弧底最低点之间的垂直距离。

炒股箴言

圆弧底常见于低价股中。呈现一种平底延伸状，形态通常需要数月才能完成。只有股价处于连续下跌状态，跌到低价区才具备形成圆弧底的条件。在低价区，股价大体上应低于顶部最高价 50% 以上。距前期成交密集区越远，形态确认越可靠。

二、圆弧顶

圆弧顶是一种顶部向下反转形态。先是股价缓缓上扬，不断小幅创新高。在缓慢上涨到弧顶附近时高位盘整。之后，股价缓缓下滑，不断小幅创新低。把整个过程中的高点连接起来就形成了圆弧顶图形（图 4-24）。在股价向下突破颈线前，成交量逐级减少。当有效突破颈线时，会因技术派止损出局使成交量放大。

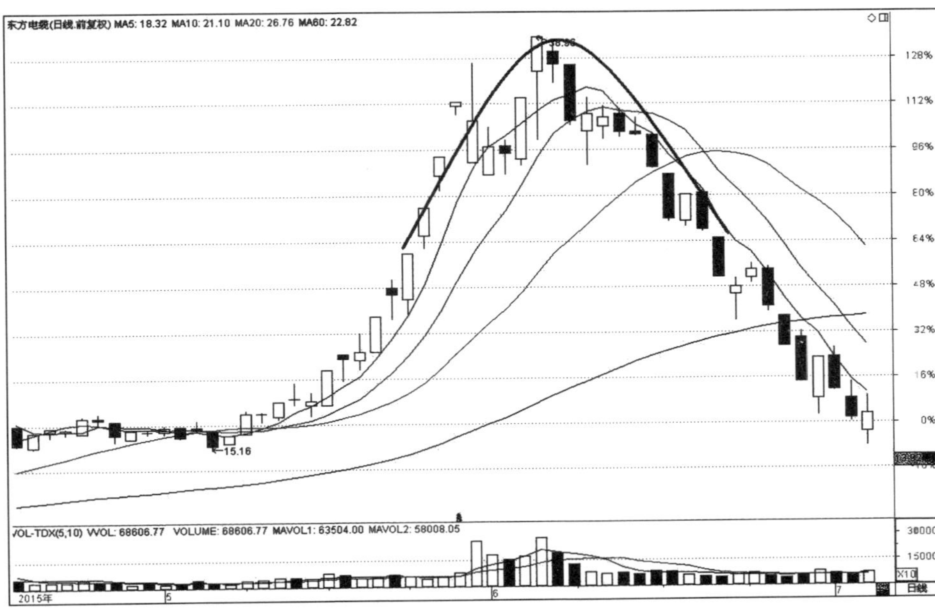

图 4-24　圆弧顶图示

圆弧顶多出现在绩优股中。由于持股者心态稳定，多空双方力量很难出现急剧变化，主力在高位慢慢派发。圆弧顶形成耗时较长，没有明显的卖点，但有足够时间让投资者依据趋势线、均线及其他指标在这一形态形成之前退出。圆弧顶形成后，有时股价并不立刻下跌，而是横盘形成徘徊区域。持股者应抓住这一机会尽早卖出。

圆弧顶成交量往往呈现不规则状，一旦圆顶右侧量明显小于左侧量，就应随时关注。当预感到有风险时，可考虑提前卖出。圆弧顶突破颈线后股价经过较长时间盘跌，当跌到一定程度时，会引起持股者恐慌，使跌幅加剧，常出现跳空缺口或大阴线。这是强烈的出货信号，投资者应果断离场。圆弧顶的下跌目标位很难预测，一般只有通过支撑位、黄金分割等方法来预测。有一种说法是，圆弧顶向下突破后的最小跌幅一般是颈线到弧顶最高点之间的垂直距离。

炒股箴言

圆弧顶与圆弧底相反，出现在高价区，是下跌浪的开始。有几点需要特别注意：

1. 圆弧顶常出现于绩优股中，由于持股者心态稳定，多空双方力量很难出现急剧变化，所以主力在高位慢慢派发，K线形态形成圆弧。

2. 在顶部形成过程中，成交量巨大而不规则，常常在股价上升时成交量增加，在上升至顶部时反而显著减少，在股价下滑时，成交量又开始放大。

3. 在圆弧底末期，股价缓慢盘跌到一定程度，引起持股者恐慌，会使跌幅加剧，常出现跳空缺口或大阴线，此时是一个强烈的出货信号，应果断离场。

双重底与双重顶

一、双重底

一只股票持续下跌到某一平台后出现技术性反弹，但回升幅度不大，时间也不长，股价又再下跌，当跌至上次低点时却获得支持，再一次回升，这次回升时成交量要大于前次反弹时成交量。股价在这段时间的移动轨迹就像 W，这就是双重底，又称 W 底（图 4–25）。

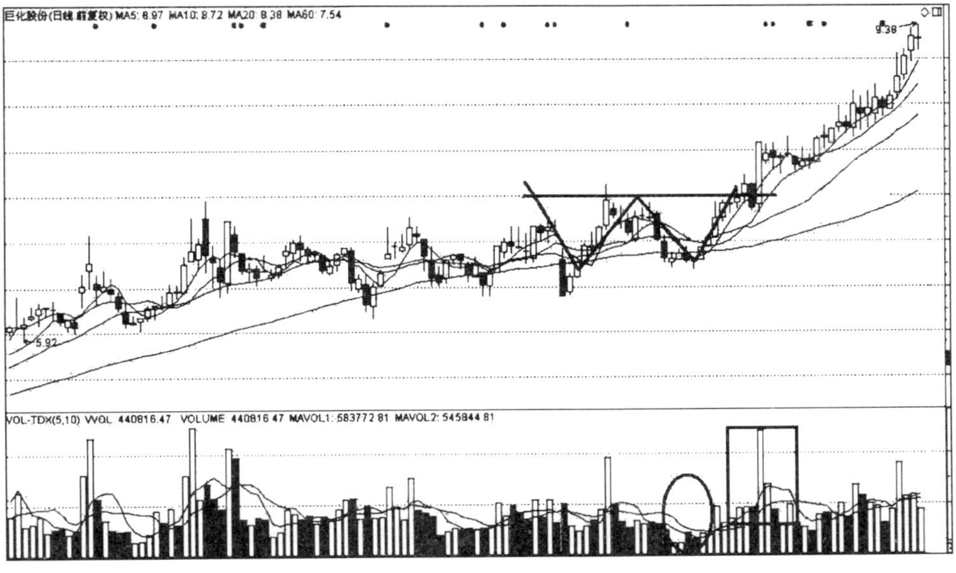

图 4–25　双重底图示

双重底的形态特征如下：

（1）股价长期下跌后，出现一次反弹，随后再次滑落，当下跌到上次低点附近时，成交量已明显萎缩。

（2）伴随成交量逐步放大，股价再次上升，并且冲过了前次高点，形成突破。

（3）股价突破之后，往往有回抽。股价回落至第一次反弹高点附近止跌，随后上扬。

双底发出的底部反转信号的可靠程度，比头肩底要差些，因为双底形态只经历了两次探底，对浮筹的清理不如头肩底那样来得彻底干净，这也就是有很多双底形态在冲破颈线后又重新探底的一个重要原因。

双重底的颈线被向上有效突破时，是一个较为可靠的买入点。股价突破颈线压力后，有时会有一次回抽，来确认颈线的支撑和是否形成有效突破，此时成交量要小，当颈线的支撑被确认有效，再次反身上攻时可作为较佳的买点。

炒股箴言

如果双重底的第一个低点与第二个低点之间时间跨度太短，那么形成的双底的信号就不太可靠，有时机构会用这种手法来骗线，对此大家要引起警觉。双底形态形成时，许多常用的技术指标，如KDJ、RSI、MACD等，会同时出现底背离信号，这些指标可以帮助投资者确认底部的形成。

二、双重顶

一只股票上升到某一价格水平时出现大成交量，股价随之下跌，成交量减少。接着股价又升至与前一个价格几乎相等之顶点，成交量再随之增加却不能达到上一个高峰的成交量，继续下跌，股价的移动轨迹就像字母M（图4-26）。这就是双重顶，又称M头。

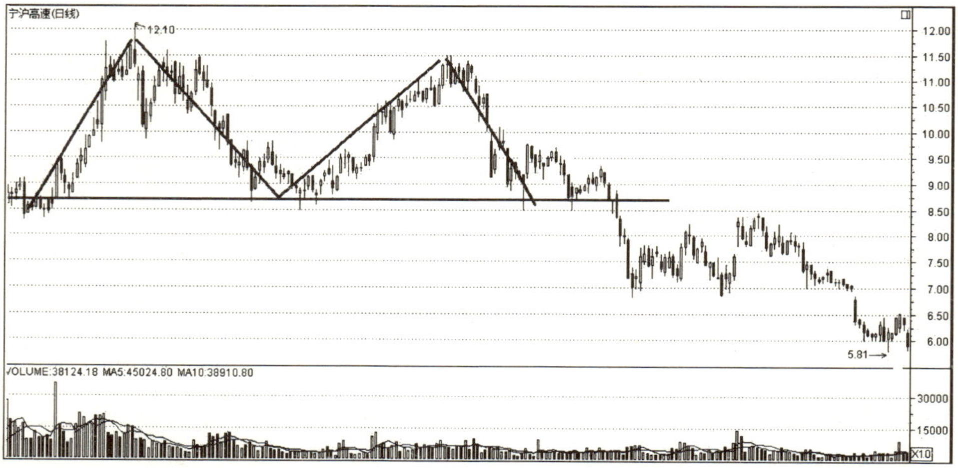

图4-26　双重顶图示

在上涨趋势中，第一个波峰带着大量后拉回是正常现象，价格上涨遇到获利卖压而拉回是合理的。但如果趋势维持，则拉回的幅度不应太大，不应超过

20%，否则是一种弱势格局的讯号。另外，真正的双重顶的两个高峰出现的时间可能在数周至数月之久，时间过近的双峰可能只是整理。在第二个波峰拉回后若跌破原来支撑线，则显示在心理压力因素下，后续的卖压将涌现，引发另一波价格的下跌。

双重顶分标准形和复合形两种，标准形就是只有两个顶部，复合形是指有时左右两头会出现多个小头的组合顶部，也是可信的反转信号。假使第一个顶点出现后，股价回档下跌，成交量却呈现忽大忽小的不规则变化，当股价再次上扬时成交量明显要小于第一个顶点，此时极有可能构成双重顶形态，可考虑提前卖出，规避风险。

双重顶形态中，当股价向下跌破颈线 3% 以上时，是一个强烈的卖出信号，此时应果断退出观望。如跌破颈线后，有回抽确认向下突破的有效性时，可以考虑止损离场。双重顶偶尔也会出现在底部的调整行情中，预示股价下跌的空间有限，投资者在卖出后，应密切关注其走势，一旦调整到位，应及时买回，防止踏空。

炒股箴言

双顶的分析意义与双底相反，是一个顶部形态。双顶形成后，投资者应在跌破颈线时及时离场，因为一个中长期的下跌趋势已确立。一些常用技术指标也会出现背离现象，称为“顶背离”。无论是双重顶还是双重底，都必须突破颈线（双头的颈线是第一次从高峰回落的最低点，双底之颈线就是第一次从低点反弹之最高点），形态才算完成。

头肩底与头肩顶

头肩形态是实际价格形态中出现最多的一种形态，也是最著名和最可靠的反转突破形态。它一般可分为头肩底形态、头肩顶形态两种类型。

一、头肩底

头肩底形态是指股价经过长期下跌后，成交减少，抛压减轻，股价走缓并略有反弹，形成左肩。紧接着继续下跌探底，遇到多方反击，成交量迅速放大，股价回升超过左肩价位，形成头部，随后又再次回档下探，形成另一个底部即右肩，此底部和左肩低点相近。此后多方反攻，在大成交量的配合下将股价拉起，如股价上升超过颈线位 3%，则可确认后市的上升走势，股价上升的最小幅度为底部至颈线的垂直距离。头肩底的形态图示见图 4-27。

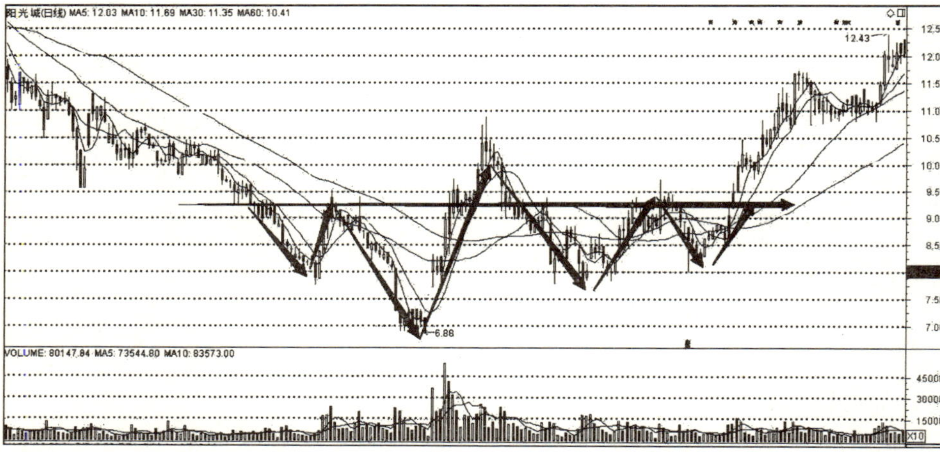

图 4-27　头肩底图示

一般来说头肩底形态较为平坦，需要较长的时间来完成。当头肩底颈线突破时，就是一个买入信号，虽然股价和最低点比较，已上升了一定幅度，但升势只是刚刚开始，投资者应该继续买入。在升破颈线后可能会出现暂时性的回抽确认，但应不低于颈线。如果回跌低于颈线或是股价在颈线水平回落，没有突破颈线阻力，这就可能是一个失败的头肩底形态。在这里提醒一下投资者，在个股走势中，有时庄家主力就是利用上述原理造市骗线，因此建议投资者在研判个股时，还要注意结合大势分析，因为大势中人为因素较小，头肩底是极具预测力的形态之一，一旦获得确认，多数情况下后市升幅会多于其最少量度涨幅。

炒股箴言

在操作中，投资者首先要注意到，如果股价没有突破颈线，就不能盲目断定头肩底已经形成，这时要静观股价的后期走势。其次，当股价突破头肩底的颈线位时，如果成交量也随之放大，就要果断地看多做多。头肩底形成的过程用时越长，其表达的股价反转的可信度也就越大。

二、头肩顶

头肩顶是较为常见的顶部反转形态之一，在上升市的末段出现，并发出市况即将逆转下跌的信号。头肩顶由左肩、头、右肩及颈线等几大要素组成，在图形上有三个高峰，其形态犹如人的头与左右两肩，故此得名。这三个峰顶分别称为左肩、头部和右肩。其中头部的最高点要比左右两肩的高点要高，左肩和右肩的高点基本相同，另外股价在上冲失败向下回落时，形成的两个基本处在同一水平线上的低点，就是通常所说的颈线。当股价第三次上冲失败回落时，这条颈线就会被向下击破，于是形成头肩顶形态（图 4–28）。

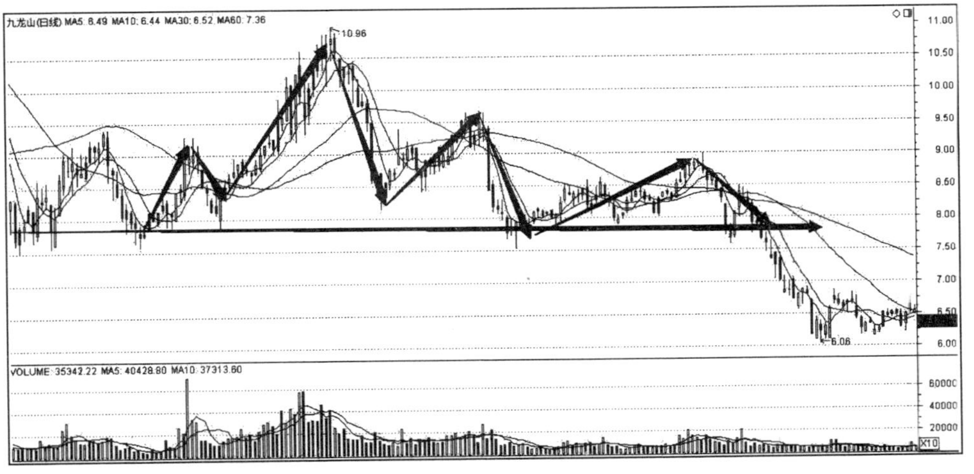

图 4–28　头肩顶图示

头肩顶是一种很强的见顶信号，一旦多方赖以生存的颈线被中阴线有效击破，后市股价下跌几乎成定局。假如行情到了这一步，投资者应该认清趋势，不报幻想，止损离场是最佳选择。当股价形成头肩顶雏形时，就要引起高度警惕，这时股价虽然还没有跌破颈线，但投资者可先卖出手中的一些筹码，将仓位减轻，日后一旦发觉股价跌破颈线，就将手中剩余的股票全部卖尽，退出观望。一般来说，股价向上突破时要放量，而向下破位时，量可放大，也可缩小，对头肩顶这种形态来说，先是用很小的量击破颈线，随后再放量下跌，甚至仍旧维持较小的量，往下持续滑落也是常有的事。投资者对此一定要有清醒的认识。

炒股箴言

头肩顶杀伤力度大小与其形成时间长短成正比。因此投资者不仅要关心日K线图，对周K线图、月K线图中的头肩顶形态更要高度重视。如出现此形态，提示中长期走势有转弱趋向，将会出现一个较长时间的跌势，就要即早离场。

V形底与倒V形顶

V形底与倒V形顶是较难把握的一种剧烈反转形态，是描述股价或股指走势类似V字和倒V字的急剧变化图形。常出现在暴涨暴跌中，多是由于受到消息面的影响或是市场情绪化操作的反映。

一、V形底

V形底也称尖底，是指股价经过连续下跌，突如其来的某个因素扭转了整个趋势，在底部伴随大成交量形成十分尖锐的转势点，一般仅需2~3个交易日，随后股价出现近乎垂直的急升，从底点快速涨升，成交量剧烈放大，整个移动轨迹就像英文字母V（图4-29）。

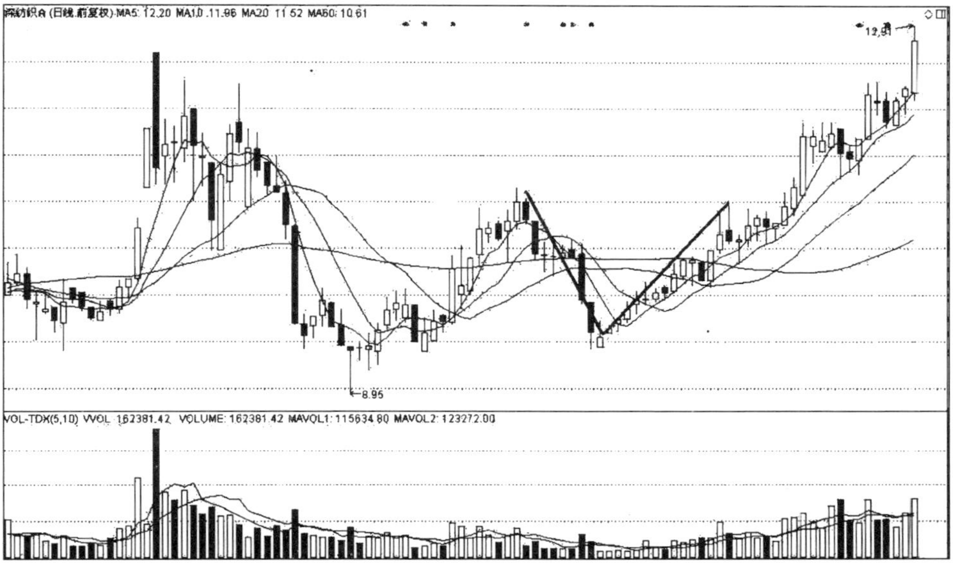

图 4-29　V 形底图示

股价在长期下跌途中，开始是缓慢下行，后来跌势开始转急，伴随成交量的放大。在下跌到某一低点之后跌势突然被逆转，股价转而大幅上扬，留下一个尖尖的底部。

V 形底有时会演变为延伸 V 形底走势，在带量向上突破延伸 V 形底徘徊区时，可以追买。V 形底没有明确的买卖点，最佳买点就是在低位放量跌不下去的回升初期，或是放量大阳转势时。

V 形底不易在图形完成前被确认，在遇到疑似 V 形底的情况下，如果已经买进的投资者则应随时留意股价发展方向，保守的投资者则可等到以大成交量确认 V 形底反转形态时再追买。一但 V 形底形成，要敢于进场抄底，前期下跌的幅度越大，则后市上涨的空间就越大，不要错失制胜的良机。

炒股箴言

V 形底没有明确的量度升幅，一般都会回到原来的起点区域。在转势点必须要有明显的大成交量配合，否则形态不能确立。在V形底反转当天，日K线往往形成十字星、带长下影阳线或大阳线等形态。

二、倒V形顶

倒V形顶也称尖顶，是指股价经过连续急速上涨后，突如其来的某个因素扭转了整个趋势，在顶部伴随大成交量形成十分尖锐的转势点，一般需要两三个交易日，随后股价以上升时同样的速度下跌，出现近乎垂直的急挫，从高点快速下跌到底点附近，成交量逐渐减小，整个移动轨迹就像倒写的英文字母V（图4-30）。

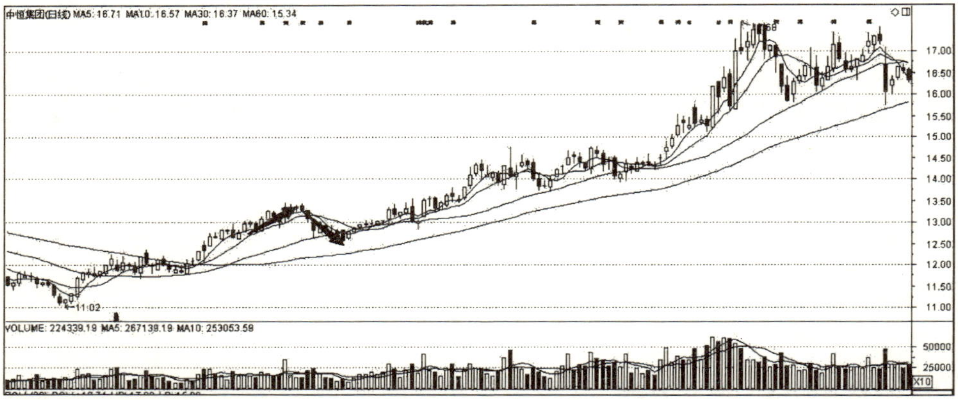

图4-30　倒V形顶图示

倒V形顶常出现在涨市后期或失控的牛市环境中，前期市场涨升过于猛烈，突发因素造成转折点，以关键反转日或岛形反转的形式发生。股价急速掉头，众人恐慌抛售，下跌令人措手不及。

倒V形顶没有明确的买卖点，往往出现于高价区，股价大幅拉升之后，放量滞涨，回落初期是长阴杀跌，出现此种信号，投资者应果断离场。

在倒V形顶反转发生时要及时行动，稍晚一步很可能跌幅已过半了，突出一个字“快”，否则应再仔细观察，倒V形顶与延伸倒V形顶一般形成时间较短，走势猛烈，尤其倒V形顶，一旦转折，则势不可挡，因此在操作时应谨慎对待。倒V形顶有时会演变为延伸倒V形顶走势，在跌破徘徊区时，投资者可卖出规避风险。

炒股箴言

倒 V 形顶是一种重要的顶部反转形态，常出现在大中小行情的局部高点，形成长期或中短期头部，形态大小决定反转后的杀伤力。在倒 V 形顶形成之前，股价快速上涨中常会出现跳空缺口。反转的当天，日 K 线通常表现为十字星、带长上影的小阴线或大阴线等形态。有时还伴随有岛形反转。倒 V 形顶走势在转折时要有明显的成交量放大，成交量越大转折越剧烈。倒 V 形顶是一个杀伤力极大的顶部形态，如能够及时判断，可有效地避免高位套牢。倒 V 形顶没有明确的量度跌幅，但一般都会回到原来的起始点。

三角形整理形态

三角形是 K 线形态中比较常见的一种形态，在实际走势中常出现于各个时间段，虽然有时也作为反转形态出现，但大多数时候属于中继整理形态。股市中的三角形整理状态如同匕首，把市场的多头和空头分隔开来，经纬分明（图 4-31）。三角形整理形态经常是在股价上升中途或底部出现，在实盘操作和分析中有着极为重要的实用参考价值。

一、形态特征

（1）常在股价上升中途或底部出现。

（2）股价每次上涨的高点和每次回落的低点的连线构成一个三角形。

（3）从左到右股价的变动幅度愈来愈小，成交量在逐渐萎缩，但在形态结束时成交量开始放大，最终以放量大阳线或跳空中小阳线突破三角形的上边。

（4）股价在突破三角形的上边后常有回抽动作，并在原来高点连线处止跌企稳，以确认上升突破的有效性。

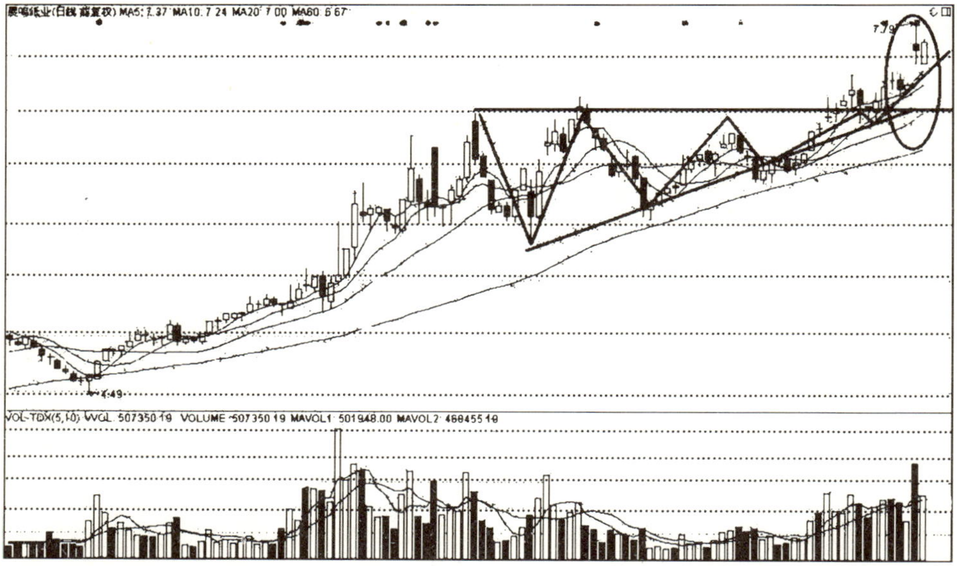

图 4-31　三角形整理形态图示

二、操作技巧

三角形形态的尖端比较灵活，通常主力想要股价上涨时常让尖端微向下，想让股价下跌时常让尖端微向上。三角形形态的完成应是以市场收盘价突破上边线，并且随着价格的决定性突破，成交量相应明显放大为标志。

如果三角形突破是刚刚从底部涨上来的，则突破意义十分明确，可操作性更强，机会容易把握。股价向上突破后的最小价格目标是从突破点算起，向上投射出与三角形最宽处相等的距离。

旗形整理形态

旗形整理就像一面挂在旗杆顶上的旗帜，这种形态通常出现在急速而又大幅波动的极端市场中，股价在经过一连串紧密的短期波动后，形成一个略微与原趋势呈反方向倾斜的平行四边形，这就是旗形走势。旗形走势又可分为上升旗形和下降旗形。

一、上升旗形

股价经过陡峭的飙升后，形成一个紧密、狭窄和稍微向下倾斜的价格密集区域，把密集区域的高点和低点分别连接起来，就可以画出两条平行而又下倾的直线，这就是上升旗形，其形态如图 4-32 所示。

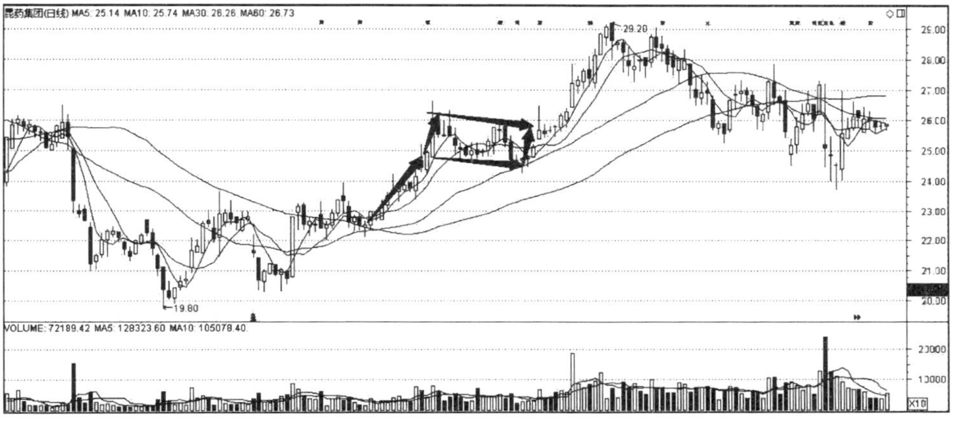

图 4-32　上升旗形图示

上升旗形的特征是：

（1）当股价大幅上升至某一压力点，开始进行旗形整理时，其图形呈由左向右下方倾斜的平行四边形。

（2）旗形整理的时间一般不能超过 15 天。

（3）形态完成后股价将继续维持原来的趋势，也就是说一旦旗形整理结束，股价就要向上突破，继续往上攀升。

上升旗形是庄家为中小散户设置的一个空头陷阱。如此时盲目看空，不弄清楚原因就卖出股票割肉离场，那正好中了庄家的圈套。投资者正确的做法是：有筹码的要捂住股票，密切注意事态变化，只要调整时间不是太长，就不应卖出股票；持币的要时刻关心它的突破方向，一但发现股价整理后往上突破，就应该立刻买进。

二、下降旗形

当股价出现急速或垂直的下跌后，形成一个波动，狭窄而又紧密，稍微上倾的价格密集区域，像是一条上升通道，这就是下降旗形，其形态如图 4-33 所示。

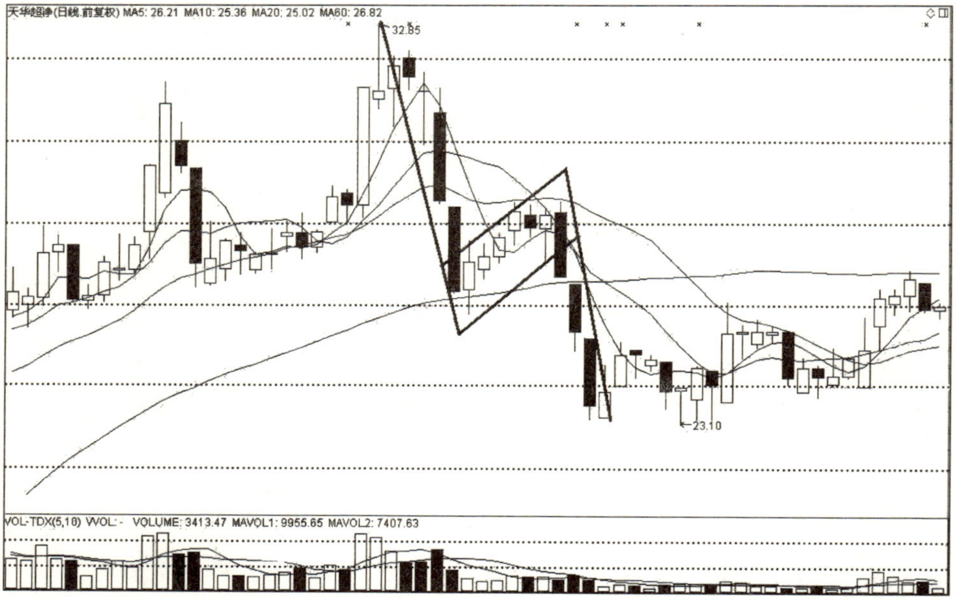

图 4-33 下降旗形图示

下降旗形是股价下跌过程中的一个整理形态，整理结束后股价仍会继续下跌。下降旗形就是空方主力为了进一步打压股价而为中小散户精心布置的一个多头陷阱。如果投资者不明就里，看到股价在缓缓上升就一头扎了进去，那十有八九会中庄家的圈套。

面对这种下降旗形的走势，持币的投资者要做到不受庄家诱惑，冷眼旁观是最佳投资良策。持筹的投资者，要趁股价反弹时尽量多卖出一些股票减轻仓位，切不可再错失一次逃命的良机。

炒股箴言

旗形形态在急速上升或下跌之后出现，成交量则在形成形态期间不断地显著减少。旗形整理时间不会太长，安全时间在 5～10 天，15～20 天为警示区，大于 20 天要小心向下突破演变为反转形态。当上升旗形向上突破时，必须要有成交量激增的配合；当下降旗形向下跌破时，成交量也是大幅增加的。

旗形整理最佳的买卖点是在旗形放量突破上升或下降压力线和回抽确认之时，旗形突破后，最少量度升跌幅度等于整支旗杆的长度，至于旗杆的长度，是指从形成旗杆的突破点开始，直到旗形的顶点为止。

矩形整理形态

矩形也称作“箱体”，它是股价在两条水平的上下界线区间波动而成的盘局形态。股价在某个范围之内波动，当上升到某水平时，遇到阻力抛压掉头回落，但在下方某处获得支持继续回升，但是回升到前次同一高点时再次受阻，而挫落到上次低点时又获得支撑，将这些短期高点和低点分别以直线连接起来，便可以绘出一条水平通道，通道既非上倾亦非下降，而是平行发展，这就是矩形形态（图 4－34）。

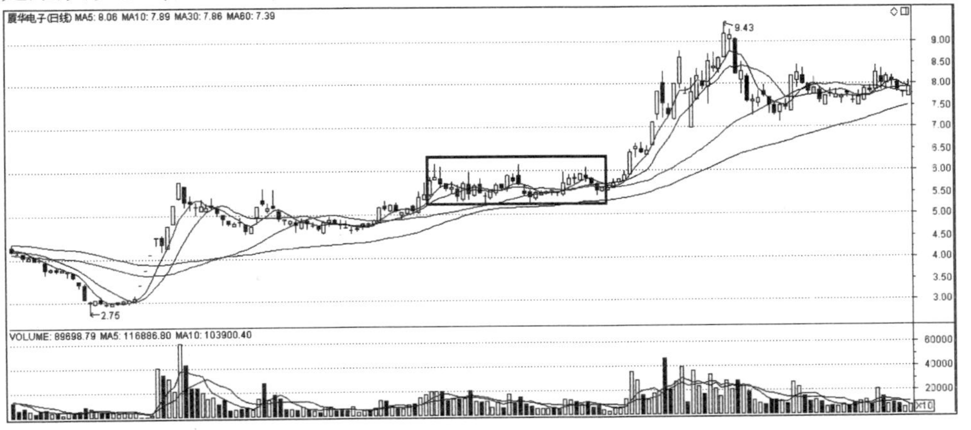

图 4－34　矩形形态向上突破图示

矩形形成的过程中，除非有突发性的消息扰乱，否则其成交量应该是不断减少的。如果在形态形成期间，有不规则的高成交出现，矩形形态可能失败。当股价突破矩形上限的水平时，必须有成交量激增的配合，形成上升矩形；但若跌破下限水平时，就不需高成交量的增加，形成下跌矩形。

矩形整理形态是短线投资者最喜欢的一种形态。当矩形形态初步形成后，投资者可利用矩形形态下有支撑线，上有压力线的特点，在矩形下界线买入，在矩形上界线附近抛出，来回做短线操作。但是，在做这种短线操作时要注意两点：一是矩形的上下界线相距要较远。二是一旦矩形形成有效突破，则需要审慎决策，即在上升趋势中，矩形带量向上突破盘局时要坚决捂股待涨；而在下降趋势中，矩形向下突破时则要尽快止损离场（图 4-35）。

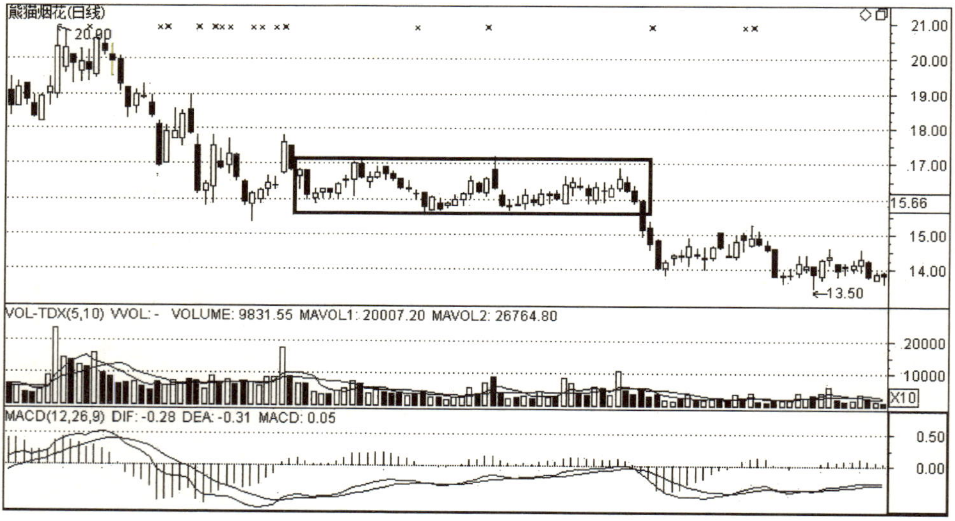

图 4-35　矩形形态向下突破图示

一般情况下，判断矩形是整理形态突破形态的依据之一是股价已有的涨跌幅。当股价从底部上涨到 30% ~50% 或从高位下跌 30% ~50% 时，可以视为整理形态；而当股价从底部上涨和向位下跌的幅度超过 80% 以后出现的矩形形态，大多数是反转形态。

炒股箴言

矩形形态在大多数场合中是以整理形态出现的，但有些情况下，矩形也可以作为反转形态出现，这需要投资者区别对待。当矩形是整理形态时，矩形形成有效突破后股价会按照原有的趋势运行；当矩形是反转形态时，矩形有效突破后，股价会按照相反的趋势运行。突破上下界限后有买入和卖出的信号，涨跌幅度通常等于矩形本身宽度。

楔形整理形态

楔形是指股价界于两条收敛的直线中进行变动，它与三角形的不同之处在于两条界线同时上倾或下斜。成交量的变化和三角形一样向顶端递减。楔形又分为上升楔形和下降楔形。

上升楔形是指股价经过一次下跌后产生强烈技术性反弹，价格升至一定水平后又掉头下落，但回落点比前次高，然后又上升至新高点，再回落，在总体上形成一浪高于一浪的势头（图 4-36）。如果把短期高点相连，则形成一向上倾斜直线，且两者呈收敛之势。下降楔形则正好相反，股价的高点和低点形成一浪低于一浪之势。

楔形有保持原有趋势方向的功能。趋势的途中会遇到这种形态。上升楔形表示一个技术性反弹渐次减弱的市况，常在跌市中的回升阶段出现，显示股价尚未见底，只是一次跌后技术性的反弹。下降楔形常出现于中长期升市的回落调整阶段。

楔形（无论上升楔形抑或是下降楔形）上下两条线必须明显地收敛于一点，如果形态太过宽松，形成的可能性就值得怀疑。楔形形态中的成交量是由左向右逐渐递减的，下降楔形向上突破必须有成交量的配合，上升楔形向下突破时无须成交量的配合。不过下降楔形向上突破时成交量不需要立刻大增，而需在未来的涨势中慢慢递增。

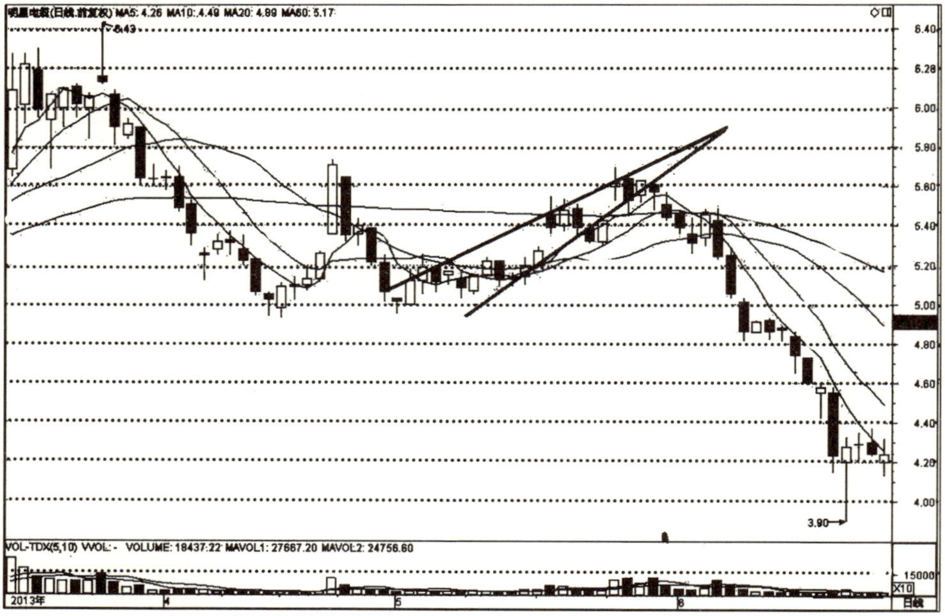

图 4-36　上升楔形形态图示

虽然跌市中出现的上升或下降楔形，往下跌破所占的比例大，但如果相反是往上带量升破，那么就可能开始一轮新的升势了，这时候我们应该改变原来偏淡的看法，及时跟进。

炒股箴言

上升楔形和下降楔形有一明显不同之处：上升楔形在跌破下档支撑后经常会出现急跌，反之，出现带量向上突破后一般是快涨；但下降楔形向上突破阻力位后，可能会横向盘升，成交依然清淡，随后价格才会缓慢上升，这时的成交量亦随之而逐级增加，如出现这种情形，可在打破盘局后才考虑跟进，以节省时间。

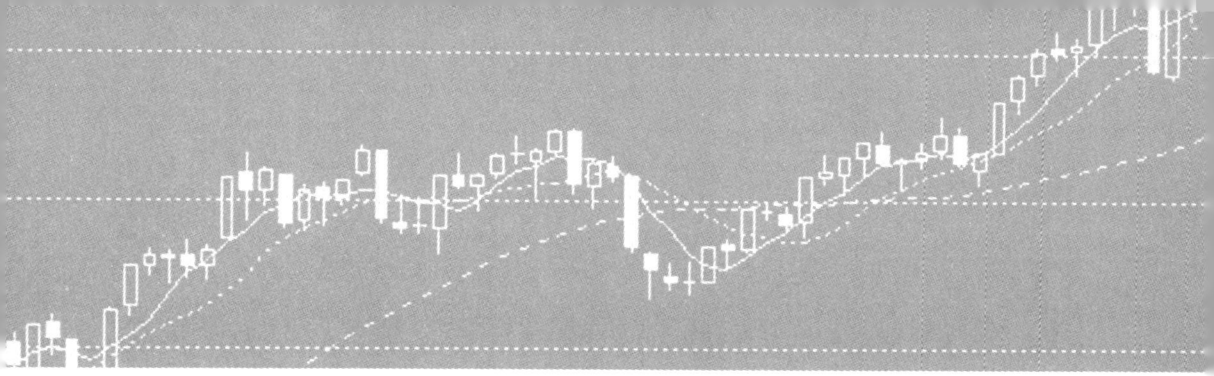

第五章
顺势而为胜算高——趋势分析

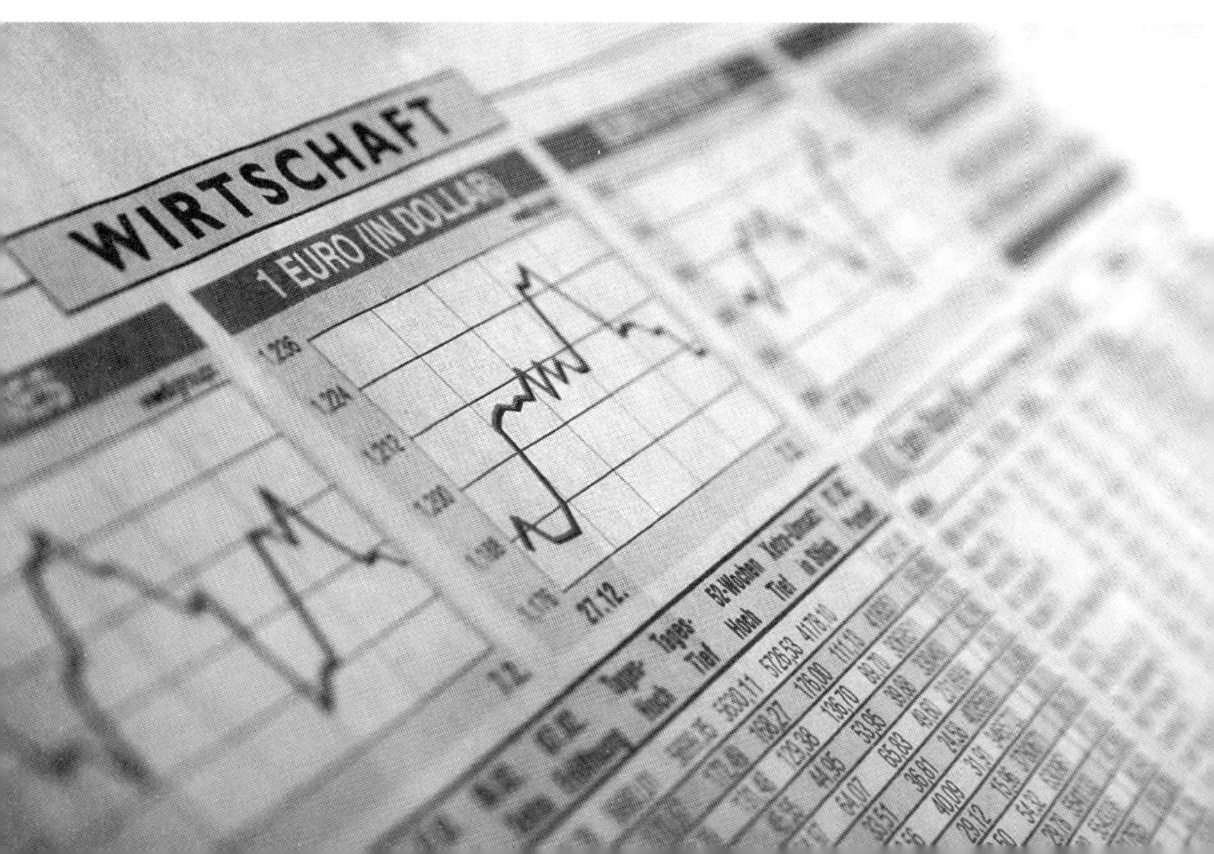

趋势是客观存在的运动特性，金融市场是自然界的客观存在，任何金融产品的走势，究竟是上涨还是下跌或者是横向整理，都有其自身的规律，是不以投资者的意志为转移的，这就是趋势。

第一节　趋势线分析

趋势分析法主要是通过对财务报表中各类相关的数字进行分析比较，尤其是将一个时期的报表同另一个或几个时期的比较，以判断一个公司的财务状况和经营业绩的演变趋势以及在同行业中地位的变化情况。

股价波动的三种趋势

在某一段时间内，股价始终保持朝着一个方向运动，通常这个方向就是大家所说的趋势。投资者只要把握好股价的波动趋势，那么交易中就会变得轻巧许多。下面为投资者介绍股价运动的三种基本趋势，分别是上升趋势、水平趋势和下降趋势。在上升趋势中可以采用回调后加仓的策略，而在横盘震荡的水平趋势中可以采用高抛低吸的箱体操作策略，在下跌趋势中可以采用急跌后操作反弹的策略。

一、上升趋势

上升趋势是指股价在某一段时间内的波动中，股价的顶部在不断刷新，股价处于明显的上升趋势中。基本上升趋势，通常划分为缓慢上涨阶段、稳定上涨阶段、成交放大阶段三个阶段（图 5-1）。

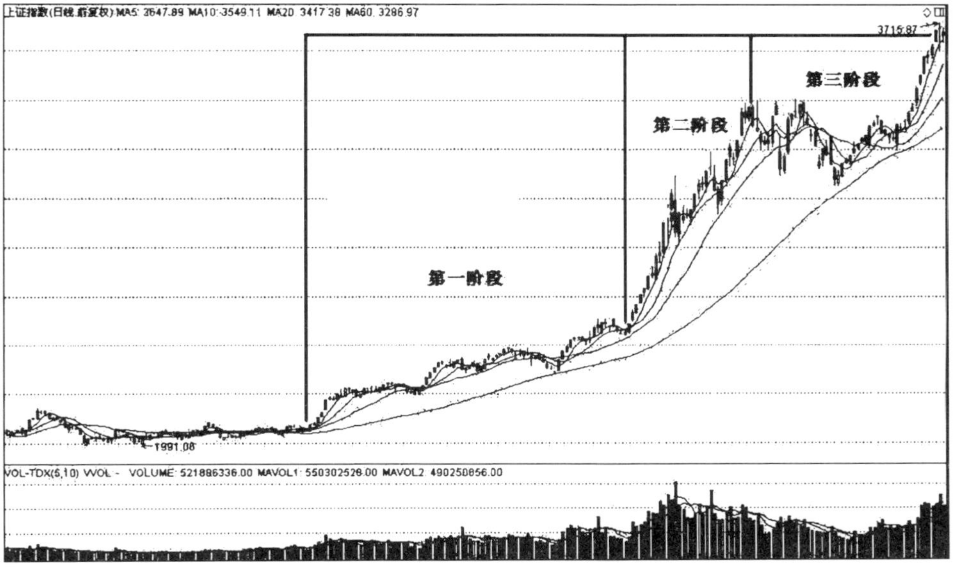

图 5-1　2014 年 7 月至 2015 年 3 月上证指数上涨趋势的三个阶段

第一阶段：缓慢上涨阶段。

在这一阶段，股价窄幅震荡，缓慢上涨。市场呈现疲弱和萧条，有远见的投资者往往在市场萧条的时候就能预见到形势即将扭转，因而提前购入卖方所抛出的认为绩效不佳的股票。这一阶段，公众为股市低迷状况所迷惑，投资行为与未来走势完全脱节，市场交易活动停滞，仅有少许回弹。

第二阶段：稳定上涨阶段。

稳定的上涨，交易量随着市场景气不断增加，同时公司的盈利开始受到关注。在这一阶段，技巧娴熟的交易者会得到最大收益。

第三阶段：成交放大阶段。

在这一阶段的最后一个时期，交易量惊人地增长，而“卖空”也频繁地出现；垃圾股（低价格且不具投资价值的股票）也卷入交易，越来越多的业绩优秀的股票此时拒绝跟风上涨，市场正在酝酿大跌。

二、水平趋势

水平趋势是指股价在某一段时间内的波动中，股价波动较小，没有剧烈的上涨或者下跌（图 5-2）。

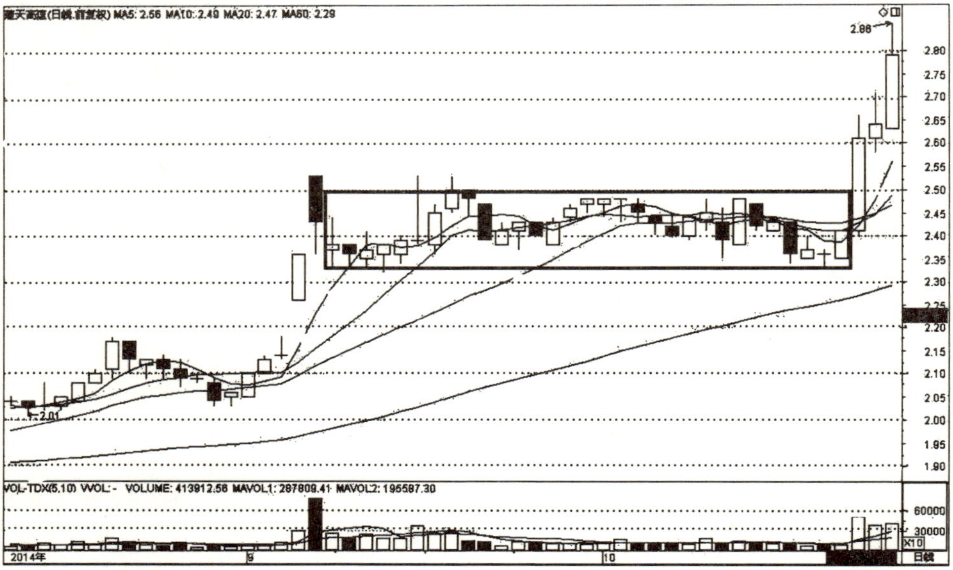

图 5-2　水平趋势图示

三、下降趋势

下降趋势是指股价在某一段时间内的波动中，股价的底部不断在刷新，股价处于明显的下降趋势中。下跌趋势，通常也划分为行情转弱阶段、恐慌抛盘阶段、持续看跌阶段三个阶段（图 5-3）。

第一阶段：行情转弱阶段。

实际开始时间是一轮牛市后期，在这一阶段后期，有远见的投资者感到交易的利润已达至一个反常的高度，因而在涨势中抛出所持股票。尽管弹升逐渐减弱，交易量居高不下，公众仍很活跃，但由于预期利润的逐渐消失，行情开始显弱。

第二阶段：恐慌抛盘阶段。

买方少而卖方变得更为急躁，价格跌势突然加速，当交易量达到最高值时，价格也几乎是呈直线落至最低点。恐慌抛盘阶段通常与当时的市场条件相差甚远，在这一阶段之后，可能存在一个相当长的次等回调或一个整理运动，

图 5-3　下降趋势的三个阶段

然后开始第三阶段。

第三阶段：持续看跌阶段。

那些在大恐慌阶段坚持过来的投资者此时或因信心不足而抛出所持股票，或由于目前价位比前几个月低而买入。商业信息开始恶化，随着第三阶段推进，跌势仍持续。当坏消息被证实，预计行情还会继续看跌，这一轮熊市就结束了，而且常常是在所有的坏消息“出来”之前就已经结束了。

趋势线的画法

趋势线是对大势的一个判断，趋势线具备支撑和阻力的作用，但是当支撑被跌破或者阻力被突破时，就表明趋势发生了逆转。趋势线的作用有两种：一是对股价起到支撑或者阻力的作用，也就是说，在上升趋势中，趋势线起到了支撑的作用，而在下降趋势中，趋势线就起到了阻力的作用。二是当趋势线被突破或者跌破的时候，就意味着之前的趋势即将被扭转。比如原先是下降趋势，那么可能转变为上涨趋势；如果之前是下降趋势，那么就可能变为上涨趋势。

一、趋势线的种类

1. 按趋势线的运行方向分类

（1）上升趋势线。上升趋势线是在股价持续上涨过程中，将每次的调整低点相连而形成的趋势线（图5-4）。如果股票运行过程中每个后面的峰和谷都高于前面的峰和谷，则趋势就是上升方向。这就是常说的一底比一底高，或底部抬高，此时应该画出上升趋势线。

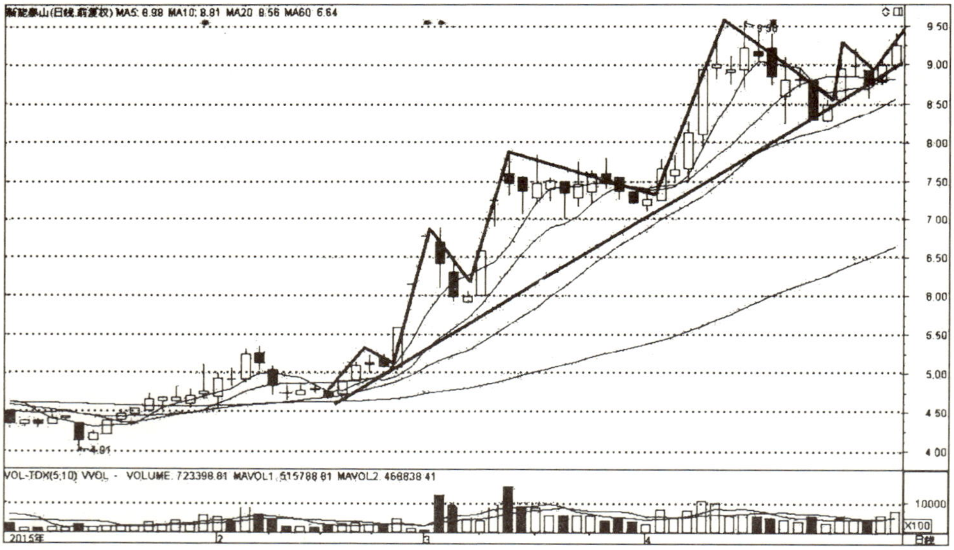

图5-4 上升趋势线

（2）下降趋势线。下降趋势线是在股价持续下跌过程中，将每次的反弹高点相连而形成的趋势线。如果股票运行过程中每个后面的峰和谷都低于前面的峰和谷，则趋势就是下降方向（图5-5）。这就是常说的一顶比一顶低或顶部降低，此时应该画出下降趋势线。

（3）水平趋势线。水平趋势线是在股价持续横盘整理过程中，将每次的低点或高点相连而形成的横向延伸线，没有明显的上升和下降趋势。如果价格图形中后面的峰和谷与前面的峰和谷相比，没有明显的高低之分，几乎呈水平延伸，这时的趋势就是水平方向，此时应该画出水平趋势线（图5-6）。

图 5-5 下降趋势线

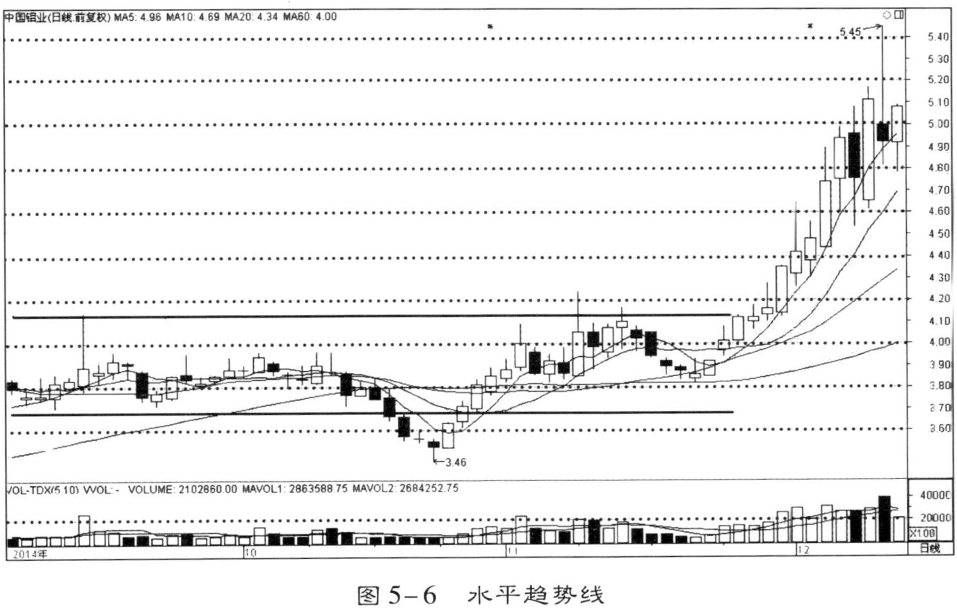

图 5-6 水平趋势线

水平方向趋势是容易被大多数人忽视的一种方向，但这种方向在市场上出现的机会是相当多的。就水平方向本身而言，也是极为重要的。大多数技术分析方法在对处于水平方向的市场进行分析时都容易出错，或者说作用不大。

2. 按趋势持续时间长短分类

按照趋势持续时间的长短，可以划分为长期趋势、中期趋势和短期趋势。

长期趋势的时间跨度较长，通常在数月或 1 年以上；中期趋势的时间跨度要短于长期趋势，而大于短期趋势，通常为 4～13 周；短期趋势时间较短，一般在 4 周以内（图 5-7）。一个长期趋势由若干个中期趋势组成，而一个中期趋势则由若干个短期趋势组成。

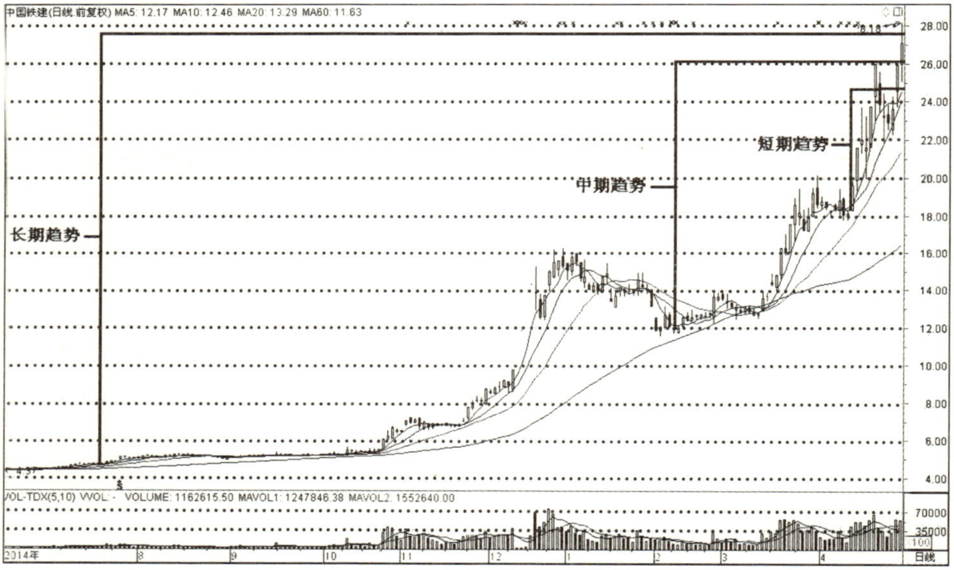

图 5-7　长期趋势、中期趋势与短期趋势

相对而言，长期趋势稳定、可靠，但有一定的滞后性；中期趋势容易把握，实战性强；而短期趋势灵活，但变化较快。在实际分析中，需要将三者结合起来分析，不能厚此薄彼。投资者在分析趋势的过程中，应遵照从长到短的原则，先分析长期趋势，再分析中期趋势，后分析短期趋势的顺序。

二、画趋势线的注意事项

在画线过程中，我们特别需要注意以下几个要点：

（1）长期趋势应当选择长期波动点作为画线的依据，中期趋势线则是中期波动的连线，而短期趋势线则建议用30分钟或者60分钟K线图的波动点进行连线。

（2）画趋势线时应尽量画出不同的试验线，待股价变动一段时间后，保留经过验证能够准确反映波动趋势，具有分析意义的趋势线。另外，趋势线也不是一成不变的，随着股价走势的变化，趋势线也要不断地进行修正，才具有指导意义（图5-8）。

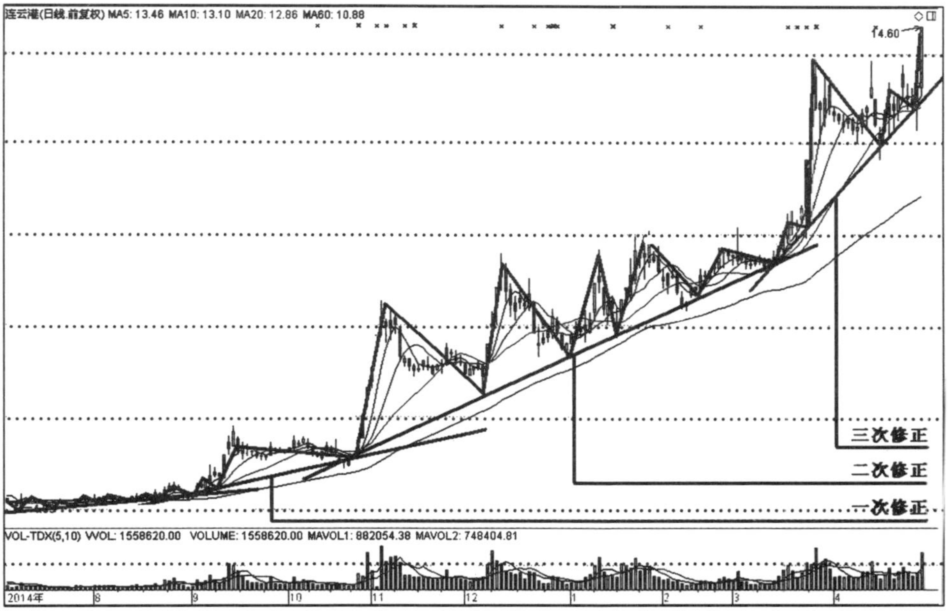

图5-8 趋势线的修正

（3）趋势线是建立在普通坐标上的，而不是对数坐标系。也就是说，随着股价的推高，当行情逐渐接近顶部时，趋势线所代表的上涨速度就越来越慢，反之亦然。

（4）画趋势线不应当过于陡峭，否则容易被横向整理突破，失去分析意义。由于股价的长期走势是由资金决定的，所以比较陡峭的趋势线，不管连了多少个点，最终都要被击穿，而击穿了并不意味着行情的结束，击穿之后，还可以用另外一条比较平缓的趋势线来支撑住它。

趋势线的有效突破

在实战操作中，投资者经常用趋势线来把握股票的买卖点，比如向上突破趋势线是买点，向下跌破趋势线是卖点。但是，并不是每次突破都是有效的，有时候会发生突破失败的情况，而且这种现象是常见的。许多投资者就是因为遇到无效突破而损失惨重。在实战中判断趋势线是否有效突破的三个原则如下。

一、突破收盘价的原则

如果股价的收盘价突破趋势线，则可以判断为对趋势线的有效突破。以收盘价来定突破有效，要比以当日内的最高或最低价突破趋势线要准确得多，尤其是带有长上下影线的时候。但同时要注意趋势线的修正作用。

在股价运行到趋势线附近时，技术图线的最高价、最低价有时突破趋势线的压制或支撑，运动到趋势线的另外一端，这时还不能判断是否是有效突破趋势线，应该关注收盘价的情况：如果收盘价有效突破了趋势线，则可以判断股价走势有效突破了趋势线（图 5-9）；如果收盘价未能有效突破趋势线，则可以判断股价走势未能有效突破趋势线。所以说，收盘价的状况是判断股价走势是否有效突破趋势线的重要依据。

二、时间三天原则

股价突趋势线后，必须要经过时间的验证，标准是突破趋势线后，连续站稳三天（图 5-10）。突破趋势线以后，在趋势线的另一方停留的时间越长，突破越有效力。

当收盘价突破趋势线时，应密切关注第二天收盘价的状况。如果股价收盘价连续两天突破趋势线的压制或者支撑，则可以判断股价有效地突破了趋势线。如果第二天的收盘价未能突破趋势线的压制或支撑，而是回到了股价原来运行的区域，则可以判断股价未能有效突破趋势线。

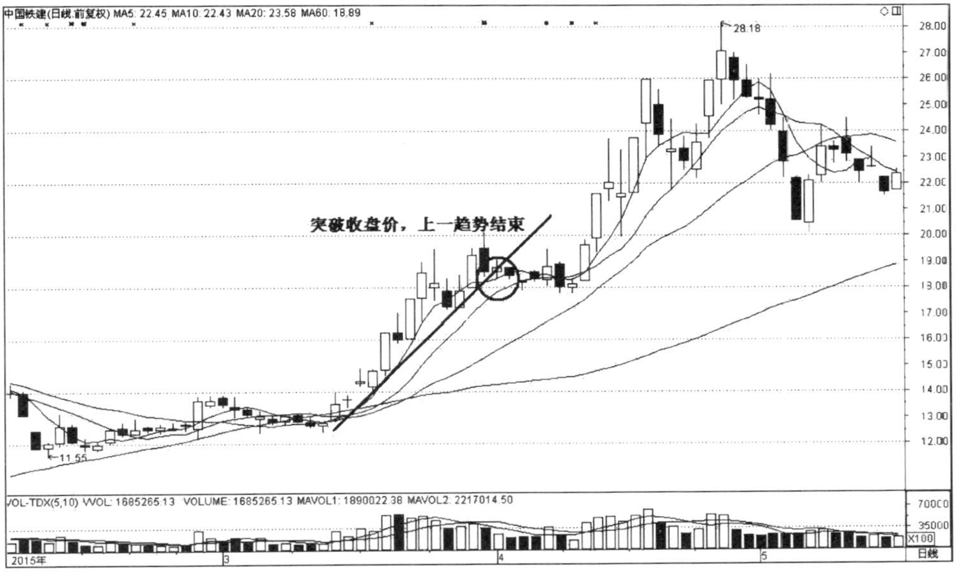

图 5-9　收盘价突破趋势线，上一趋势结束

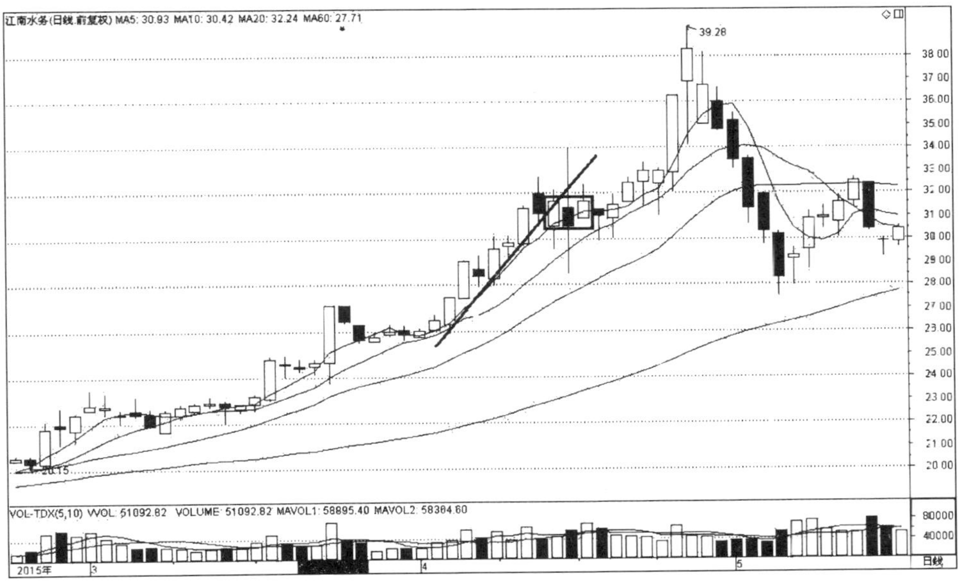

图 5-10　突破趋势线三天为有效突破

三、幅度 3% 的突破原则

即突破后，距离趋势线越远，则标志着突破越有效。收盘价突破趋势线的幅度要达到 3%，只有达到这一标准，才算突破有效，其他现象有可能是假突破（图 5-11）！当然也要对 K 线的实体和换手率的大小进行考量。

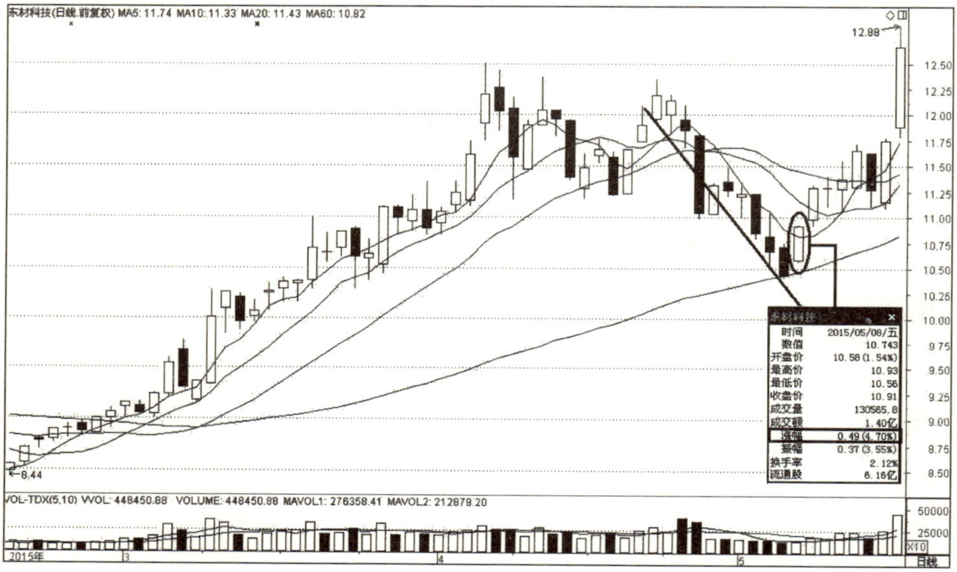

图 5-11　幅度 3% 为趋势线有效突破

四、与其他技术分析指标相结合判断

在判断趋势线的有效突破时，除了应用上述原则外，还应该结合其他技术分析方法和指标来分析。当股价运动到趋势线的附近时，其他一些技术分析指标等的状况将有助于判断股价的走势，从而为判断股价走势是否有效突破趋势线提供更多的判断依据。

应该注意到的另外一点是，不应该使用技术图形突破趋势线的幅度作为判断是否有效突破的依据。虽然理论上单日内技术图形突破趋势线的幅度越大，其形成的有效突破的可能性也会大一些，但应用时不应过于死板。

根据趋势线做出买卖决策

趋势线是被投资者广泛使用的一种图表分析工具。趋势线的理论是：若股票走势轨迹仍在上升趋势线之上运行，股票仍然可以持有；若跌破上升趋势线，就视为转势，要卖出股票。反过来，若大势轨迹仍在下跌趋势线之下游离，就应该继续持币；若上升突破下降趋势线，即是买入信号，可逢低进场。

当某一个趋势形成后，这个趋势会延续一段时间，因此，对趋势线的把握就至关重要，投资者要顺应趋势线的方向去选择股票，这样才会从中获利。

一、上升趋势线的买入时机

当股价回调到上升趋势线时获得支撑，此时就是投资者买入的一个重要时机（图5-12）。在一波上升趋势中，上升趋势线具备了支撑的作用，当股价回落到趋势线被支撑住后，表明上升趋势还在延续中，股价将继续上涨。投资者可以趁机在每次回落获得上升趋势线支撑时介入，这样就会获得不错的收益。

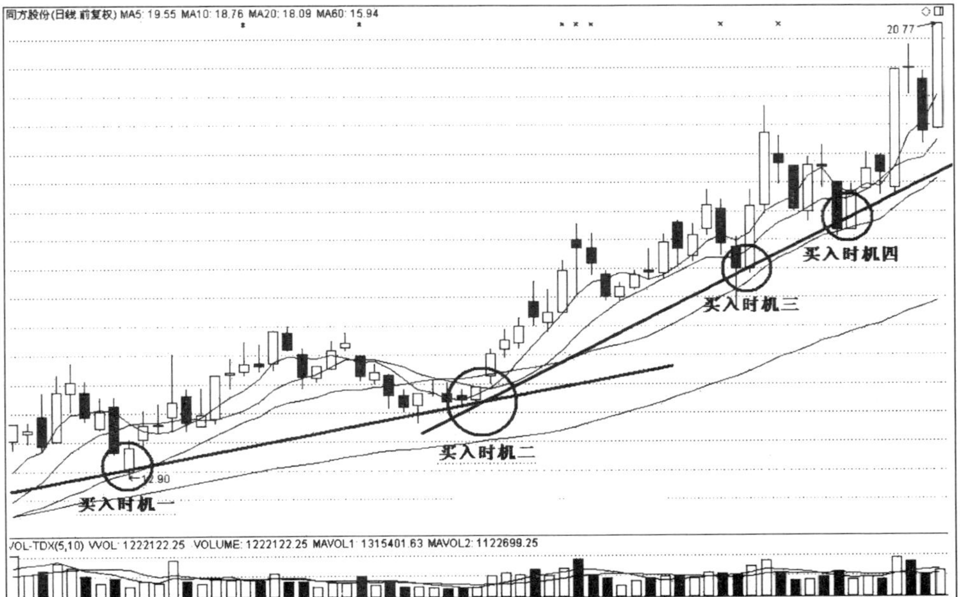

图5-12　上升趋势线的买入时机

在上升趋势中，股价同样是有涨有跌的，当股价回落到上升趋势线被有效支撑住后，就可以积极参与。投资者在持股过程中，股价如果没有有效跌破上升趋势线，就可以持股待涨。

二、水平趋势线的买入时机

股价在水平趋势线以下持续的时间越长，向上突破后，通常有较大的一波行情，投资者可在股价突破水平趋势线时介入。

在实战操作中，当股价有效突破水平趋势线时，表明盘整格局被打破，当股价选择向上后，可能出现回调确认趋势线，也可能不会回调就直接上涨。当出现回调确认时，投资者就可以进行加仓操作（图 5-13）。从盘面来看，突破趋势线往往是放量，这表明多方进场意愿强烈，总之，突破水平趋势线表明一波升势即将开始，投资者可以积极参与。

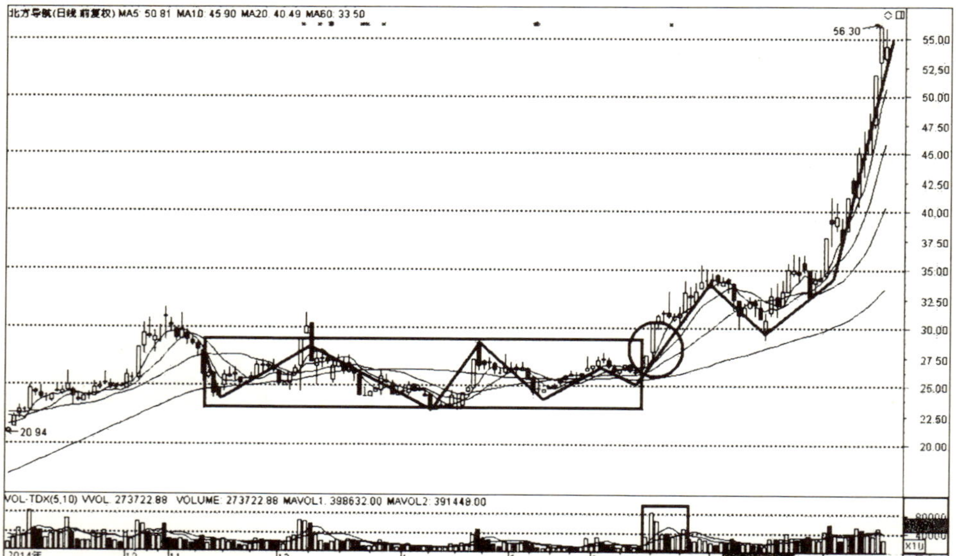

图 5-13　水平趋势线的买入时机

当股价突破水平趋势线后，经过短时间的运行后再次跌破水平趋势线，表明这是假突破，后市可能还将继续保持弱势状态，因此，投资者在股价跌破水平趋势线下边线时要果断卖出离场。

在突破水平趋势线时，需要成交量放大来配合，如果突破时不能放大，则假突破的可能性较大。水平趋势线如果出现在高位，投资者要谨慎；如果水平趋势线出现在低位，那么可以积极买入。

三、下降趋势线的买入时机

股价有效突破下降趋势线，表明多方反扑已经展开，后市看好，投资者可在股价放量上涨时介入。

在一波下降趋势中，通常趋势线会持续一段时间，而且中途反弹也会受到下降趋势线的压制。但如果下跌趋势持续较长时间后，在相对低位时股价有效突破下降趋势线（三个交易日在趋势线之上，涨幅在3%以上）时，表明下降趋势发生逆转，下降趋势线转而成为支撑股价上涨的力量，此时，投资者可以在确认是有效突破时介入（图5-14）。

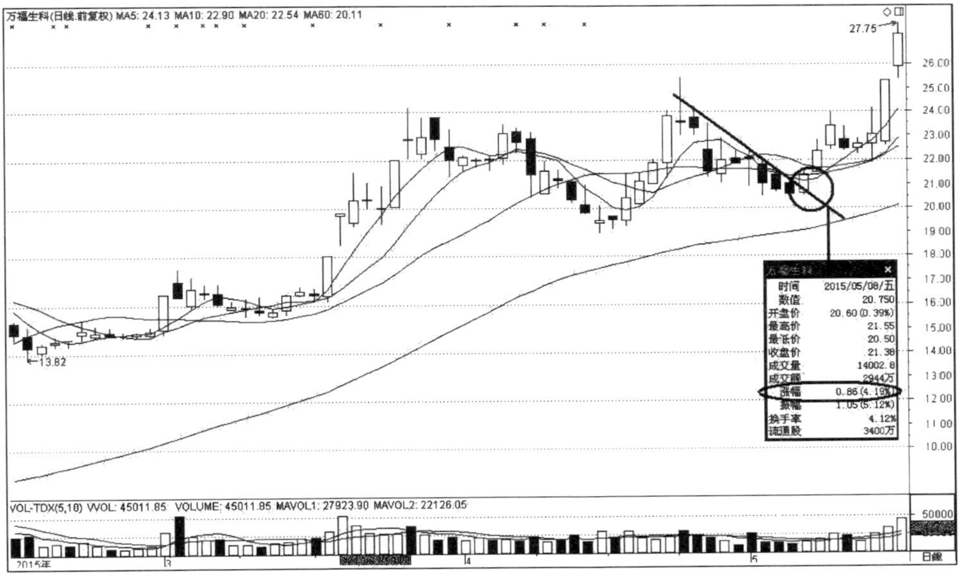

图5-14　下降趋势线的买入时机

通常来说，下降趋势线的阻力是比较大的，所以在股价真正突破下降趋势线时，成交量是会放大配合的。在下降趋势中，趋势线就是空方的防线，一旦被多方有效突破，那么多头行情就即将开始。

但是，依据趋势线的信号买或卖实在太简单，因为把两三个浪的“底”或“顶”拉出一条上升趋势线或下降趋势线，是很浅显、很容易的事。参考趋势线买卖的多数是初入行者，故此，市场大户最喜欢把趋势线的迷信者当猎物，有意破一破线，设个图表陷阱，对散户进行捕杀。所以，就算图表冲破了下降趋势线或跌破了上升趋势线，也要综合当时的供求、经济、政治等因素，看看基本面分析是否真的利多或利空，这样，才不容易被“假动作”骗倒。

第二节　支撑线、压力线和管道线

趋势分析的方法还包括支撑线、压力线和管道线的分析，这些在实战分析中都能起到巨大作用。

支撑线和阻力线

市场上的股价在达到某一水平时，往往不再继续上涨或下跌，似乎在此价位上有一条对股价起阻拦或支撑作用的抵抗线，我们分别称之为阻力线与支撑线（图 5-15）。

支撑线又称为抵抗线，是指当股价下跌到某个价位附近时，会出现买方增加、卖方减少的情况，从而使股票价格停止下跌，甚至有可能回升。支撑线起阻止股票价格继续下跌的作用。这个起着阻止股价继续下跌的价格就是支撑线所在的位置。

压力线又称为阻力线，是指当股票价格上涨到某价位附近时，会出现卖方增加、买方减少的情况，股票价格会停止上涨甚至回落。压力线起阻止股票价格继续上升的作用。这个起着阻止股票价格继续上升的价位就是压力线所在的位置。

图 5-15 支撑线与压力线

在某一价位附近之所以形成对股票价格运动的支撑和压力，主要由投资者的筹码分布、持有成本以及投资者的心理因素所决定的。

压力线和支撑线都是图形分析的重要方法。一般若股价在某个区域内上下波动，并且在该区域内累积成交量极大，那么如果股价冲过或跌破此区域，它便自然成为支撑线或压力线。这些曾经有过大成交量的价位时常由压力线变为支撑线或由支撑线变为压力线：压力线一旦被冲过，便会成为下个跌势的支撑线；而支撑线一经跌破，将会成为下一个涨势的压力线。

支撑线和压力线的相互转化

支撑线和压力线的作用是可以互相转化的，当股价从上向下突破一条支撑线后，原来的支撑线将可能转变为压力线，而当股价从下向上突破一条压力线后，原来的压力线也将转变成为支撑线。

一般若股价在某个区域内上下波动，并且在该区间内累积成交量极大时，那么如果股价冲过或跌破此区域，它便自然成为新的支撑线或压力线，从而形成支撑线和阻力线的作用转换。

当股价从上向下突破上升趋势线时，该趋势线就由支撑线变成了压力线，压制着股价后市的反弹运动；同样，当股价从上向下突破水平趋势线后，原来起支撑作用的水平趋势线就变成了压力线（图5-16）。在某些时候，如果股价运行在两条相互平行的水平线之间，则上面的直线为压力线，下面的直线为支撑线，这种情况常称为矩形整理或箱形整理，一些交易者常根据这里的支撑线和压力线搏取短线差价。

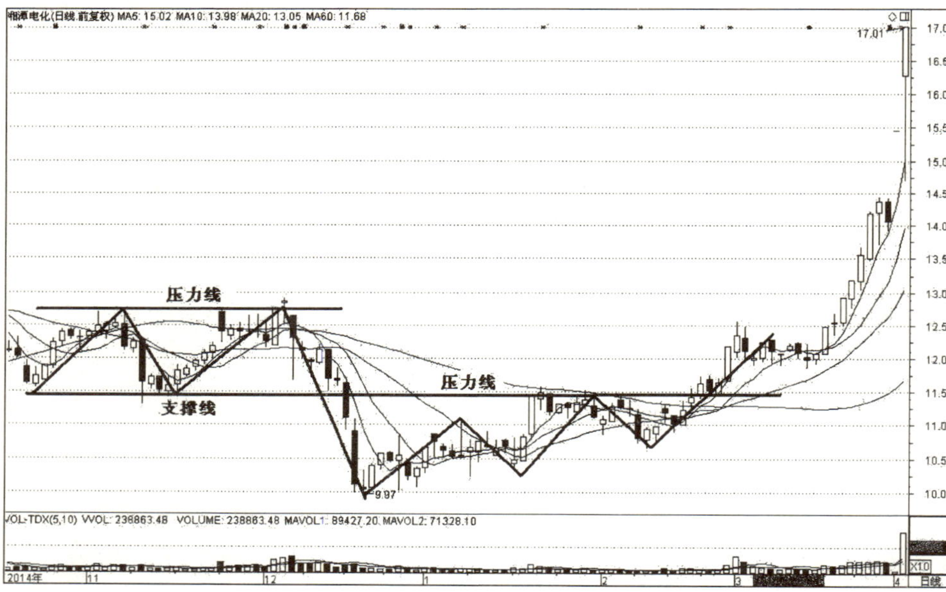

图5-16　支撑线与压力线的转换

支撑线和压力线的形成情况有两种：一种是市场实际的密集成交区形成的，另一种是心理价位。对于前一种，如果市场的密集成交区在当前价位之上，那么该区域就会在股价（或指数）上涨时形成阻力，这就是所谓的“套牢盘”。反之，如果市场当前的价位在历史密集区之上，那么该密集区就会在股价（或指数）下跌时形成支撑。至于心理价位，则多数是对指数而言的。

对某只股票而言，如果股价轻松越过了前期密集成交区，则往往是主力资金控盘程度较高的标志。同时由于股价在突破阻力位后，上方已无套牢盘，上升空间被打开，就成为短线介入的极好品种。

支撑线和压力线突破的确认方法同趋势线的突破确认方法一样，但有一点需要注意，往往在支撑线和压力线之间会有一个密集成交区，通过 K 线图下面的成交量，可以看出该密集成交区大致有过多大的换手率。在股价上行的时候，过去大量的换手率沉淀了大量的套牢盘，因而这个密集成交区的中轴线水平位附近会有较大的抛售压力；而在股价下行的时候，过去大量的换手率也沉淀了大量的低价购买单，为了不使股价跌破他们的成本区，这个密集成交区的中轴线水平位附近也同样会有较大的回购力或支撑力。

一般而言，密集成交区的成交量越大，股价突破它时所遇到的阻力就越大。但股价一旦突破了该密集成交区，则有可能直逼阶段性的压力线或支撑线。通常情况下，股价对密集成交区的突破往往是真实而有效的突破，而对由历史高点和低点所构成的压力线和支撑线的突破，则往往有虚假的成分，需要引起注意。

管道线

管道线又称通道线，是在趋势线的反方向上画一根与趋势线平行的直线，且该直线穿越近段时期价格的最高点或最低点。这两条线将价格夹在中间运行，有明显的管道或通道形状（图 5-17）。

通道的主要作用是限制价格的变动范围，让它不能变得太离谱。通道一旦得到确认，那么价格将在这个通道里变动。通道线一旦被价格有效突破，往往意味着趋势将有一个较大的变化。当通道线被价格突破后，趋势上升的速度或下降的速度就会加快，会出现新的价格高点或低点，原有的趋势线就会失去作用，投资者要重新依据价格新高或新低画趋势线和管道线。

管道主要有两种，一种是上升管道，另一种是下降管道（图 5-18），其划分方法同支撑线、压力线类似。具体分析见表 5-1。

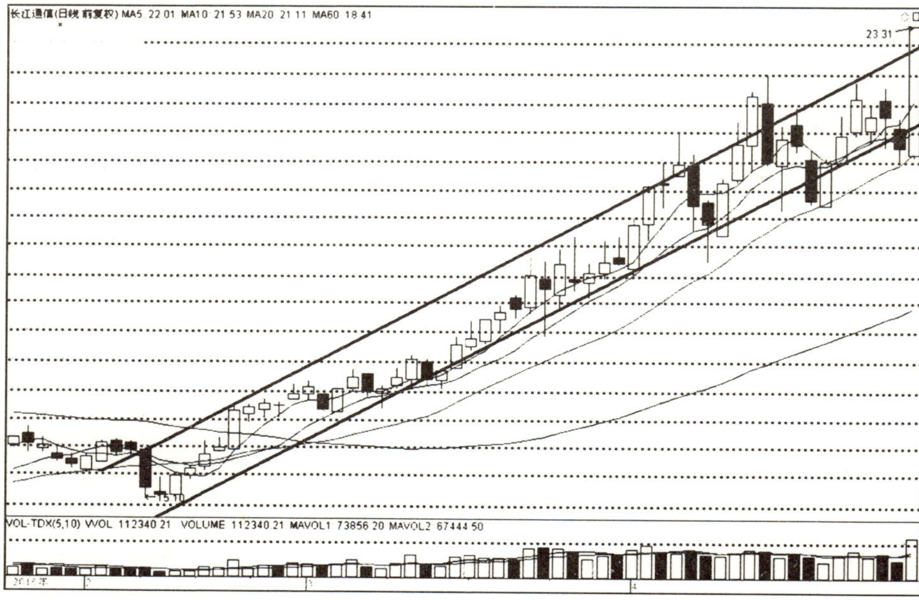

图 5-17 管道线

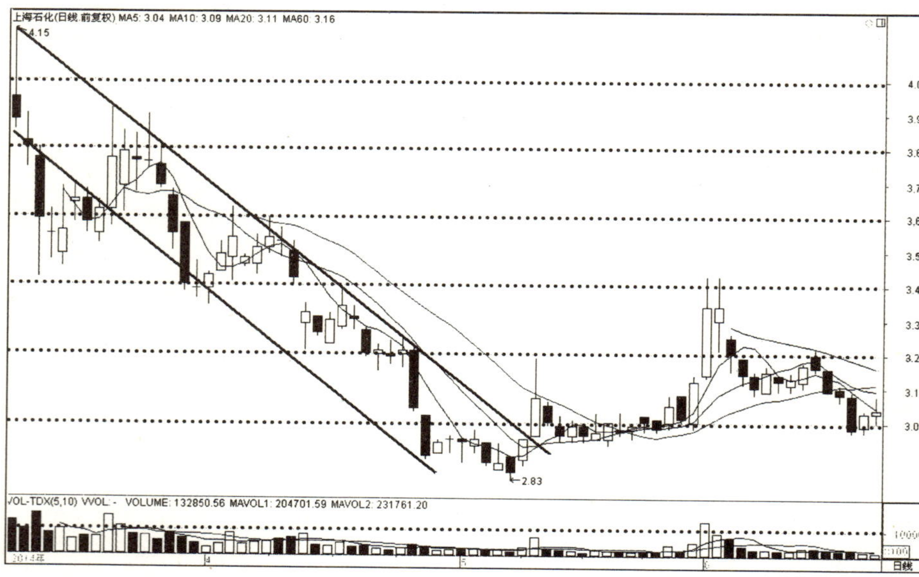

图 5-18 下降管道线

表 5-1 管道分类

类别	分析
上升管道	先用寻找上涨压力线的方法画出一条上涨压力线，然后用相同方法画出一条平行的上涨支撑线，两条线之间的管道就是上升管道
下降管道	先用寻找下降压力线的方法画出一条下降压力线，然后用相同方法画出一条平行的下降支撑线，两条线之间的管道就是下降管道

管道线除了有限制价格运行空间的作用外，还有一个发出趋势转向的警报作用。如果价格在一次波动中未触及管道线，离管道线很远就开始掉头，这往往是趋势将要改变的信号，说明市场可能没有力量继续维护原有的上升或下降趋势了。如果趋势线随即被价格突破，那么突破后的价格运动空间至少等于价格未到管道线的距离，或者等同于管道的宽度。该原理和效果也适用于价格远离趋势线就开始掉头的情况，只是结果恰恰相反。

投资者还要注意，通道线被价格突破后，往往不会发生价格反抽现象，即通道线起不到支持回抽运动的作用。当价格突破通道线后，要么一飞冲天，要么迅速跌回趋势通道中，而不会在通道线附近做任何停留；另外，下降趋势中的通道线往往起不到支撑作用，常常被股价迅速跌破。

同趋势线一样，管道线也有被确认的问题。在上升管道线中，如果价格每到管道线附近就开始掉头，说明这条管道线是被市场认可的。当然，管道线被价格触及的次数越多，有效维持的时间越长，其被市场认可的程度就越高。管道线突破的确认，同趋势线突破的确认一样，只是没有价格反抽的动作。

总之，通道线与趋势线是相互作用的一对，先有趋势线，再有通道线，但趋势线比管道线重要得多，也更为可靠。同时，趋势线可独立存在，而管道线则不可以独立存在。

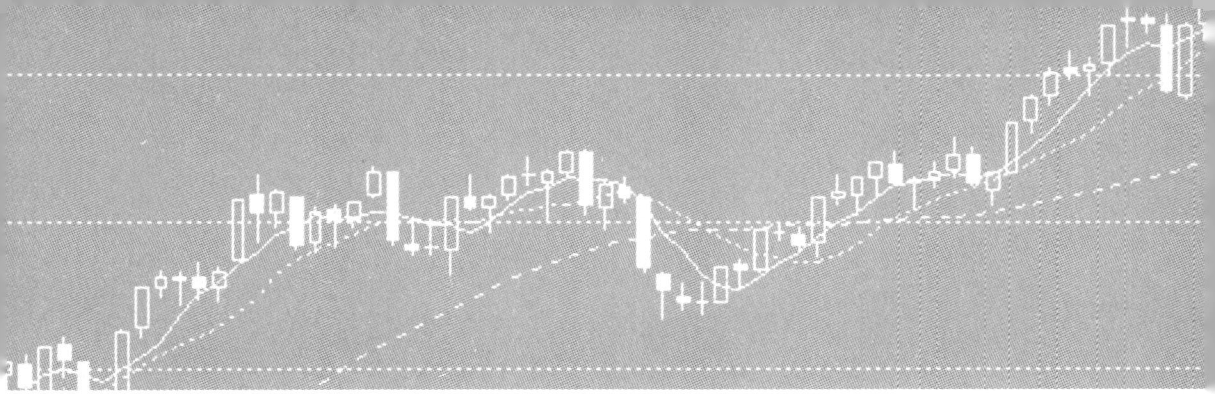

第六章
有凭有据精算计——技术指标分析

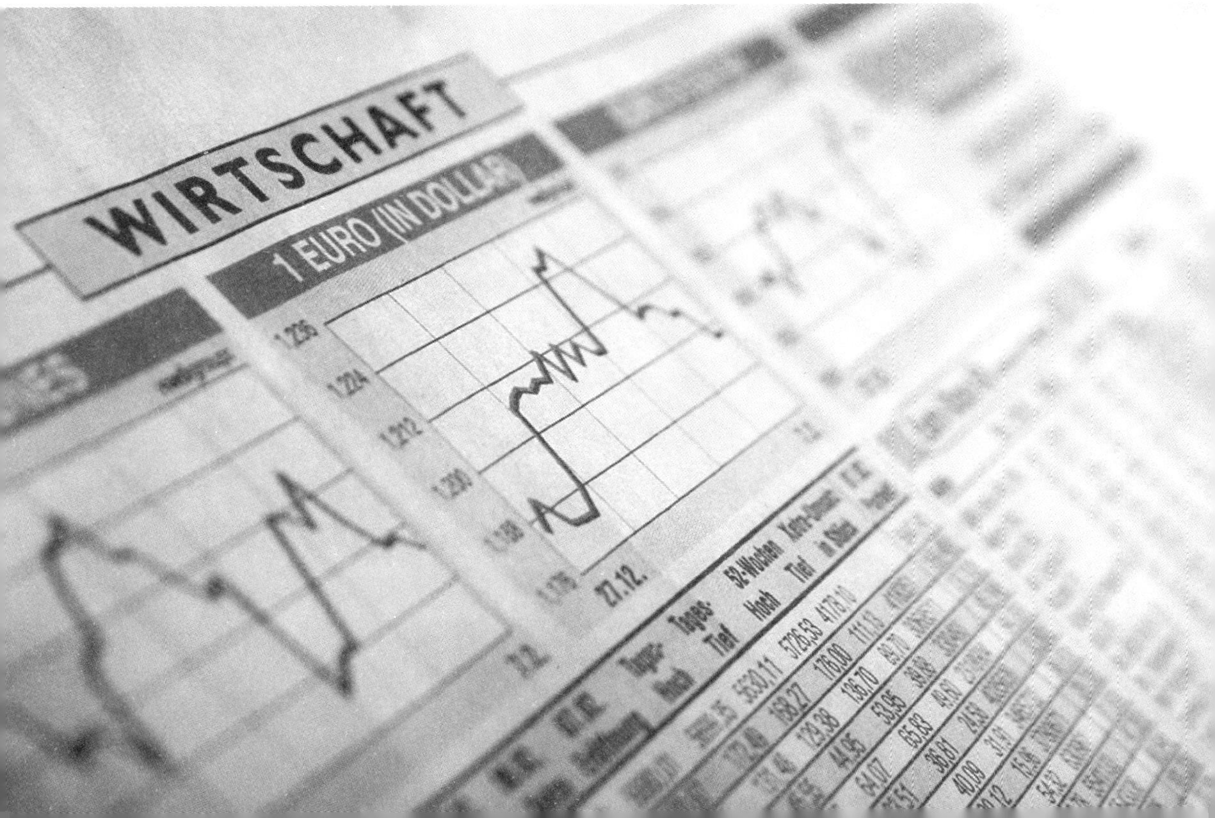

在股票分析中，不止一种方法可以用来判断股价未来的走势。技术指标分析就是另外一种非常重要的分析工具，它运用一定的数理统计方法以及特殊的运算公式来判断股价的走势。

第一节　均线分析

股票市场的波动性很大，有时让人摸不着头脑。但均线可以平滑地处理这种波动，使价格过于随意的波动减小。均线技术是最基本的分析技术，是K线技术的重要补充，因其直观、易懂，所以很受投资者的青睐。

认识均线

均线是指股价在一定交易时间内的算术平均数的连线，反映了一段时间内持股者的平均成本价（图6-1）。例如5日均线，就是将最近5个交易日内的收盘价相加，再除以5，就是5日的算术平均数，依次类推，将无数个这样的5日算术平均数先后连接，所形成的线就是5日平均线。

它的计算公式是：$M_A=(C_1+C_2+C_3+\cdots+C_n)/N$

C代表某日收盘价，N代表移动平均周期。

一、均线的分类

根据移动平均线计算周期长短，移动平均线可分为短期、中期和长期三类，详见表6-1。

表 6－1 均线的分类

分类依据	分类	分析
短期移动平均线	5 日均线	也称攻击线，代表着个股或大盘的上涨攻击力度。一旦 5 日均线掉头向下，则攻击力消失。短线操作重视攻击力，因此对 5 日均线的依赖度非常高。中长线操作重趋势，对 5 日均线的依赖性相对较弱
	10 日均线	也称操盘线。当股价在 10 日均线之上运行时，表明个股短期仍将上涨，当股价在 10 日均线之下运行时，则表明个股股价短期将下跌
	20 日均线	也称庄股生命线。在庄家控盘的条件下，股价在第一波上涨后，庄家常会横盘整理数周来洗盘，此时股价可能会跌破 10 日均线，但一般会在 20 日均线处稳住
中期移动平均线	30 日均线	是大盘生命线。不管是涨势还是跌势，大盘只要不突破 30 日均线，则中期趋势一般就不会改变。在涨势中，只要回调不跌破 30 日均线，中期上涨行情就不会结束，如果跌破 30 日均线，则意味着中期行情结束，转入跌势。而在跌势中，只要反弹没有突破 30 日均线，则中期下跌行情仍将继续，而如果突破 30 日均线，则中期下跌行情宣告结束，转势向上
	45 日均线	指 45 天市场平均成本，股价在此线之下就说明 45 天买进的人全部被套，在上就表示全部获利
	60 日均线	也叫决策线
长期移动平均线	120 日均线	也叫半年线
	200 日均线	牛熊市的分界线
	250 日均线	也叫年线

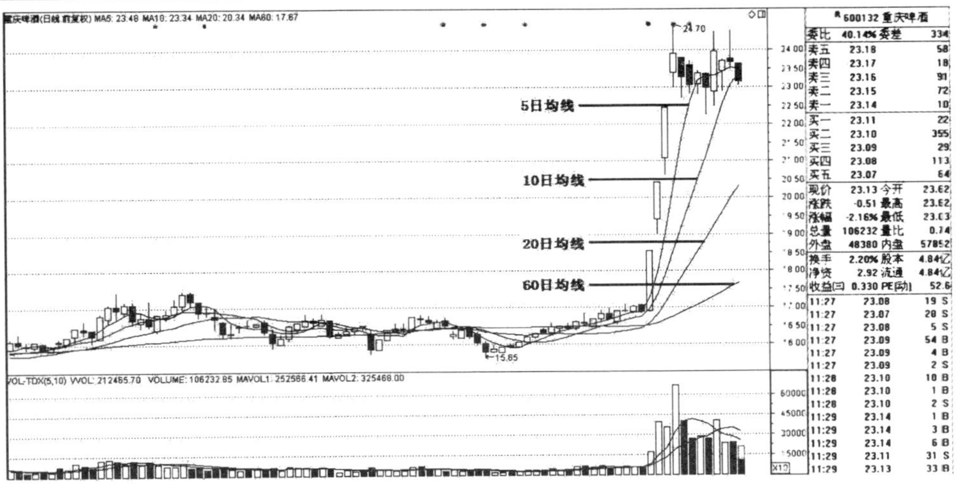

图 6－1 均线图例

二、均线的特性

投资者可借助不同类型的均线排列关系，预测出股价的中长期趋势。在利用均线选股时，应先了解均线的几大特征。

1. 趋势性

均线显示了一段时间内股价波动的基本趋势，股价会沿着这个趋势方向运行，短期内不会轻易改变，投资者可依据均线的趋势性，选入趋势向上的个股。

2. 稳定性

周期越长的均线，其稳定性就越高，一旦趋势确定，均线就会朝着这个趋势方向移动，一般不会有较大波动，而周期短的均线波动频率较高，故稳定性较弱。当股价涨势确定后，均线会在股价下方向上攀升，虽然中途会有上下波动，但不会轻易改变方向，通常会持续几个星期甚至几个月；当股价见顶回落并转为跌势时，均线会在股价上方向下移动，并会持续向下运行，直到股价明显反转（图6–2）。

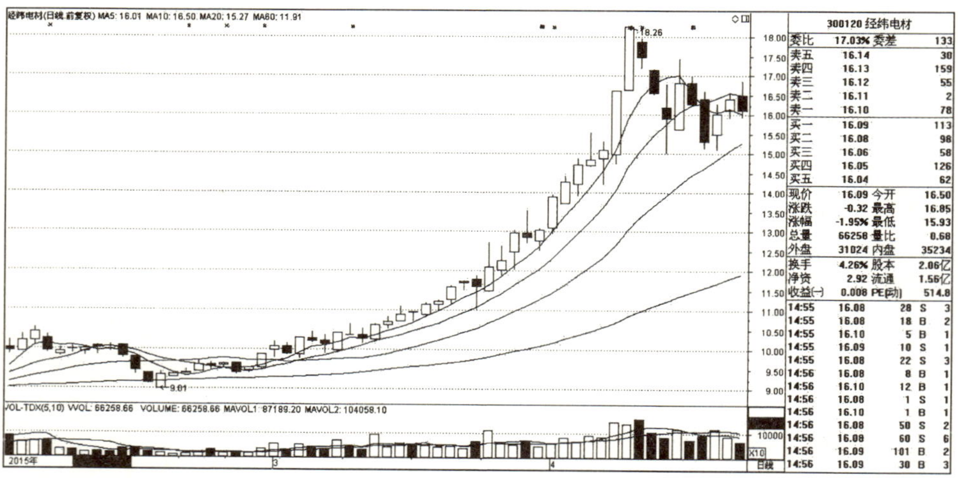

图6–2　均线的稳定性

3. 助涨助跌性

当股价突破了移动平均线后，无论是向上还是向下突破，实际上都是支撑线和压力线被突破，因此具有支撑线和压力线的特质，具有助涨助跌的特性。

4. 滞后性

当股价发生反转时，移动平均线特别是长期移动平均线的行动往往过于迟缓，掉头速度落后于趋势，具有滞后性的特点。

三、均线的重要形态

1. 黄金交叉（金叉）

短期移动平均线从下向上突破中长期移动平均线，形成的交叉叫黄金交叉（图 6-3）。如 5 日均线上穿 10 日均线形成的交叉，10 日均线上穿 30 日均线形成的交叉，30 日均线上穿 60 日均线形成的交叉，60 日均线上穿 120 日均线形成的交叉等均为黄金交叉。

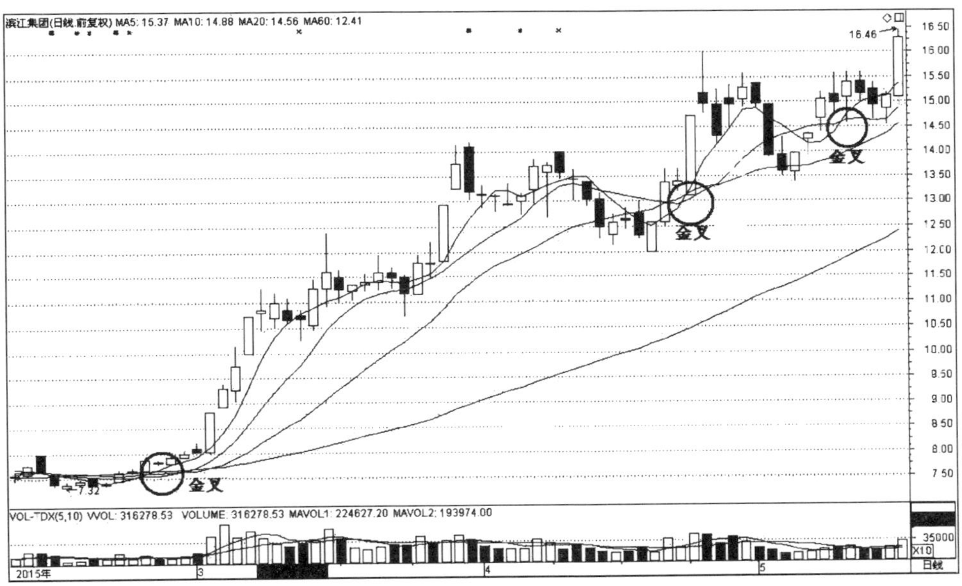

图 6-3　黄金交叉图示

黄金交叉是多头强势的表现，预示后市股价将上涨。而且，越是中长期均线发生金叉，股价上涨的指示性越强。尤其是在经过长期大跌后（如半年、一年），更是如此。

2. 死亡交叉（死叉）

短期移动平均线向下跌破中长期移动平均线，形成的交叉称为死亡交叉（图 6-4）。比如 5 日均线下穿 10 日均线形成的交叉，10 日均线下穿 30 日均线形成的交叉，30 日均线下穿 60 日均线形成的交叉，60 日均线下穿 120 日均线形成的交叉，均为死亡交叉。

图 6-4　死亡交叉图示

死亡交叉是空头强势的表现，预示后市股价将下跌。而且，越是中长期均线发生死叉，股价下跌的指示性越强。尤其是在经过长期上涨后（如半年、一年），更是如此。

3. 多头排列

多头排列出现在上涨行情中，它由 3 根移动平均线组成，最上面一根是短期均线，中间一根是中期均线，最下面一根是长期均线，并且 3 根均线是呈向上圆弧状的，其基本形态如图 6-5 所示。

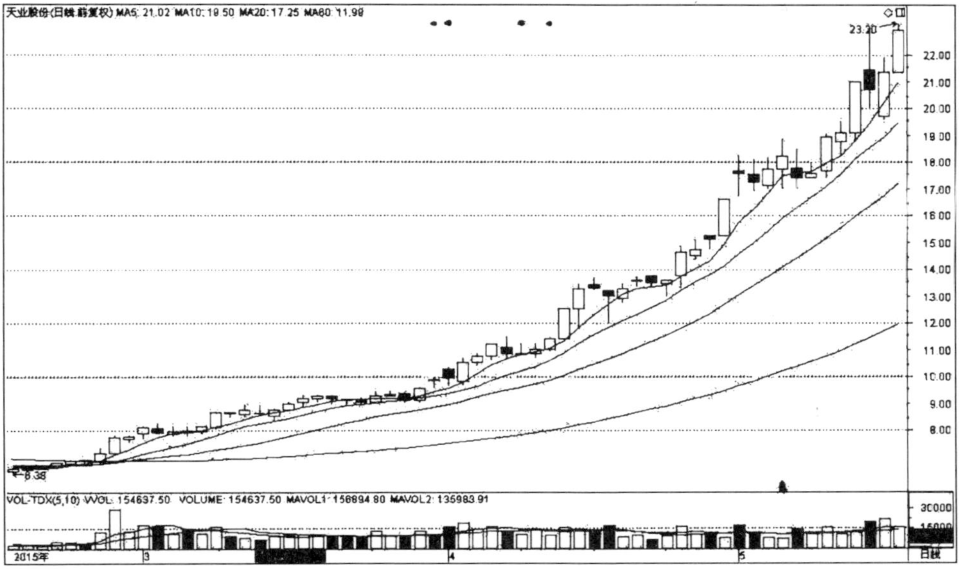

图 6-5 均线多头排列的基本形态

短期均线在最上面，中间为中期均线，最下面是长期均线。投资者若遇此形态出现在上涨的初中期，可积极做多。一般来说，在上涨初期或中期，当均线呈现出多头排列形态后，表明市场做多力量较强，往往会有一段升势。因此，投资者可积极做多。

4. 空头排列

空头排列出现在下跌行情中，由 3 根移动平均线组成，最上面一根是长期均线，中间一根是中期均线，最下面一根是短期均线，并且 3 根均线呈向下圆弧状，其基本形态如图 6-6 所示。

与多头排列相反，空头排列长期均线在最上面，中间依然为中期均线，最下面是短期均线。投资者若遇此形态出现在下跌的初中期，可积极做空。一般来说，在下跌的初期或中期，当均线呈现出空头排列形态后，表明市场做空力量较强，往往会有一段跌势。因此，持股者应赶快卖出股票，持币者应以观望为主。若该形态出现在下跌的后期，投资者就应谨慎做空了。

图 6-6　均线空头排列的基本形态

均线的实战技巧

均线的最主要功能是揭示股价波动的方向，是人们判断大盘和个股处于上升趋势还是下降趋势的最好工具。判断的方法是：均线向下，则趋势向淡；均线向上，则趋势向好。短期均线反映的是短期趋势的好坏，中期均线反映的是中期趋势的好坏，长期均线反映的是长期趋势的好坏。

一、短期均线的运用

预测短期走势，应以 5 日、10 日均线为主。在强势市场或者强势股中，股价一般不会跌破 5 日、10 日线（图 6-7）。假若跌破，短期趋势可能改变。弱势市场股价或者指数一般以 5 日、10 日为压力线，但也有以 3 日、7 日线为主要参考均线的。一般来说，短线高手一般以 3 日、7 日均线为短期参考指标。

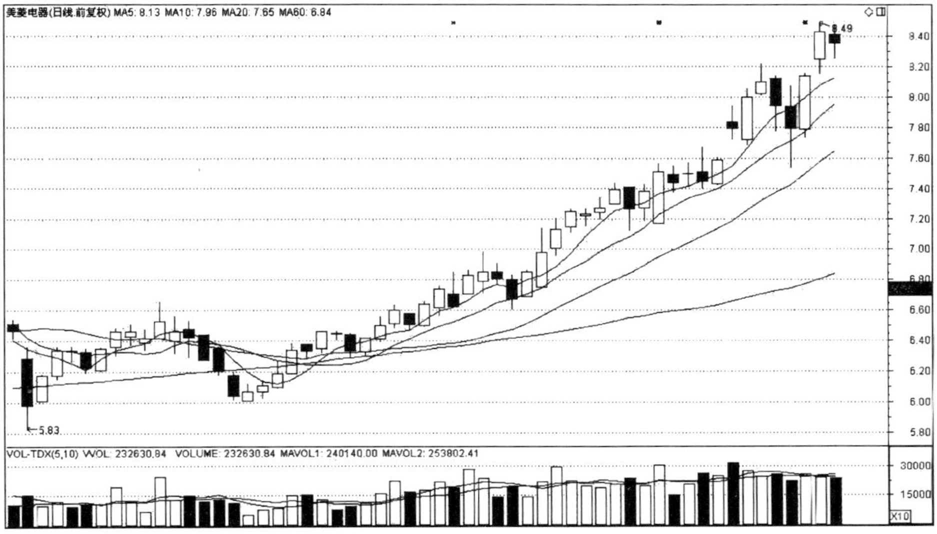

图 6-7　强势股一般不会跌破 5 日或 10 日均线

在上升行情进入稳定期，5 日、10 日、20 日移动平均线从上而下依次顺序排列，向右上方移动多头排列，预示股价将大幅上涨（图 6-8）。在下跌行情中，5 日、10 日、20 日移动平均线自下而上依次顺序排列，向右下方移动空头排列，预示股价将大幅下跌。

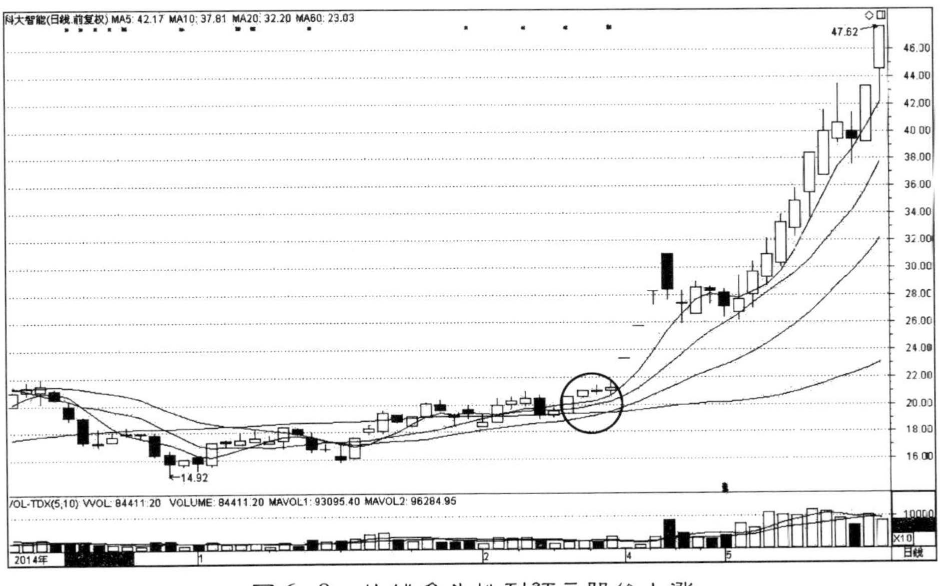

图 6-8　均线多头排列预示股价大涨

当5日、10日和20日均线三线重合之时，若三条均线处于上升状态，买入或继续持股（图6-9）。若三条线均呈下降状态，且三条均线相交，则应果断卖出。如果一只股票经过连续上升以后开始向下调整，此时若出现三线合一的走势，投资者应果断出局。

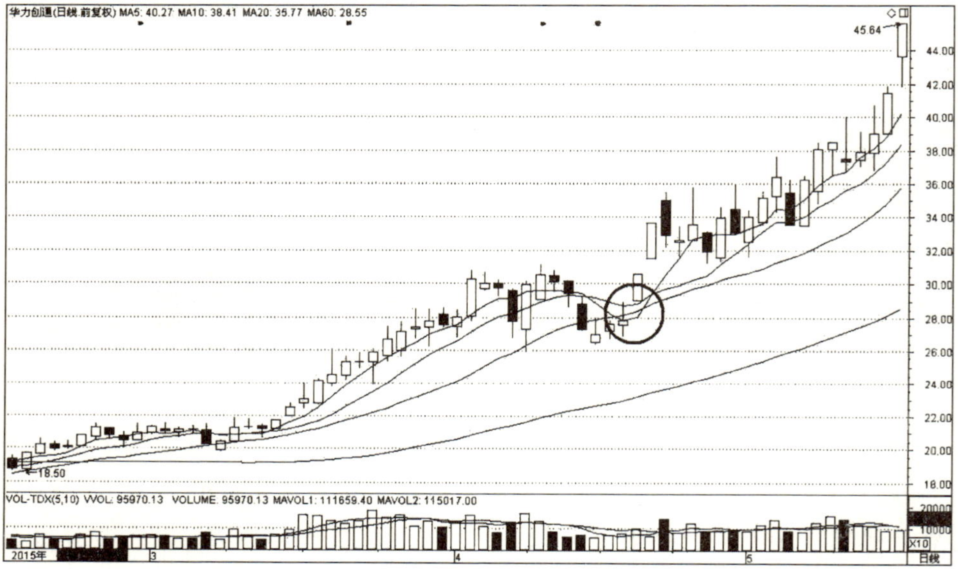

图6-9　上升势5日、10日和20日均线三线重合确定买入时机

二、中期均线的运用

预测中期走势，一般以30日、60日均线为主要参考指标。30日均线一直是衡量中期强弱的重要标志，30日均线被有效突破，中期趋势看好，但市场主力容易以均线为震仓选择。就中期买卖信号来看，60日均线效果更好。60日均线对中短期走势有明显的助涨助跌作用。据沪市历史数据显示，每一次突破60日均线基本都有一波中级行情。另外，21日、34日、55日均线等也是中期研判常用的均线。特别是21日均线一般被视为主力生命线，55日均线为护盘线。

当10日均线由上升而向右下方反折下移时，30日均线却仍向右上方移动，表示此段下跌是多头市场的技术性回档，涨势并未结束。如果30日均线也跟随10日移动平均线向右下方反折下跌，而60日均线仍然向右上方移动，表示此波段回档较深，投资者宜出局观望。如果60日均线也跟随10日、30日均线向右下方反转而下跌，表示多头市场结束，空头市场来临（图6-10）。

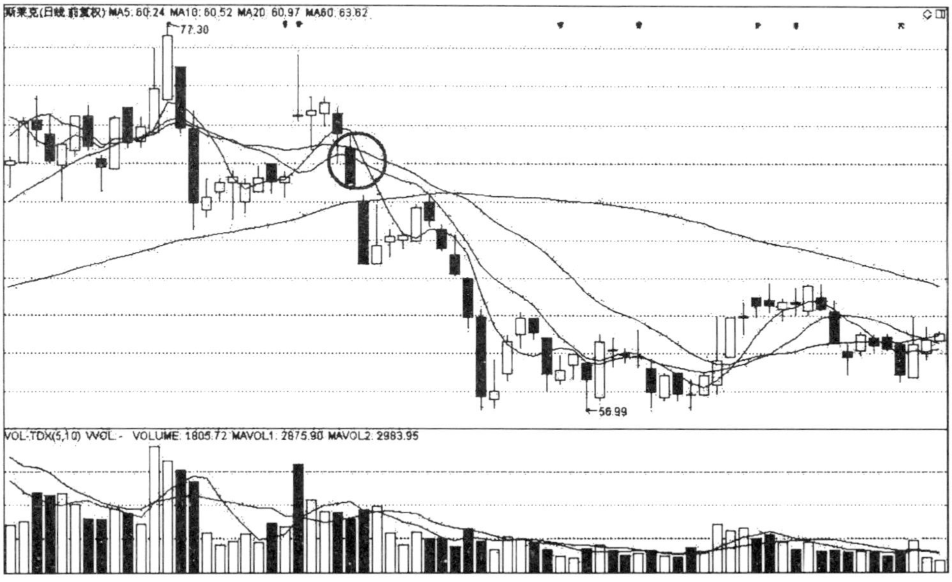

图6-10　短期均线陆续向下突破中长期均线表示空头市场来临

三、长期均线的运用

预测中长期走势，120日线是一个非常重要的均线位置。股价走势明显受到120日线支撑或者压力，对研究沪深股市中长期走势有相当的准确性。120日均线不仅仅用于大盘的研判，对个股走势研判也有重要意义。一般跌破半年线，表明主力已经出逃。250日均线（年线）主要用来预测长期走势，有很多投资者以年线为牛熊分界线。250日线与基本面的全面分析，才能决定长期走势真正的牛熊。

炒股箴言

均线或均线组合可以辅助我们对交易当中的买卖点进行判断。需要注意的是，周期越短的均线，其反应越灵敏，但同时出现错误信号的可能性也越高；而周期越长的均线，其可靠性越强，但同时其反应速度有可能相对滞后。所以，我们就会考虑在适当的时候，对不同周期的均线进行合理的组合，从而使其对价格变化的捕捉更及时，同时也更加可靠。

第二节　MACD 指标分析

指数平滑异同移动平均线简称 MACD。它是以快速及慢速移动平均线的交叉换位、合并分离的特性来分析、研究股市中、长趋势的指标，从而决定股票买卖的时机。

认识 MACD 指标

MACD 指标是股票技术分析中一个重要的技术指标，由两条曲线和一组红绿柱线组成。两条曲线中波动变化大的是 DIFF 线，通常为白线或红线，相对平稳的是 DEA 线，通常为黄线。MACD 指标的一般研判标准主要是围绕快速和慢速两条均线（DIFF 和 DEA 线）及红、绿柱线（MACD 柱，BAR）状况和它们的形态展开（图 6-11）。一般分析方法主要包括 DIFF 和 DEA 及它们所处的位置、DIFF 和 DEA 的交叉情况、红柱状的收缩情况和 MACD 图形的形态这四个大的方面。

图 6-11 MACD 及 DIFF、DEA、BAR 分布

一、DIFF 和 DEA 的值及线的位置

（1）当 DIFF 和 DEA 均大于 0（在图形上表示为它们处于零轴以上）并向上移动时，一般表示为股市处于多头行情中，可以买入或持股（图 6-12）。

（2）当 DIFF 和 DEA 均小于 0（即在图形上表示为它们处于零轴以下）并向下移动时，一般表示为股市处于空头行情中，可以卖出股票或观望。

（3）当 DIFF 和 DEA 均大于 0（即在图形上表示为它们处于零轴以上）但都向下移动时，一般表示为股票行情处于退潮阶段，股票将下跌，可以卖出股票和观望（图6-13）。

（4）当 DIFF 和 DEA 均小于 0 时（即在图形上表示为它们处于零轴以下）但向上移动时，一般表示为行情即将启动，股票将上涨，可以买进股票或持股待涨。

二、MACD 指标的背离

MACD 指标的背离有顶背离和底背离两种。

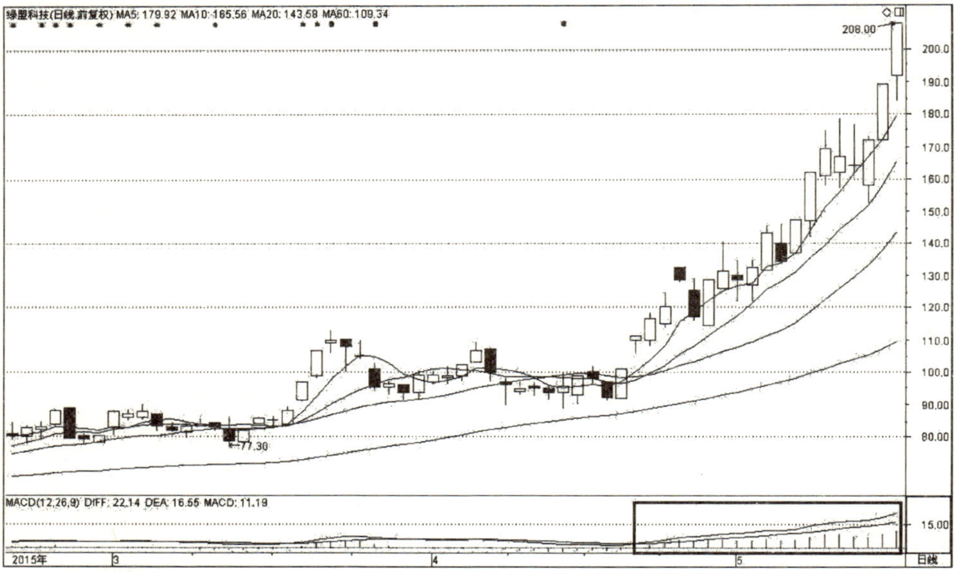

图 6-12　DIFF 和 DEA 位于 0 值以上向上运行时可持有

图 6-13　DIFF 和 DEA 位于 0 值下向下运行时宜卖出

1. 顶背离

当股价K线图上的股票走势一峰比一峰高，股价一直在向上涨，而MACD指标图形上的由红柱构成的图形的走势是一峰比一峰低，即当股价的高点比前一次的高点高，而MACD指标的高点比指标的前一次高点低，就出现了顶背离（图6-14）。顶背离现象一般是股价在高位即将反转转势的信号，表明股价短期内即将下跌，是卖出股票的信号。

图6-14　MACD指标顶背离

2. 底背离

底背离一般出现在股价的低位区。当股价K线图上的股票走势还在下跌，而MACD指标图形上的由绿柱构成的图形的走势是一底比一底高，即当股价的低点比前一次低点底，而指标的低点却比前一次的低点高，这叫底背离。底背离现象一般是预示股价在低位可能反转向上的信号，表明股价短期内可能反弹向上，是短期买入股票的信号。

炒股箴言

在实践中，MACD 指标的背离一般出现在强势行情中比较可靠，股价在高价位时，通常只要出现一次背离的形态即可确认位股价即将反转，而股价在低位时，一般要反复出现几次背离后才能确认。因此，MACD 指标的顶背离研判的准确性要高于底背离，这点投资者要加以留意。

MACD 指标实战用法

MACD 指标是所有技术指标里最经典的一个，正确运用这个指标，通过结合 K 线（日 K 线、周 K 线）、个股走势、成交量、大盘走势、利空利好消息等，基本上就可以达到较好地买卖效果。在实际投资中，MACD 指标不但具备抄底（背离是底）、捕捉极强势上涨点（MACD 连续两次翻红买入）、捕捉“洗盘结束点”（上下背离买入）的功能，还具备捕捉最佳卖点的功能。

一、买入信号

1. 利用 DIFF 线和 DEA 线的金叉买进方法

MACD 在低位发生第一次金叉时，股价在较多情况下涨幅有限，或小涨后出现较大的回调，造成买进的投资者出现套牢亏损。但是当 MACD 在低位第二次金叉出现后，股价上涨的概率和幅度会更大一些。因为指标在经过第一次金叉之后发生小幅回调，并形成一次死叉，此时空方好像又一次占据了主动，但其实已是强弩之末，这样在指标第二次金叉时，必然造成多方力量的发力上攻（图 6-15）。

2. 柱状线分析

红色柱状线的放出，表明市场上的多头力量开始强于空头力量，股价将开

图 6-15 DIFF 线和 DEA 线金叉买进

始一轮新的上升行情，是一种比较明显的买入信号。对于这种买入信号，投资者也应从三个方面进行分析。

（1）当 DIFF 线和 DEA 线都在 0 轴以上区域运行，说明股市处于多头行情中，股价将继续上涨。当 MACD 指标在 0 轴上方经过短暂的回调整理后，红柱状线再次放出时，投资者可继续持股做多，空仓者可逢低买入（图 6-16）。

（2）当 DIFF 线和 DEA 线都在 0 轴以下区域运行，说明股市处于空头行情中，股价将继续下跌探底。当 MACD 指标中的绿柱线经过很长一段时间的低位运行，然后慢慢收缩，如果红柱状线出现，表明股价可能出现反弹，但中长期下跌趋势并没有完全改变。此时，激进型投资者可以在设置好止损点的前提下短线少量买入股票，稳健型投资者则可以继续持币观望。

（3）当 DIFF 线和 DEA 线都在 0 轴以下区域运行，但这两条线在低位经过一次黄金交叉后，其运行方向开始同时向上并越来越向上靠近 0 轴时，如果此时红柱状线开始放出（特别是第二次放出），表明股价经过长时间的整理后，下跌趋势已经结束，股价在大量买盘的推动下将开始一轮新的上升行情（图 6-17）。这也是投资者中长线买入股票的一个较好时机。此时，投资者应及时买入股票或持股待涨。

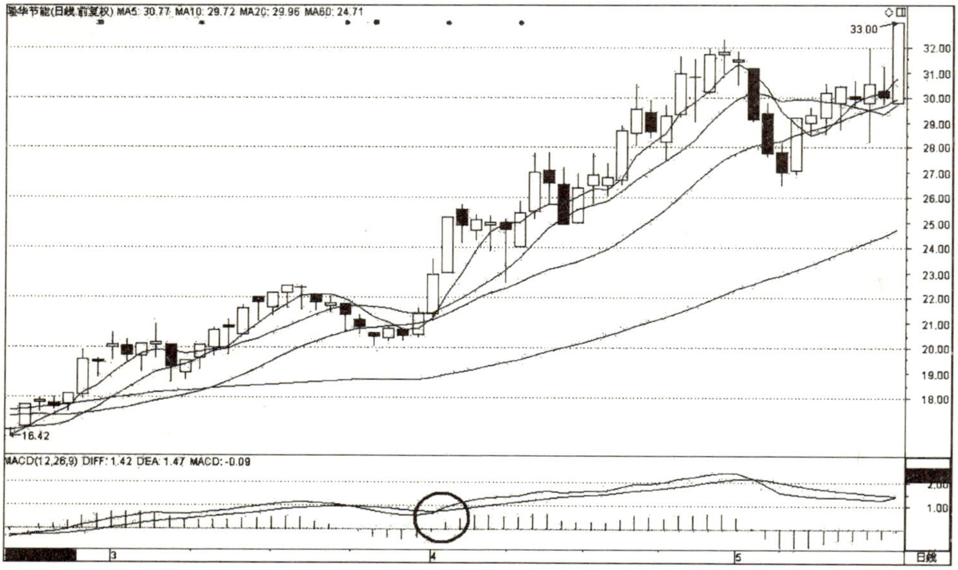

图 6-16　0 轴上 BAR 回调确定买入时机

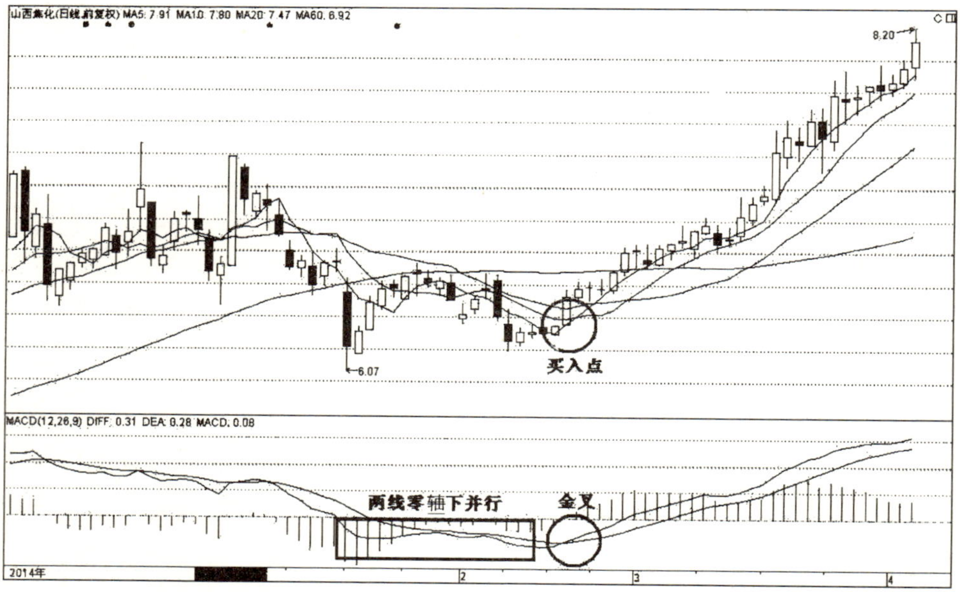

图 6-17　0 轴下金叉后 BAR 放量确定买入时机

3. MACD 指标的双底分析

当 MACD 指标中的 DIFF 线和 DEA 线在 0 轴附近运行了很长一段时间后，绿色柱状线构成一底比一底高的双底形态时，表明股价的长期下跌趋势可能结束，股价将在成交量的配合下开始一轮新的中长期上升行情（图 6-18）。此时，投资者可以开始逢低分批建仓。

图 6-18　0 轴下双底确定买入时机

二、卖出信号

1. DIFF 线和 DEA 线的死叉

0 轴以上区域的强势死亡交叉预示着股价的中长期上升行情结束，股票的另一个下跌趋势可能已经开始，股价将可能展开一段时间较长的跌势。投资者应及时逢高卖出全部或大部分股票，特别是对于那些前期涨幅过高的股票更要加倍小心。

0 轴以下区域的弱势“死亡交叉”表示股价在长期下跌途中的一段时间的反弹整理后，一轮比较大的跌势又要展开，股价将再次下跌，是短线卖出信号。它意味着下跌途中的短线反弹结束，股价的中长期趋势依然看淡，投资者应以逢高卖出剩余的股票或持币观望为主（图6-19）。

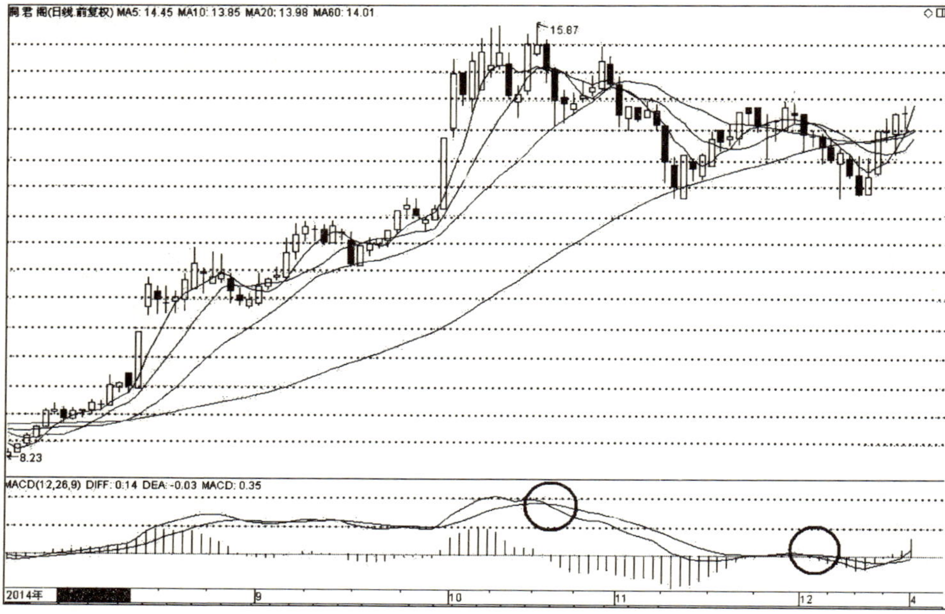

图6-19　DIFF线和DEA线死叉卖出

2. 柱状线分析

红色柱状线的收缩，表明市场上的空头力量开始强于多头力量，股价将开始新的一轮下跌行情，是一种比较明显的卖出信号。对于这种卖出信号，投资者也应从三个方面进行分析。

（1）当DIFF线和DEA线都在0轴以上区域运行时，一旦红柱状线开始无法放大并慢慢收缩时，说明股价的涨势已接近尾声，股价短期将面临调整，但仍处于强势行情中。对于这种情况的出现，稳健型的投资者可先暂时短线获利了结，待股价运行趋势明朗后再做决策；而激进型的投资者可继续持股观望。

（2）当DIFF线和DEA线都在0轴附近区域运行时，一旦红柱线消失，说明股价的上升行情已经结束，一轮中长期的下跌行情即将展开。对于这种情况的出现，投资者应尽早中长线清仓离场，特别是DIFF线和DEA线也同时向下运行时，更应果断离场。

（3）当 DIFF 线和 DEA 线都在 0 轴以下区域运行时，如果 MACD 指标中的红柱线再次短暂放出后又开始收缩，则表明股价长期下跌途中的短暂反弹将结束，空方力量依然强大，投资者还应看空、做空，抢反弹的投资者应尽快离场。

3. 双顶分析

当 MACD 指标中的 DIFF 线和 DEA 线在 0 轴以上运行了很长一段时间后，红色柱状线构成一顶比一顶低的双顶形态时，表明股价的长期上升趋势可能结束，股价将开始一轮新的中长期下跌行情（图 6-20）。此时，投资者应及时逢高卖出股票。

图 6-20　0 轴上的双顶确定卖出时机

三、持币、持股信号

1. DIFF 线和 DEA 线的运行方向分析

当 DIFF 线和 DEA 线在 0 轴以上区域同时向上运行时，表明多方力量强于空方，股价处于一波上升行情之中，只要 DIFF 线没有向下突破 DEA 线，投资者就可一路持股待涨或逢低买入。但如果它们的运行方向同时拐头向下时，表明空方力量开始增大，股价上升行情可能结束，投资者应持币观望，不可盲目做多，特别是对于那些近期涨幅过高的股票，更应及时获利了结。

当 DIFF 线和 DEA 线在 0 轴以下区域但同时向上运行时，表明多方力量开始慢慢积聚，股价处于一波缓慢的反弹恢复行情之中。对于这种情况的出现，激进型投资者可以开始少量逢低吸纳，短线持股待涨，做反弹行情。如果它们的运行方向也是同时向下时，表明空方力量过于强大，股价的下跌行情依然继续，此时，投资者更应坚决持币观望，尽量不做反弹行情。

当 DIFF 线和 DEA 线在 0 轴以上区域运行，但由于 DIFF 线领先于 DEA 线，如果 DIFF 线开始向下运行并逐渐靠拢 DEA 线时，表明多空力量开始趋向平衡，股价面临短线回档整理的压力。对于这种情况的出现，投资者应小心操作，区别对待。只要 DIFF 线没有有效向下突破 DEA 线，仍然可以持股待涨，但当 DIFF 线向下有效突破 DEA 线，并同时向下运行后，就应及时卖出。

2. 柱状线分析

当 DIFF 线和 DEA 线在 0 轴以上区域运行时，如果 MACD 指标中的红柱线依然增多拉长时，表明多方力量强于空方力量，股价处于一种强势上升的行情之中，投资者应坚决持股待涨。如果 MACD 指标中的红柱线开始收缩并逐渐消失，表明多方力量已经衰竭，股价随时会反转向下，此时，投资者应以持币观望为主。

当 DIFF 线和 DEA 线在 0 轴以下区域时，如果 MACD 指标中的红柱线开始放出并逐渐放大，并且 DEA 线和 DIFF 线都同时向上运行，表明多头力量在缓慢增长，激进型的投资者可以中长线逢低建仓并持股待涨。如果股价经过一轮短时间小幅反弹行情后，MACD 指标中的红柱线再次收缩并消失时，表明空方力量依然强大，股价再次反转向下，此时，投资者应以持币观望为主。

当 DIFF 线和 DEA 线在 0 轴以上区域运行时，如果 MACD 指标的绿柱线经过一段短时间的中位运行后慢慢减少收缩时，表明多方力量重新积聚，股价经过小幅高位整理后将再次企稳上攻，投资者也应短线持股待涨。如果 MACD 指标中的绿柱线开始放出并逐渐增大拉长时，表明多方力量已经衰竭，空方力量逐渐强大，股价的下跌行情已经展开，此时，投资者应坚决持币观望。当DIFF线和DEA线在0轴以上区域运行时，如果MACD指标中的绿柱线依次向下拉大增强，表明空方力量过于强大，股价跌势依旧，此时，投资者也应坚决持币观望。

炒股箴言

实战中，由于MACD是中长线指标，买卖点与最低、最高价之间的价差较大，因此MACD并不适合短线操作，MACD对于井喷或暴挫行情的反应要慢半拍。由于其与股价的移动相比会有一定的时间差，当股价处于盘整时，按MACD操作往往会无利润甚至会亏手续费，因此作为中期转向信号的MACD主要起辅助作用，研判主要还是依据K线、均线等指标。

第三节 KDJ指标分析

随机指标KDJ在设计中综合了动量观念、相对强弱指数和移动平均线的一些优点，在计算过程中主要研究高低价位与收盘价的关系，反映价格走势的强弱和超买超卖的现象。KDJ指标是一种相当新颖、实用的技术分析指标，功能颇为显著，后来广泛应用于股市的中短期趋势分析中，是最常用的技术分析指标之一。

认识KDJ指标

KDJ指标又称随机指标，是一种实用性很强的技术分析指标。该指标是以最高价、最低价及收盘价为基本数据进行计算，得出的K值、D值和J值分别在指标的坐标上形成的一个点，连接无数个这样的点位，就形成一个完整的、能反映价格波动趋势的 KDJ 指标。

KDJ 指标由 3 根曲线组成（图 6-21），移动速度最快的是 J 线，其次是 K 线，最慢的是 D 线，它们的变化范围都在 0～100 之间。其实 J 的取值可以大于 100，也可以小于 0，但为了便于图形的绘制，当 J 值大于 100 时，仍按 100 绘制；当 J 值小于 0 时，仍按 0 绘制，所以在 KDJ 指标图形中可以看到 J 值在 0 或 100 处呈直线状。

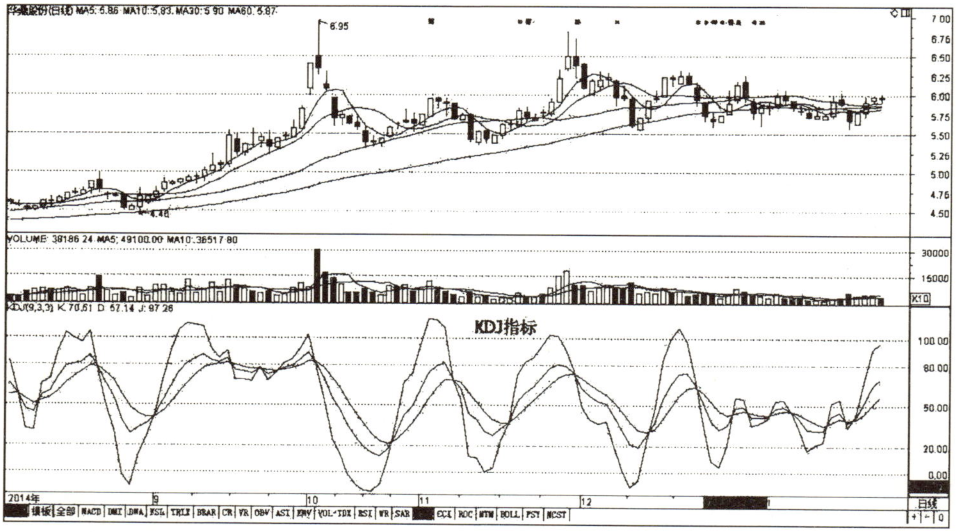

图 6-21　KDJ 指标

它主要是通过 K、D 和 J 这三条曲线的形态来预测股价的走势，通过价格波动的真实波幅来反映价格走势的强弱和超买超卖现象，在价格尚未上升或下降之前发出买卖信号的一种技术工具。

在应用 KDJ 指标时，一般研判标准主要是从 KDJ 三个参数的取值、KDJ 曲线的形态、KDJ 曲线的交叉、KDJ 曲线的背离和 KDJ 曲线的运行状态以及 KDJ 曲线同股价曲线的配合等来考虑。

一、KDJ 的取值

KDJ 指标中，K 值和 D 值的取值范围都是 0～100，而 J 值的取值范围可以超过100和低于0，但在分析软件上K、D、J线的研判范围都是0～100。通常就敏感性而言，J值最强，K值次之，D值最慢，而就安全性而言，J值最差，K值次之，D值最稳。

根据KDJ的取值，可将其划分为几个区域，即超买区、超卖区和徘徊区。按一般划分标准，K、D、J这三值在20以下为超卖区，是买入信号；K、D、J这三值在80以上为超买区，是卖出信号；K、D、J这三值在20～80为徘徊区，宜观望。

一般而言，当K、D、J三值在50附近时，表示多空双方力量均衡；当K、D、J三值都大于50时，表示多方力量占优；当K、D、J三值都小于50时，表示空方力量占优。

二、KDJ 曲线的形态

当KDJ指标曲线图形形成头肩顶底形态、双重顶底形态（M头、W底）及三重顶底等形态时，也可以按照形态理论的研判方法加以分析。

（1）当KDJ曲线在50上方的高位时，如果KDJ曲线的走势形成M头或三重顶等顶部反转形态，可能预示着股价由强势转为弱势，股价即将大跌，应及时卖出股票。如果股价的曲线也出现同样形态，则更可确认，其跌幅可以用M头或三重顶等形态理论来研判。

（2）当KDJ曲线在50下方的低位时，如果KDJ曲线的走势出现W底或三重底等底部反转形态，可能预示着股价由弱势转为强势，股价即将反弹向上，可以逢低少量吸纳股票。如果股价曲线也出现同样形态，则更可确认，其涨幅可以用W底或三重底形态理论来研判。

（3）KDJ曲线的形态中M头和三重顶形态的准确性要大于W底和三重底。

三、KDJ 曲线运行的状态

（1）当J曲线开始在底部（50以下）向上突破K曲线时，说明股价的弱势整理格局可能被打破，股价短期将向上运动，投资者可以考虑少量长线建仓。

（2）当J曲线向上突破K曲线并迅速向上运动，同时曲线也向上突破D曲线，说明股价的中长期上涨行情已经开始，投资者可以加大买入股票的力度。

（3）当 K、D、J 曲线开始摆脱前期窄幅盘整的区间并同时向上快速运动时，说明股价已经进入短线强势拉升行情，投资者应坚决持股待涨。

KDJ 指标实战用法

KDJ 指标又称超买超卖指标，它反映的是多空双方买卖力量的对比，是单一价格因素的评定，具有很强的实用性。

一、KDJ 的买入信号

1. KDJ 曲线的黄金交叉

当股价经过一段很长时间的低位盘整行情，并且 K、D、J 三线都处于 50 以下时，一旦 J 线和 K 线同时向上突破 D 线，表明股市即将转强，股价跌势已经结束，将止跌向上，投资者可以开始买进股票，进行中长线建仓（图 6-22）。这是 KDJ 指标黄金交叉的一种形式。

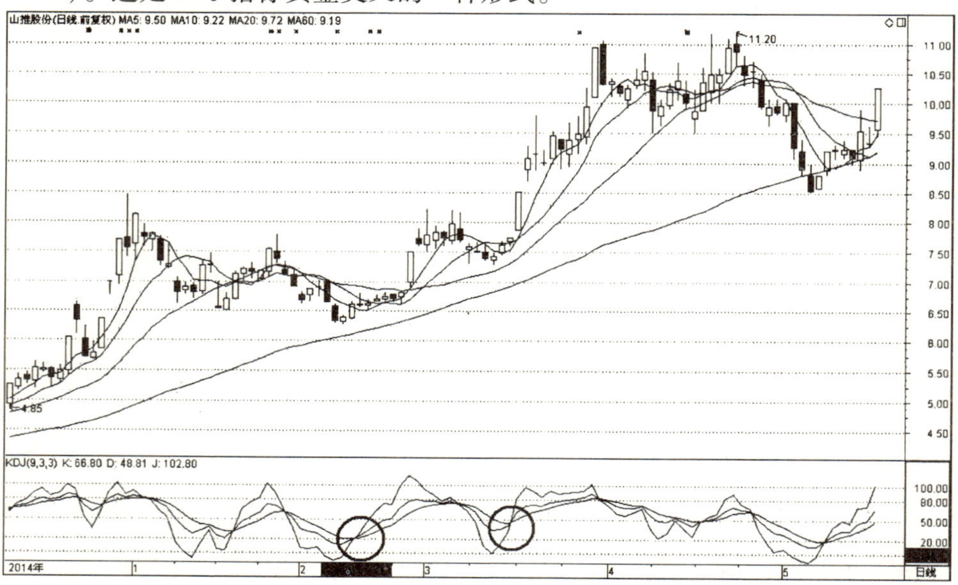

图 6-22 KDJ 曲线的黄金交叉

当股价经过一段时间的上升过程中的盘整行情，并且 K、D、J 线都在 50 附近徘徊时，一旦 J 线和 K 线几乎同时再次向上突破 D 线，成交量再度放出，表明股市处于一种强势之中，股价将再次上涨，可以加码买进股票或持股待涨，这就是 KDJ 指标黄金交叉的另一种形式。

2. KDJ 曲线的底背离

当股价 K 线图上的股票走势一峰比一峰低，股价在向下跌，而 KDJ 曲线图上的 KDJ 指标的走势是在低位一底比一底高，这叫低背离。底背离现象一般是股价低位反转的信号，表明股价中短期内即将上涨，是买入的信号。

二、KDJ 指标的持币、持股信号

（1）当 KDJ 曲线向上突破 80 以后，如果 KDJ 曲线一直运行在 80 以上区域，则意味股价处于强势上涨行情之中，这是 KDJ 指标发出的持股待涨信号，如果股价也同时依托中短期均线上行，这种持股信号更加明显。此时，投资者应坚决短线持股待涨。

（2）当 KDJ 曲线中的三条曲线同时向上运行，表明股价处于强势上升行情之中，这也是 KDJ 发出的持股待涨信号。只要 KDJ 指标中的 K 线和 J 线不向下跌破 D 线，并且 D 线的运行方向始终朝上，投资者则可一路持股待涨。

（3）当 KDJ 曲线向下突破 50 以后，如果 KDJ 曲线一直运行在 50 以下区域，则意味着股价处于弱势下跌行情之中，这是 KDJ 指标发出的持币观望信号，如果股价也同时被中短期均线压制下行，这种持币观望信号更加明显。此时，投资者应坚决持币观望。

（4）当 KDJ 曲线在中高位（50 以上）死叉后，如果三条曲线同时向下发散，表示股价是处于弱势下跌行情之中，这也是 KDJ 指标发出的持币观望信号。此时，投资者应坚决持币观望。

三、KDJ 的卖出信号

1. KDJ 曲线的死亡交叉

当股价经过前期一段很长时间的上升行情后，股价涨幅已经很大的情况

下，一旦J线和K线在高位（80以上）几乎同时向下突破D线时，表明股市即将由强势转为弱势，股价将大跌，这时应卖出大部分股票而不能买股票（图6-23），这就是KDJ指标的死亡交叉的一种形式。

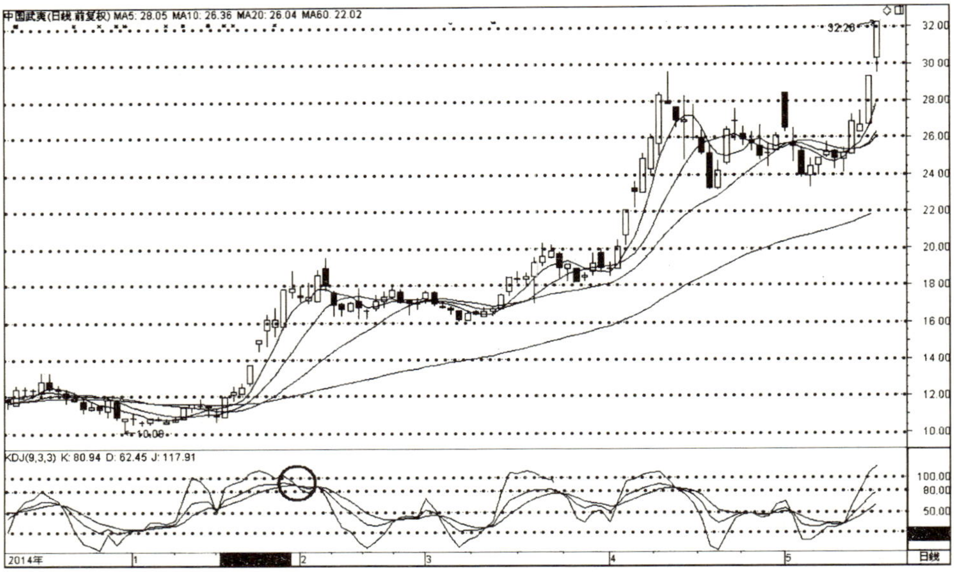

图6-23　KDJ曲线的死亡交叉

当股价经过一段时间的下跌后，而股价向上反弹的动力缺乏，各种均线对股价形成较强的压力时，KDJ曲线在经过短暂的反弹到80线附近，但未能重返80线以上时，一旦J线和K线再次向下突破D线时，表明股市将再次进入极度弱市中，股价还将下跌，此时应该卖出股票或持币观望，这是KDJ指标死亡交叉的另一种形式。

2. KDJ曲线的顶背离

当K线图上的股价走势一峰比一峰高，股价在一直向上涨，而KDJ曲线图上的KDJ指标的走势是在高位一峰比一峰低，这叫顶背离。顶背离现象一般是股价将高位反转的信号，表明股价中短期内即将下跌，是卖出信号（图6-24）。

图 6-24　KDJ 指标顶背离

炒股箴言

KDJ 指标不适合大盘弱时使用，不适合流通盘子小的个股使用，不适合冷门股使用；比较适合大盘强时使用，适合主力控盘个股使用，适合热门个股使用。一般情况下，职业机构把 MACD 指标与 KDJ 指标结合加权，同时考虑成交量来进行强市短线套利和选择中线个股的买卖点。

第四节　RSI 指标分析

相对强弱指标 RSI 是根据股票市场上供求关系平衡的原理，通过比较一段时期内单只股票价格的涨跌的幅度或整个市场指数的涨跌大小来分析判断市场上多空双方买卖力量的强弱程度，从而判断未来市场走势的一种技术指标。它是买卖力量在数量上和图形上的体现，投资者可根据其所反映的行情变动情况及轨迹来预测未来股价走势。在实践中，人们通常将其与移动平均线相配合使用，借以提高行情预测的准确性。

认识 RSI 指标

相对强弱指标 RSI 是一定时期内市场的涨幅与涨幅加上跌幅的比值。从它的构造原理来看，与 MACD、TRIX 等趋向类指标相同的是，RSI 指标是对单只股票或整个市场指数的基本变化趋势做出分析，而与 MACD、TRIX 等指标不同的是，RSI 指标是先求出单只股票若干时刻的收盘价或整个指数若干时刻收盘指数的强弱，而不是直接对股票的收盘价或股票市场指数进行平滑处理（图 6-25）。

RSI 的研判主要是围绕 RSI 的取值、长期 RSI 和短期 RSI 的交叉状况及 RSI 的曲线形态等展开的。一般分析方法主要包括 RSI 取值的范围大小、RSI 数值的超卖超买情况、长短期 RSI 线的位置及交叉等方面。

一、RSI 取值的大小

RSI 的变动范围在 0 ~ 100，强弱指标值一般分布在 20 ~ 80，见表6 - 2。

图 6-25 RSI 指标

表 6-2 RSI 取值

RSI 值	市场特征
80 ~ 100	极强
50 ~ 80	强
20 ~ 50	弱
0 ~ 20	极弱

炒股箴言

这里的“极强”“强”“弱”“极弱”只是一个相对的分析概念，是一个相对的区域。有的投资者也把它们取值为 30、70 或 15、85。

二、RSI 数值的超买超卖

一般而言，RSI 的数值在 80 以上和 20 以下为超买超卖区的分界线。

（1）当 RSI 值超过 80 时，表示整个市场力度过强，多方力量远大于空方力量，双方力量对比悬殊，多方大胜，市场处于超买状态，后续行情有可能出现回调或转势，此时，投资者可卖出股票。

（2）当 RSI 值低于 20 时，则表示市场上卖盘多于买盘，空方力量强于多方力量，空方大举进攻后，市场下跌的幅度过大，已处于超卖状态，股价可能出现反弹或转势，投资者可适量建仓，买入股票。

（3）当 RSI 值处于 50 左右时，说明市场处于整理状态，投资者可观望。

（4）对于超买超卖区的界定，投资者应根据市场的具体情况而定。一般情况下，RSI 数值在 80 以上就可以称为超买区，20 以下就可以称为超卖区。但在特殊的涨跌行情中，RSI 的超卖超买区的划分要视具体情况而定。

三、长短期 RSI 线的交叉

短期 RSI 是指参数相对小的 RSI，长期 RSI 是指参数相对较长的 RSI。RSI 选用天数可为 6 天、12 天或 24 天。一般来说，天数选择短，易对起伏的股市产生动感，不易平衡长期投资的心理准备，做空做多的短期行为增多。天数选择长，对短期的投资机会不易把握。因此，参考 6 天、12 天的 RSI，是比较理智的。比如，6 日 RSI 和 12 日 RSI 中，6 日 RSI 即为短期 RSI，12 日 RSI 即为长期 RSI。长短期 RSI 线的交叉情况可以作为我们研判行情的方法。

（1）当短期 RSI > 长期 RSI 时，市场则属于多头市场。

（2）当短期 RSI < 长期 RSI 时，市场则属于空头市场。

（3）当短期 RSI 线在低位向上突破长期 RSI 线时，一般为 RIS 指标的黄金交叉，为买入信号。

（4）当短期 RSI 线在高位向下突破长期 RSI 线时，一般为 RSI 指标的死亡交叉，为卖出信号。

RSI 指标实战用法

RSI 的应用法则表面上比较复杂，包括了交叉、数值、形态和背离等多方面的判断，但由于 RSI 几乎囊括了所有常用指标的判断方法，因此，如果投资者能够全面掌握 RSI 的应用法则，则会有助于对其他技术指标的理解和应用。

一、RSI 曲线的形态

RSI 指标在高位盘整或低位横盘时所出现的各种形态也是判断行情、决定买卖行动的一种分析方法。

当 RSI 曲线在高位（50 以上）形成 M 头或三重顶等高位反转形态时，意味着股价的上升动能已经衰竭，股价有可能出现长期反转行情，投资者应及时卖出股票（图 6-26）。当 RSI 曲线在低位（50 以下）形成 W 底或三重底等低位反转形态时，意味着股价的下跌动能已经减弱，股价有可能构筑中长期底部，投资者可逢低分批建仓。

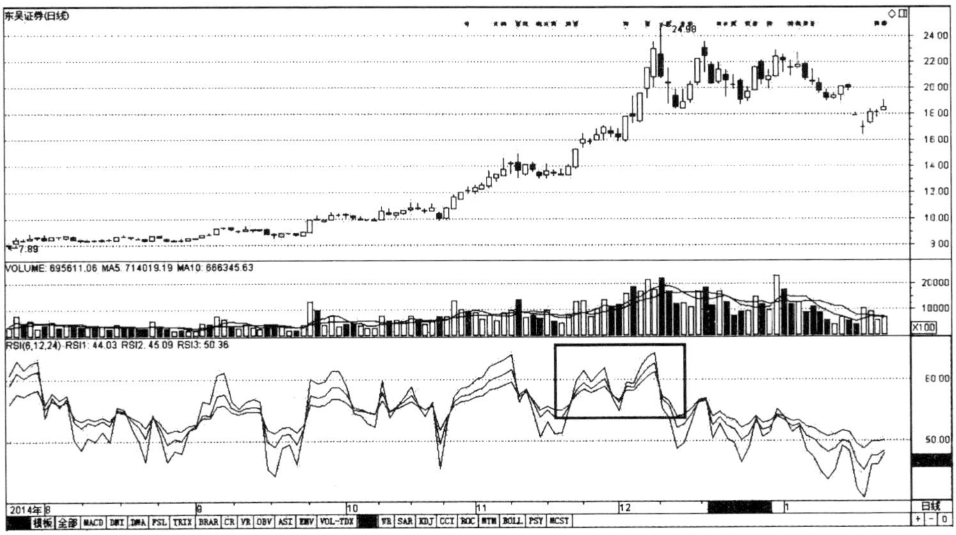

图 6-26 RSI 指标 50 以上形成 M 头

炒股箴言

如果股价走势曲线也先后出现同样形态，则更可确认，股价的上涨幅度及过程可参照 W 底顶或三重底顶等底部反转形态的研判。RSI 曲线顶部反转形态对行情判断的准确性要高于底部形态。同 KDJ 指标一样，当 RSI 在较高或较低的位置形成头肩顶底和多重顶底，就是采取行动的信号。切记，这些形态一定要出现在较高位置和较低位置，离 50 线越远，出错的可能性越小。

二、RSI 曲线的背离

RSI 指标的背离是指 RSI 指标的曲线的走势正好和股价 K 线图的走势方向相反。RSI 指标的背离分为顶背离和底背离两种。

1. 顶背离

当 RSI 处于高位，但在创出 RSI 近期新高后，反而形成一峰比一峰低的走势，而此时 K 线图上的股价却再次创出新高，形成一峰比一峰高的走势，这就是顶背离。顶背离现象一般是股价在高位即将反转的信号，表明股价短期内即将下跌，是卖出信号。

2. 底背离

RSI 的底背离一般出现在 20 以下的低位区。当 K 线图上的股价一路下跌，形成一波比一波低的走势，而 RSI 线在低位却率先止跌企稳，并形成一底比一底高的走势，这就是底背离（图 6－27）。底背离现象一般预示着股价短期内可能反转，是短期买入的信号。

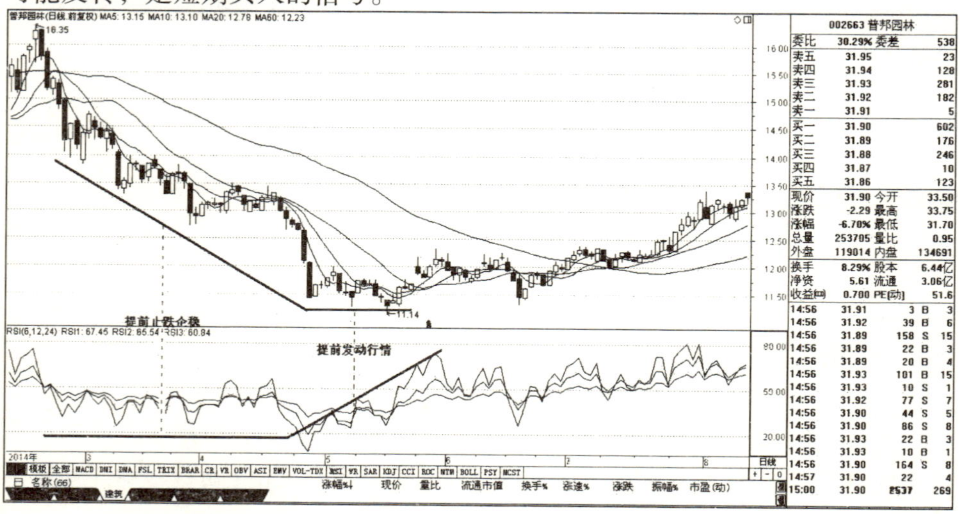

图 6－27　RSI 指标的底背离

炒股箴言

与 MACD 一样，RSI 的背离中，顶背离研判的准确性要高于底背离，当股价在高位，RSI 在 80 以上出现顶背离时，可以认为股价即将反转向下，投资者可以及时卖出股票；而股价在低位，RSI 也在低位出现底背离时，一般要反复出现几次底背离才能确认，并且投资者只能做战略性建仓或短期投资。

三、9 日 RSI 和 12 日 RSI 相结合的买卖功能

（1）当 9 日 RSI 和 12 日 RSI 曲线在 50 数值下方，几乎同时向上突破 50 数值这条 RSI 指标的多空平衡线时，表明市场的多头力量开始增强，股价将向上攀升，这也是 RSI 指标所指示的中线买入信号。特别是当前期股价经过了在一段狭小的价位区间整理，然后带量突破时，这种买入信号比较准确。此时，投资者应及时买入股票。

（2）当 9 日 RSI 曲线和 12 日 RSI 曲线在 80 数值上方运行时，一旦 9 日 RSI 曲线和 12 日 RSI 曲线几乎同时向下突破 80 这条线时，表明多头力量开始衰弱，股价面临向下调整的压力，这是 RSI 指标所指示的短线卖出信号。特别是对于那些短期涨幅较大的股票，这种卖出信号更加强烈。此时，投资者应及时短线离场观望。

（3）当 9 日 RSI 曲线和 12 日 RSI 曲线从高位回落到 50 附近时，如果这两条线短期内不能再度返身向上，一旦 9 日 RSI 曲线和 12 日 RSI 曲线向下突破 50，就意味空头力量开始强大，股价将面临大幅下跌的可能，这也是 RSI 指标所指示的中线卖出信号。特别是对于那些高位盘整的行情，这种卖出信号更加强烈。此时，投资者应中线离场观望。

（4）当 9 日 RSI 曲线和 12 日 RSI 曲线在高位（80 左右）几乎同时向下运行时，表明多头力量有所衰弱、空头力量开始增强，股价将出现短线调整行情，这是 RSI 指标所指示的持币观望信号。特别是对于那些近期短线涨幅过大的股票，这种短期内持币观望的信号更加明显。

（5）当 9 日 RSI 曲线和 12 日 RSI 曲线在 50 附近时，如果这两条曲线几乎同时跌破 50 并向下运行，表明空头力量占绝对优势，股价将继续下跌，这也是 RSI 指标所指示的持币观望信号。特别是对于那些前期涨幅过大的股票，这种信号更加明显。此时，投资者应坚决持币观望。

四、12 日 RSI 和 72 日 RSI 相结合的买卖功能

（1）当 12 日 RSI 曲线在 50 数值附近向上突破 72 日 RSI 曲线形成金叉时，表明市场多头力量开始强于空头力量，股价将大幅上扬，这是 RSI 指标所指示的中线买入信号。特别是当股价也同时带量向上突破中长期均线时，这种买入信号更加准确。此时，投资者应及时逢低买入。

（2）当 12 日 RSI 曲线和 72 日 RSI 曲线在 60 数值上方运行了比较长的时间时，一旦 12 日 RSI 曲线向下突破 72 日曲线形成死叉，表明多头力量已经衰弱，股价将开始大幅下跌，这是 RSI 指标指示的短线卖出信号。特别是对于那些前期涨幅过大的股票，这种卖出信号更加准确。此时，投资者应及时清仓离场。

（3）当 12 日 RSI 曲线和 72 日 RSI 曲线从高位回落到 50 附近时，一旦 12 日 RSI 曲线向下突破 72 日 RSI 曲线，就意味多头力量已经衰弱，空头力量开始强大，股价将面临大幅下跌的可能，这是 RSI 指标所指示的中线卖出信号。特别是对于那些高位盘整的股票，这种卖出信号更加强烈。此时，投资者也应中线离场观望。

第五节　BOLL 指标分析

布林通道线（BOLL）是根据统计学中的标准差原理设计出来的一种相对比较实用的技术指标。参考布林线进行买卖，不仅能指示支撑、压力位，显示超买、超卖区域，进而指示运行趋势，还能有效规避主力惯用的技术陷阱，即诱多或诱空。该技术手段特别适用于波段操作。

认识 BOLL 指标

BOLL 指标又称布林线或布林带，是由约翰布林（John Boilinger）发明的一种包络线分析方法。包络线也是由移动平均线延伸而来的一种曲线，它的构建方法是在移动平均线的上下方相等距离的位置建立两条平行的曲线，移动平均线是包络线的价格中心。包络线可以根据规则画很多种，BOLL 线就是在原有规则上延伸的一种画法。

布林线由上、中、下三条轨道线组成，多数情况下，价格总是在这个带状区间运行，并且随价格的变化自动调整轨道的位置，而带状的宽度可以看出价格的变动幅度，越宽则表示价格变化越大（图 6-28）。

图 6-28 BOLL 指标

当布林线的上、中、下轨线同时向上运行时，表明股价强势特征非常明显；当布林线的上、中、下轨线同时向下运行时，表明股价的弱势特征非常明显；当布林线的上轨线向下运行，而中轨线和下轨线却还在向上运行时，表明股价处于整理态势之中。如果股价处于长期上升趋势，则表明股价是上涨途中的强势整理；如果股价处于长期下跌趋势，则表明股价是下跌途中的弱势整理。

BOLL 指标的参数一般设置为 20，不能小于 6。设置为 20 是比较科学的一种设定，现今股票软件基本均默认为 20。

通过 BOLL 指标可以评估股票走势的强弱，当价格线位于布林线中轨以上时，趋势偏强；当价格线处于布林线中轨以下时，则趋势看淡。布林通道的两极为上轨和下轨，表示极强和极弱。

由于股价的波动，BOLL 指标中的上、中、下轨线所形成的股价通道，其移动范围具有不确定性。通道上下线会随股价的波动不断变化，正常情况下股价应运行于股价通道内，若股价脱离通道，则意味着行情处于极端的超买或超卖状态。

一般来说，股价会运行在压力线和支撑线所形成的通道中。在应用该指标时，重点在于波动带的变动和指数或股价对波动带的穿越。一般而言，当布林线的波动带呈水平方向移动时，可以被视为目前的趋势以横盘运行为主，属于常态的范围。在这种情况下，当股价向上穿越上轨时，将会形成短期的回档，可以看作是短线的卖出信号；股价向下穿越下轨时，将会形成短期的反弹，此时则为短线的买进时机。但股指或股价经过一段时间的横盘运行后，布林线的波动带区间有收窄迹象，即上轨和下轨相互靠拢时，则表示将要开始出现变盘。此时若股价连续穿越上轨，表示股价将朝上涨方向运行；而当股价连续穿越下轨，表示股价将朝下跌方向运行。

BOLL 指标实战用法

布林通道的趋势一旦确立会体现出其持续性，也就是一个中线行情的持续性，而且布林通道的趋势与股价的运行趋势有趋同性，再利用布林线对股价的支撑和反压的作用，可以对股票做出是持股或是观望的判断。BOLL 指标的实战技巧主要集中在股价 K 线（或美国线）与 BOLL 指标的上、中、下轨之间的关系及布林线的开口和收口的状况等方面。

一、买入信号

（1）当股价K线带量向上突破布林线的上轨，并且TRIX指标也已经发出低位金叉时，说明股价即将进入一个中长期上升通道之中，这是BOLL指标发出的买入信号（图6-29）。此时，投资者应及时买入股票。

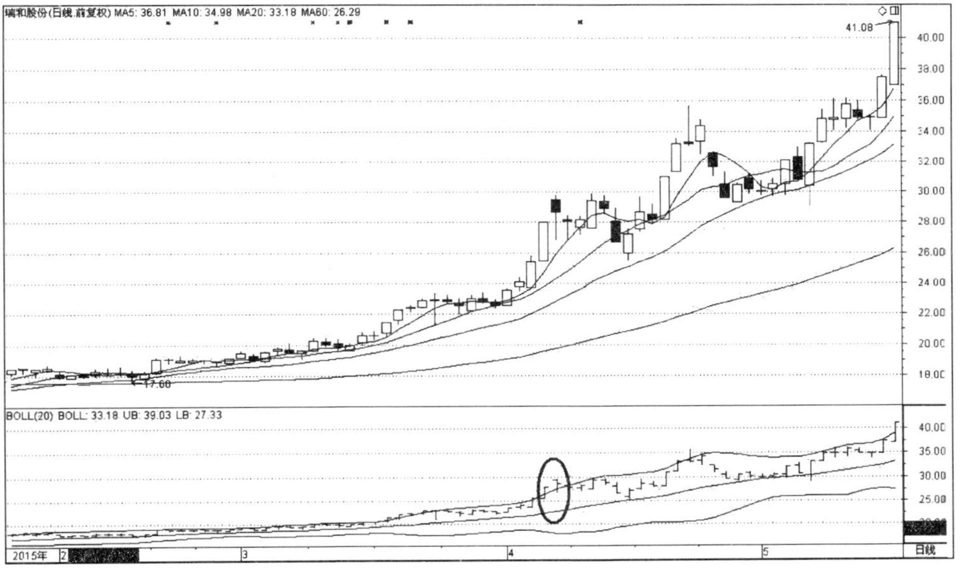

图6-29　K线带量向上突破布林线的上轨确定买入时机

（2）当布林线轨道经过很长一段时间的低位窄幅水平运动后，一旦股价K线带量向上突破布林线的上轨，同时原本狭窄的布林线通道突然开口向上，说明股价即将脱离原来的水平运行通道，进入新的上升通道之中，这也是BOLL指标发出的买入信号（图6-30）。

（3）拐点买入：布林通道的上下轨之间的距离是随着股票价格的波动而反复扩大和收窄。当股价经过较长时间的低迷，股价的波动范围缩小在一个很小幅度时，布林通道上下轨之间的距离会逐渐收窄，甚至在一段时间内呈水平运动。但随着股票价格逐渐活跃，布林通道的张口会缓慢地收窄后再逐渐扩大。在这一过程中总可以找到布林通道的上下轨距离最小的一天。我们把这个点定义为拐

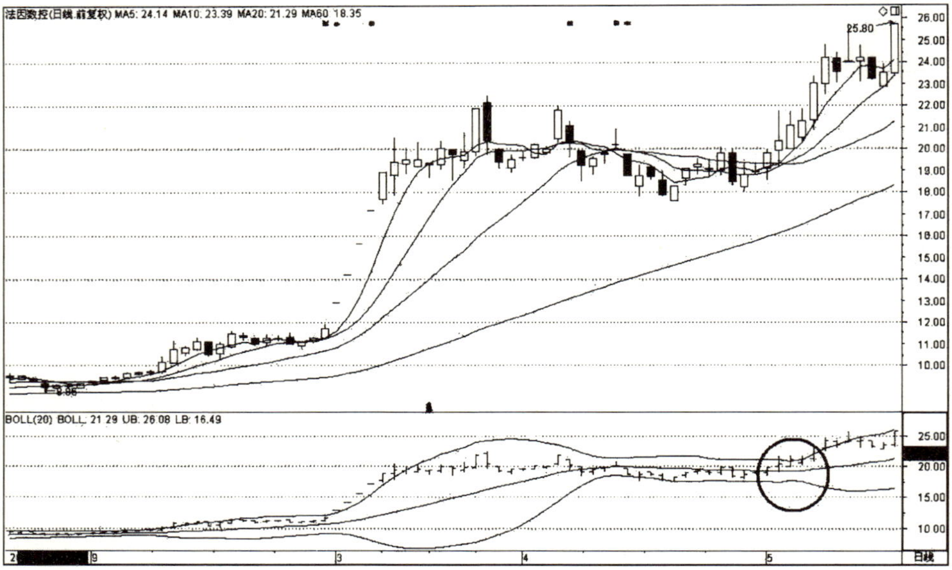

图 6-30 布林线通道窄幅运动后开口向上确定买入时机

点。当股价上穿中轴，中轴线向上转折，股价低点抬高时买进。当上下轨的幅度小于 10% 时，表明该股应当予以关注，买入时机已逐渐成熟。如果上下轨的幅度在 5% 附近，则可以逐渐买进，待拐点确立后加仓买进（图 6-31）。

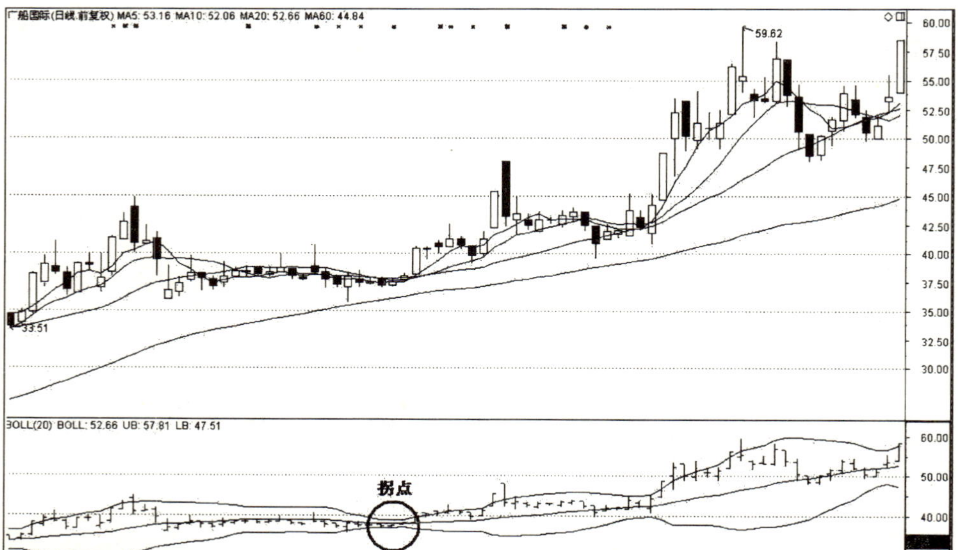

图 6-31 拐点确定买入信号

二、持股持币信号

（1）当布林线开口向上后，只要K线始终运行在布林线的中轨上方，说明股价一直处在一个中长期上升轨道之中，这是BOLL指标发出的持股待涨信号，如果TRIX指标也同时发出持股信号，这种信号更加准确。此时，投资者应坚决持股待涨。

（2）当布林线开口向下后，只要股价K线始终运行在布林线的中轨下方，说明股价一直处在一个中长期下降轨道之中，这是BOLL指标发出的持币观望信号，如果TRIX指标也同时发出持币信号，这种信号更加准确。此时，投资者应坚决持币观望。

三、卖出信号

（1）当股价K线向下突破布林线的中轨，并且TRIX指标也已经发出高位死叉时，说明股价即将进入一个中长期下降通道之中，这是BOLL指标发出的卖出信号。此时，投资者应尽早清仓离场。

（2）当布林线轨道经过很长一段时间的高位窄幅水平运动后，一旦股价K线向下突破布林线的下轨，同时原本狭窄的布林线通道突然开口向下，说明股价即将脱离原来的水平运行通道，进入新的下降通道之中，这也是BOLL指标发出的卖出信号。

（3）拐点卖出：拐点卖出与拐点买入的最大不同是此时股价往往处于相对高位，股价在下跌初期受到多头的抵抗，日K线在高位形成短暂的整理或小幅的反弹，使股价呈现一定的反复，也使得布林通道在高位形成拐点，这种拐点是强烈卖出信号。价格走势的高点，布林通道中轨向下，如布林线上下轨幅度小于10%，卖点更可靠。

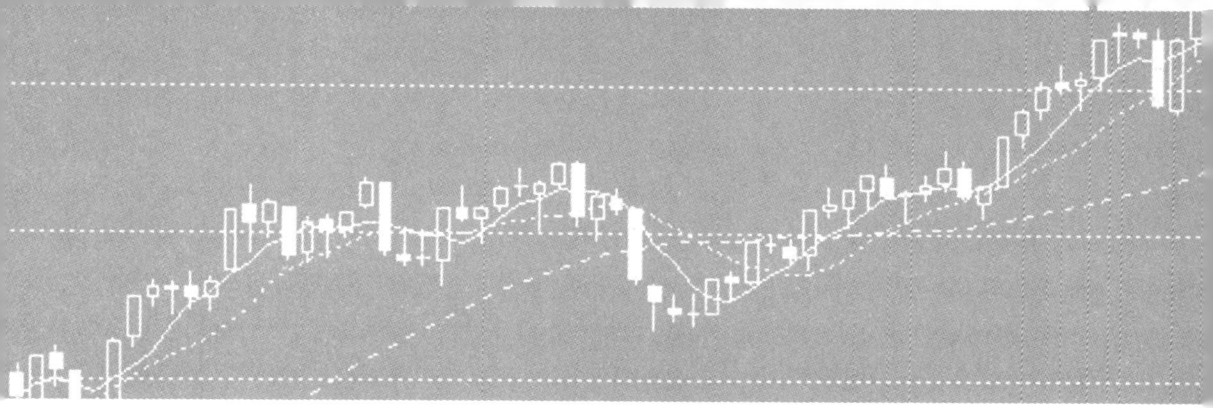

第七章
股价波动先行官——量价关系分析

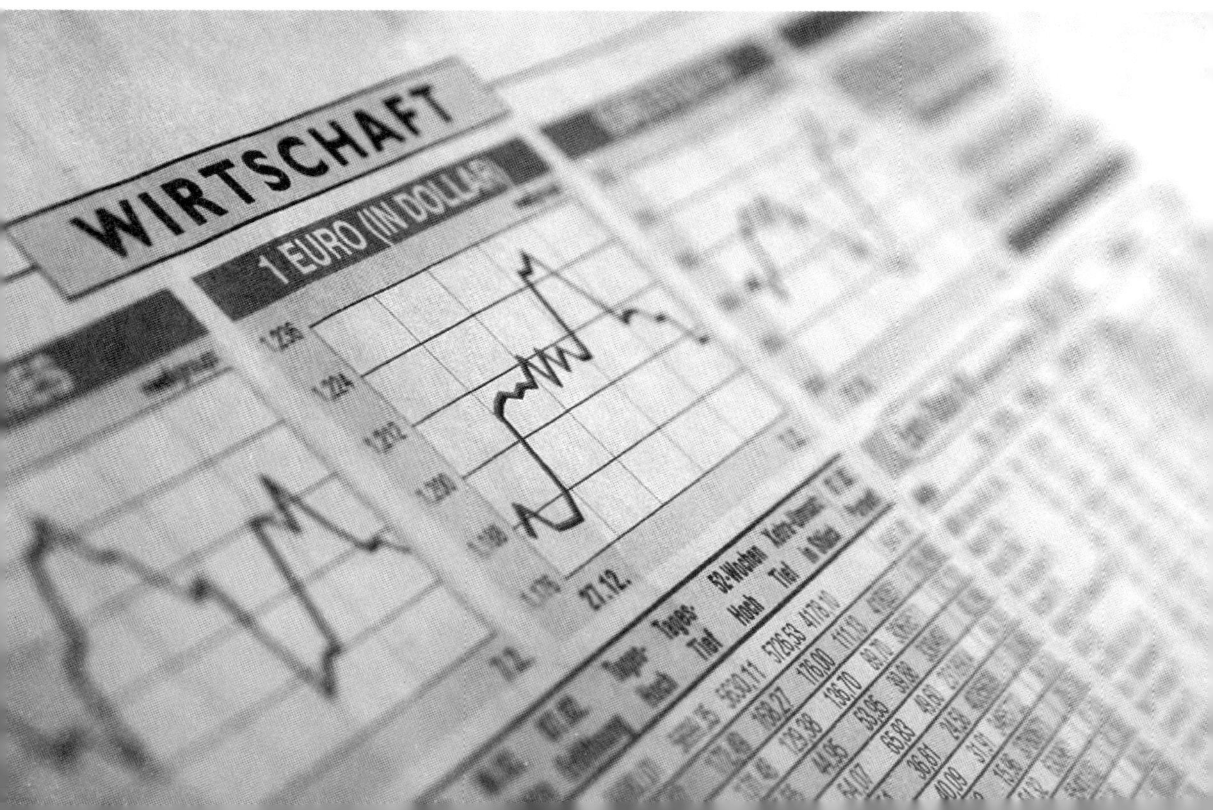

在股市中，有四大要素，分别是量、价、时、空，而成交量排在四大要素的第一位，即先有量，后有价。可见，成交量的变化与股价涨跌之间有着非常密切的联系。

第一节　了解成交量

成交量是一种供需的表现，指一个时间单位内对某项交易成交的数量。当供不应求时，人潮汹涌，都要买进，成交量自然放大；反之，供过于求，市场冷清，人气稀少，成交量势必萎缩。而将人潮加以数值化，便是成交量。广义的成交量包括成交股数、成交金额、换手率；狭义的也是最常用的是仅指成交股数。

成交量的形态

所谓成交，当然是有买有卖才会达成，光有买或光有卖绝对达不成成交。成交必然是一部分人看空后市，另外一部分人看多后市，造成巨大的分歧，又各取所需，才会成交。根据成交量变化的大小和快慢，可以将其分为放量、缩量、堆量及量不规则放大或缩小 4 种形态。不同的形态预示着不同的股价走势，通常投资者对股价的后期走势看法不一致时，成交量就会放大，反之，投资者对股价的后期走势看法一致时，成交量就会缩小。

一、缩量

缩量是指市场成交极为清淡，大部分人对市场后期走势十分认同，意见十分一致。这里面又分两种情况：一是市场人士都十分看淡后市，造成只有人卖，却没有人买，所以急剧缩量；二是市场人士都对后市十分看好，只有人买，却没有人卖，所以又急剧缩量。

缩量一般发生在趋势的中期，大家都对后市走势十分认同，下跌缩量，碰到这种情况，就应坚决出局，等量缩到一定程度，开始放量上攻时再买入。同样，上涨缩量，碰到这种情况，就应坚决买进，坐等获利，等股价上冲乏力，有巨量放出的时候再卖出（图 7-1）。

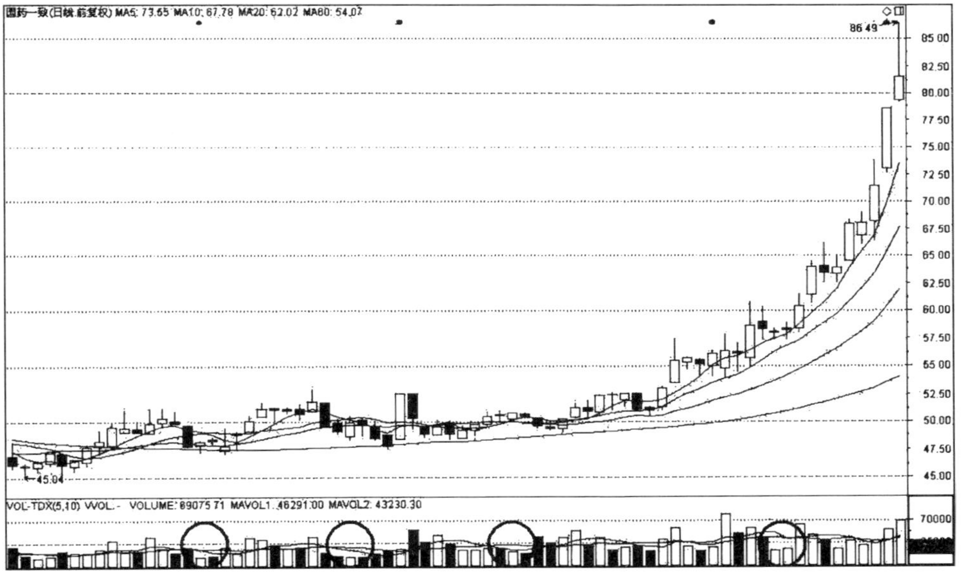

图 7-1　缩量

二、放量

放量一般发生在市场趋势发生转折的转折点处，市场各方力量对后市分歧逐渐加大，在一部分人坚决看空后市时，另一部分人却对后市坚决看好，一些人纷纷把家底甩出，另一部分人却在大手笔吸纳。放量的形态如图 7-2 所示。

放量相对于缩量来说，有很大的虚假成分，控盘主力利用手中的筹码大手笔对敲放出天量，是非常简单的事。但我们也没有必要因噎废食，只要分析透了主力的用意，也就可以将计就计“咬他一大口”。

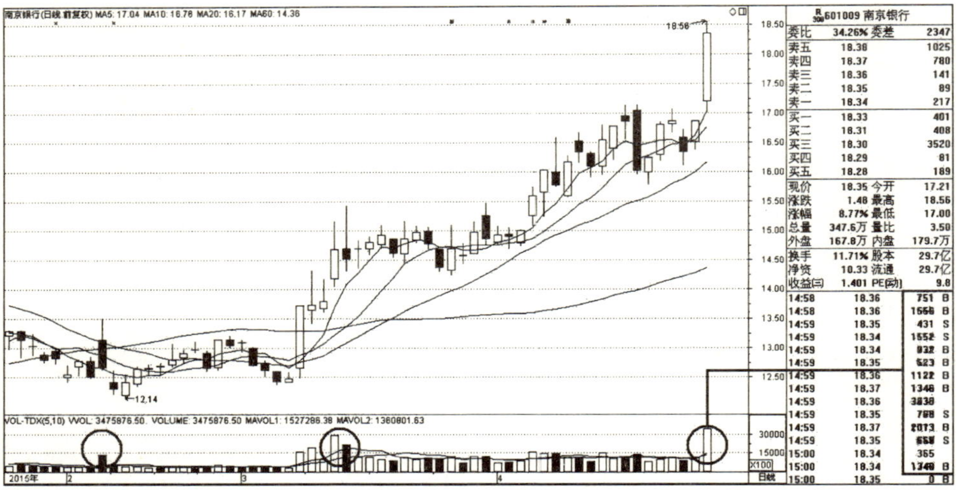

图 7-2　放量

三、堆量

当主力意欲拉升时，常把成交量做得非常漂亮，几日或几周以来，成交量缓慢放大，股价慢慢推高，成交量在近期的 K 线图上，形成了一个状似土堆的形态，堆得越漂亮，就越可能产生大行情。相反，在高位的堆量表明主力已不想玩了，在大举出货。堆量的基本形态如图 7-3 所示。

四、量不规则性放大缩小

这种情况一般是没有突发利好或大盘基本稳定的前提下妖庄所为，风平浪静时突然放出巨量，随后又没了后音，一般是实力不强的庄家在吸引市场关注，以便出货。

无论怎样，成交量只是影响市场的几大要素之一，市场是一个有机的整体，绝不可把它分开来看，犯盲人摸象的错误，综合分析、综合判断，结果才会最准确。

图 7-3　堆量

量价关系

股价涨跌与成交量有着密切关系，成交是买卖双方的目的，也是买卖的本质所在。没有成交量的市场，也就无所谓价格。成交量是股价运行的动力，也是投资者分析股价行情并做出投资决策的重要依据。投资者可以通过分析量价关系来判断和预测股价后期走势，从而把握买卖时机。量价关系的常见形态，包括地量地价、天量天价、量增价升、量增价升、量缩价跌、量增价跌、量缩价涨和量平价涨共 8 种。

一、地量地价

地量地价是指某只股票只有微弱的成交量时，该股股价也就保持在相当低的价位，此现象多会出现在行情底部，并延续很长一段时间（图 7-4）。出现地量地价后，该股行情比较清淡，相对稳定，波动幅度很小，延续时间很长，对中长期投资者而言，是买进做多的好时机。

图 7-4 地量地价

二、天量天价

天量天价是指股价经过大幅上涨后，在高价位放出巨量，同时股价也再度出现大涨（图 7-5）。天量天价大多出现在股价见顶附近，如果出现天量天价，股价又在顶端出现滞涨现象，意味着股价行情即将反转下跌，是尽早卖出的时候了。

三、量增价平

量增价平是指成交量在放大的情况下，股价却并没有同步上涨，而是在维持原价位的基础上小幅波动（图 7-6）。量增价平是比较常见的量价关系形态，它可以出现在股价运行的任何阶段和任何位置，但所表达的市场意义不同。

股价经过持续下跌的低位区，出现成交量增加股价企稳现象，此时一般成

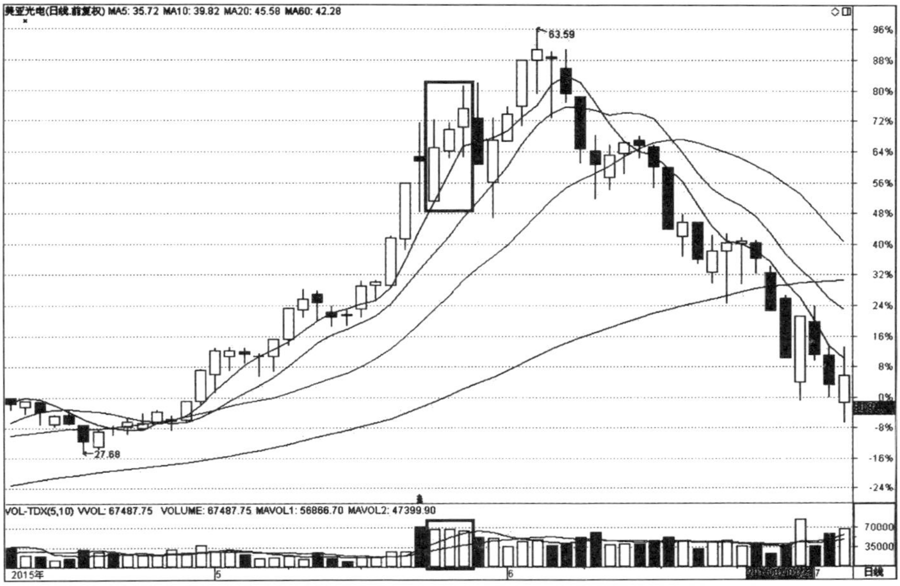

图 7-5　天量天价

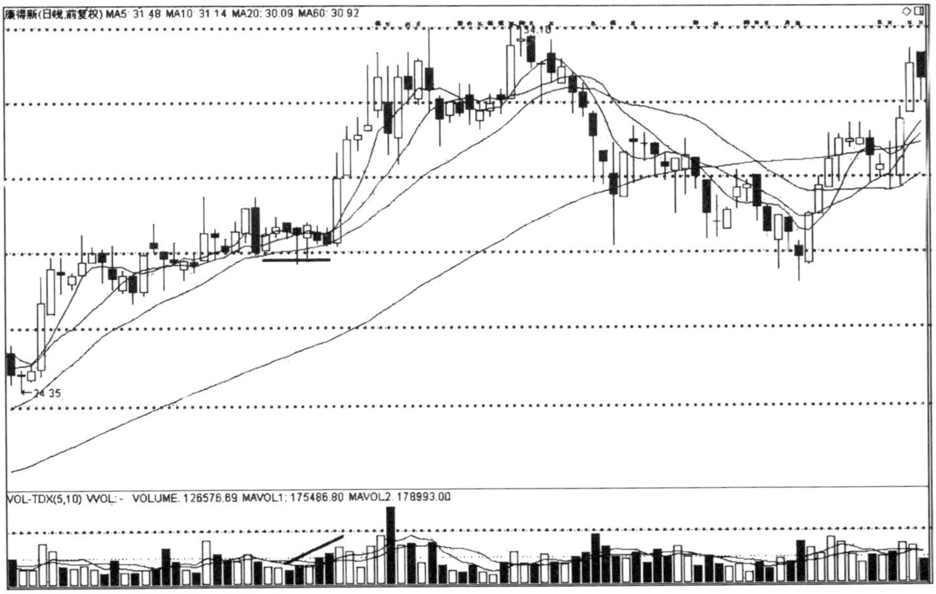

图 7-6　量增价平

交量的阳柱线明显多于阴柱，凸凹量差比较明显，说明底部在积聚上涨动力，有主力在进货，为中线转阳信号，可以适量买进持股待涨。有时在上升趋势中途也会出现量增价平，则说明股价上行暂时受挫，只要上升趋势未破，一般整理后仍会有行情。

四、量增价升

量增价升又称放量上涨，是指股价随着成交量的放大同步上涨，它是量价相合的经典形态。如果成交量持续增加，股价趋势也转为上升，这是短中线最佳的买入信号（图 7-7）。量增价升是最常见的多头主动进攻模式，应积极进场买入，与庄共舞。

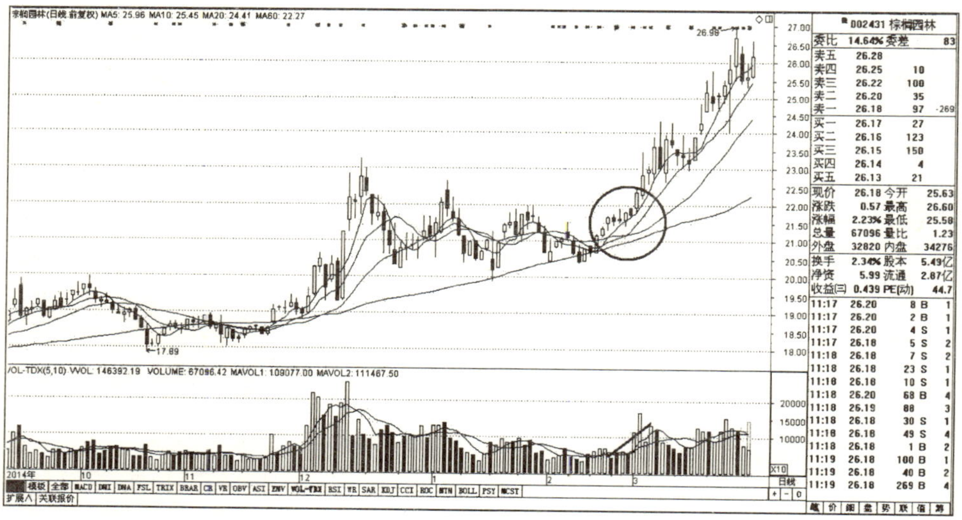

图 7-7 量增价升

量增价升主要出现在股价从底部区域开始反弹上涨的过程中，伴随成交量的放大，说明有不少资金介入，跟进做多的力量得到加强。量增价升也常出现在上涨的中途，与上涨之初的市场意义一致，意味着股市后期还有上涨的空间，可以继续跟进做多。

五、量缩价跌

量缩价跌又称缩量下跌，是指股价伴随成交量的萎缩而同步下跌（图 7-8）。量缩价跌可以出现在股价运行的任何阶段和任何位置，但其表达的市场意义是不一样的。

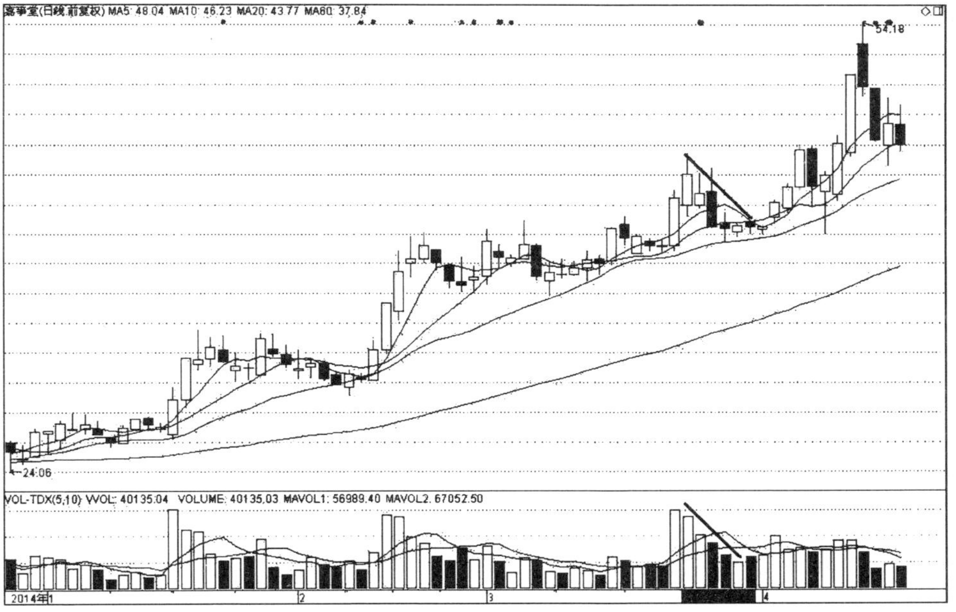

图 7-8 量缩价跌

如果成交量继续减少，股价趋势开始转为下降，为卖出信号。此为无量阴跌，底部遥遥无期，所谓多头不死跌势不止，一直跌到多头彻底丧失信心斩仓认赔，爆出大的成交量，跌势才会停止，所以在操作上，只要趋势逆转，应及时止损出局。

若出现在下跌的底部，接近地量地价形态时，说明空方力量已经耗尽，是抄底介入的好时机；若出现在上涨途中，说明股价出现调整状态，多空力量在相互搏杀，若空方获胜，预示股价将反转下跌，若多方获胜，预示股价将继续上涨。

六、量增价跌

量增价跌是指在成交量放大的情况下，股价出现不涨反跌的走势（图7-9）。量增价跌形态一般出现在股价经过长期上涨后达到高价位的区域，股价经过长期大幅下跌之后，出现成交量增加，即使股价仍在下落，也要慎重对待极度恐慌的“杀跌”。低价区的增量说明有资金接盘，表示后期有望形成底部或反弹的产生，持股者可趁反弹逢高卖出。有时若在趋势逆转跌势的初期出现量增价跌，那么更应果断地清仓出局。

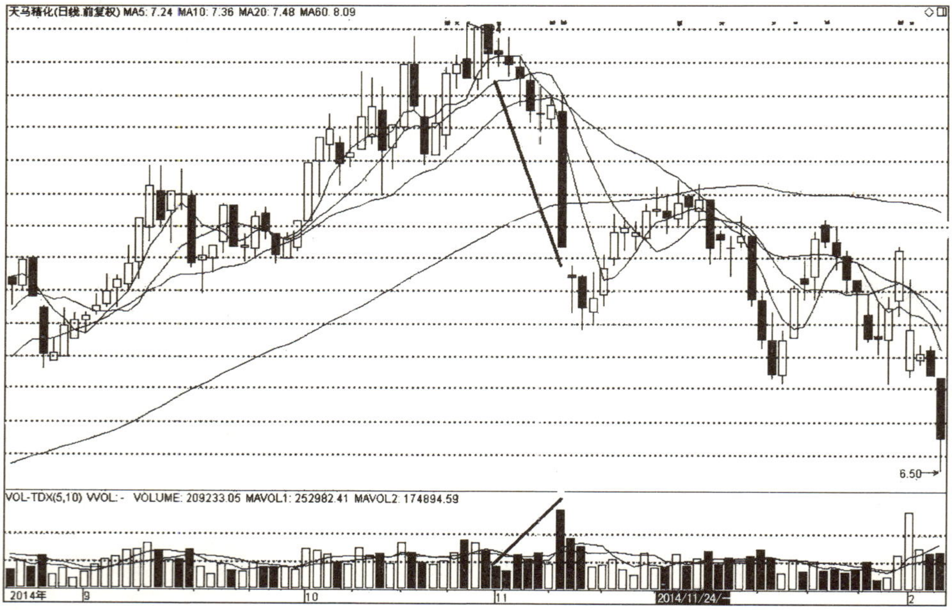

图7-9　量增价跌

七、量缩价涨

量缩价涨是指成交量在缩小的情况下，股价出现不跌反而持续上涨的走势（图7-10）。不同的行情阶段持续量缩价涨形态，表示的市场意义不同。一般来讲，出现量缩价涨形态，说明股价的上涨没有得到市场的认可，成交量不大，上涨空间有限，继续上涨的行情难以维持；在股市行情中，这种情况常会出现在股价下跌的过程中和股价上涨到顶端附近的行情中。

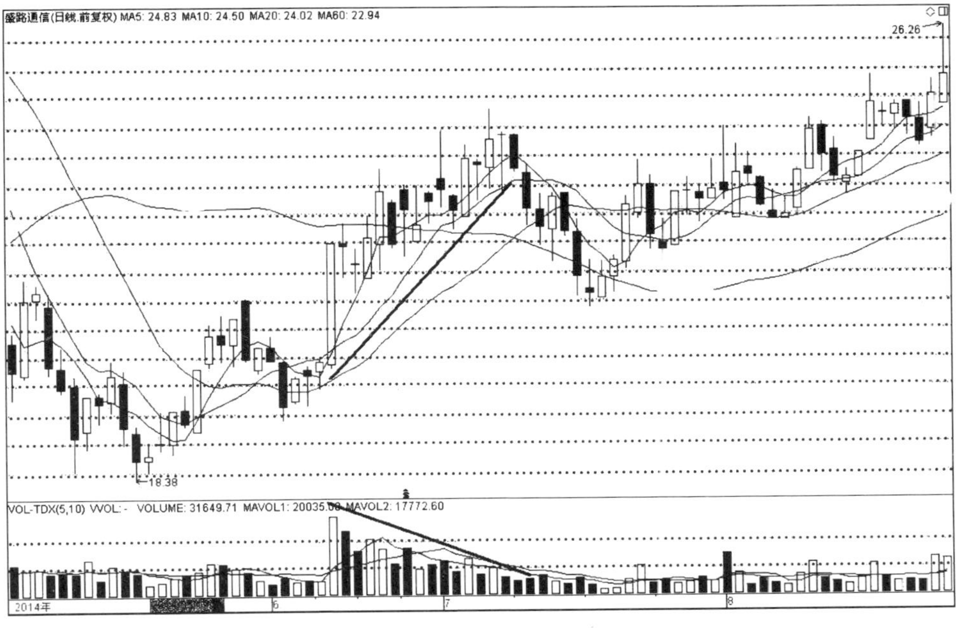

图 7-10 量缩价涨

八、量平价涨

量平价涨是指成交量变化很小，几乎保持在同一个水平线上，但股价却在上涨（图 7-11）。量平价涨形态大多出现在股价冉冉上升或缓慢上升的过程中，成交量始终保持在一定的水平上，变化不会很大。这说明多空力量比较平衡，但多方力量始终占据一定的优势，股价缓缓上升，只要股价没有达到一定的高价位，该股后市继续上涨的可能性仍然较大。

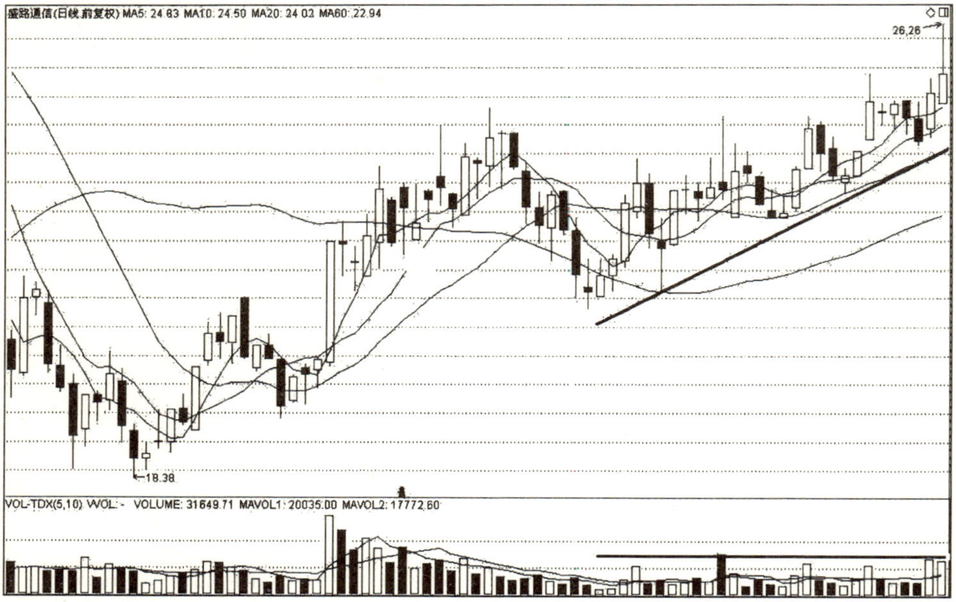

图 7-11 量平价涨

识别成交量陷阱

成交量陷阱是指庄家在股票交易市场或个股买卖交易的数量上制造假象，达到出货的目的。成交量可以反映买卖双方主力进入或退出市场的情况，是衡量股票市场或个股交易活跃程度的重要指标，指示着市场变动的趋向和庄股的动向。

实战操作中，许多主力机构不但经常利用操纵股价来骗人，同时也常常利用成交量来骗人，设置陷阱，让许多对技术分析似懂非懂的投资者上当受骗，达到主力机构操作的目的。主力利用成交量设置陷阱的一些常用技巧：

一、对倒放量拉升

这是操作中经常可以看到的盘口现象。主力利用人们的“量增价升”惯性思维，在拉升股价时采取不断的大手笔对敲的方法，持续放出大成交量，制造买盘实力强劲假象，以吸引场外跟风盘进入，达到趁机出货的目的。

二、缩量阴跌

缩量阴跌是量价分析中常见的一种组合形态，具有重要的技术分析意义。股价经放量冲高后开始回落，成交量同步萎缩，显示抛压逐步衰竭，股价即将见底回升（图7-12）。但是，缩量阴跌并不总是抛压衰竭的标志，有时候它恰恰是无庄照看，股价随波逐流的标志。这时候，股价将陷入缩量阴跌陷阱中，从此步入漫漫熊途。

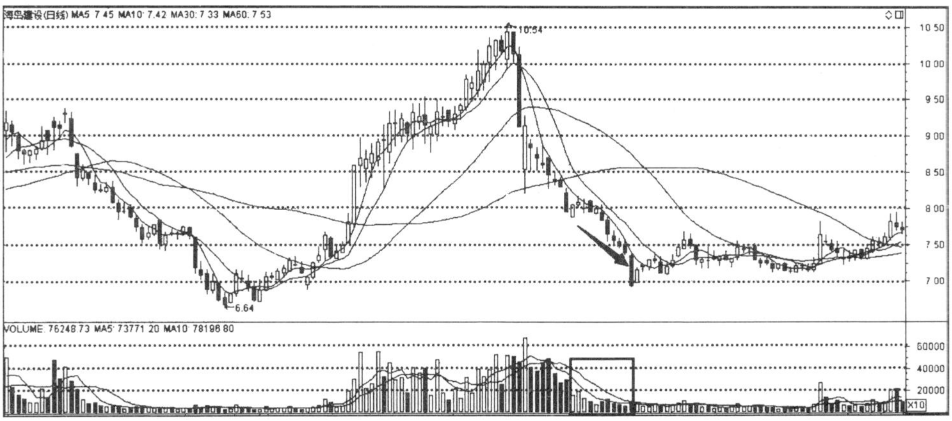

图7-12　缩量阴跌

三、借利好放量大涨

当个股在公布中报、年报业绩优异之时，以及重大利好消息或有题材出现之前，主力机构一般都能提前掌握各种利好消息而提前推升股价，一旦利好兑现，利用人们纷纷看好买进的时候，往往顺势放量上涨，趁机减仓或出货，诱骗散户上当（图7-13）。

四、借利空大幅杀跌

这种情况往往出现在大盘和个股已经持续下跌之后，一旦出现利空消息，主力经常喜欢采取放大利空效应，利用大手笔对敲来打压股价，刻意制造恐慌

图 7-13 借助利好大幅上涨后高开低走进入盘整

性破位下行或大幅杀跌，诱骗持股心态不稳的散户纷纷抛售股票，以达到主力借机快速收集筹码的目的（图 7-14）。主力在建仓后进行震仓洗盘时也会经常采取这种手法。

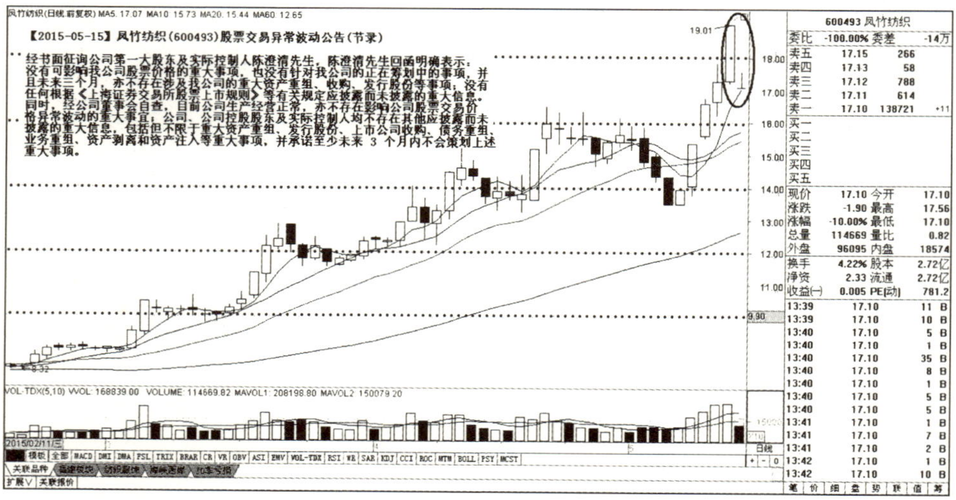

图 7-14 借利空大幅杀跌

五、缩量空涨

缩量空涨是一个危险的信号，因为这显示多头能量不足，追高意愿不足，股价随时都会下跌，特别是价涨量缩更被认为是走势即将反转下行的前兆（图 7-15）。但是需要注意的是，在市场化程度高、人为操纵行为少的市场中，缩量空涨的参考价值相对较高；但是如果市场受到较多的人为操纵，则该法则就可能被扭曲，甚至被大资金所利用。

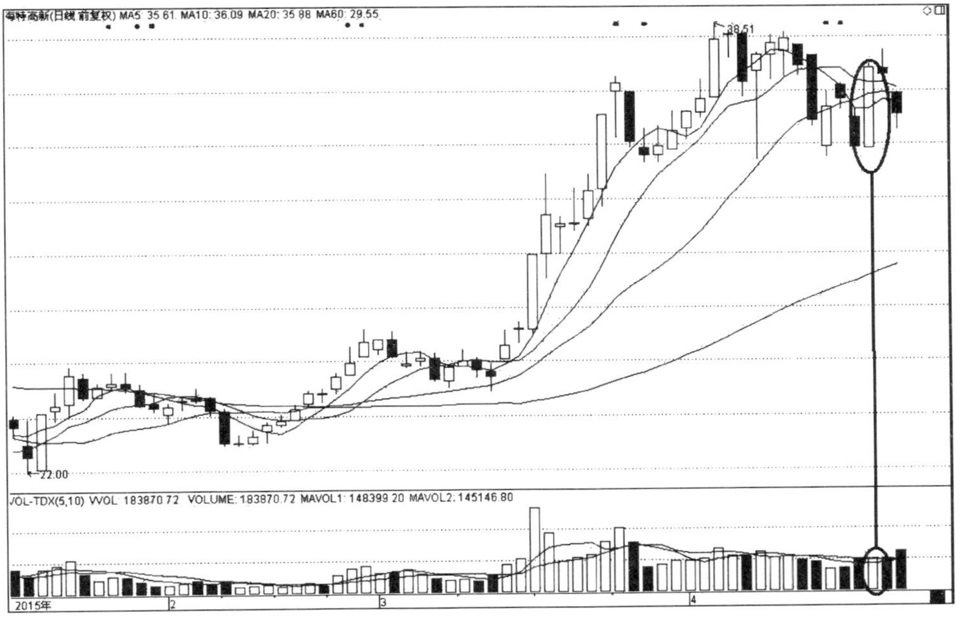

图 7-15 缩量空涨

六、逆市放量上涨

有些股票本身随大盘同步下跌，或逆市抗跌，构筑平台整理，某一天在大势放量下跌，个股纷纷翻绿之时，而该股逆势飘红，放量上攻，“万绿丛中一点红”，很是吸引众人眼球（图 7-16）。这时候，许多投资者会认为，该股敢于逆势上扬，一定是有潜在的利好，或者有大量新资金入驻其中，于是大胆跟进。不料该股往往只有一两天的短暂行情，随后反而加速下跌，致使许多在放量上攻当日跟进的人套牢。

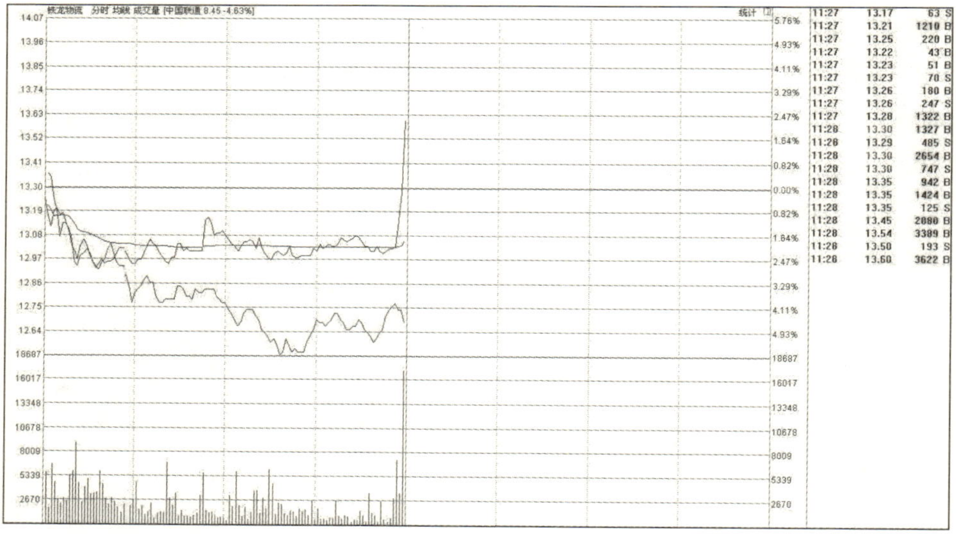

图 7-16 逆市放量上涨

总的来说，主力机构为了达到洗盘或出货的目的，一般都会想方设法引诱中小散户跟风追涨或杀跌。随着广大投资者对主力操盘手法的逐渐认识，主力制造陷阱的手法也越来越隐蔽，越来越多变。投资者必须要学会正确识别各种成交量陷阱，防范风险，具体可根据当时的大盘背景、个股盘口异常，以及个股具体位置的高低综合分析，即可准确识别。

炒股箴言

根据成交量，并不能准确判断价格趋势的变化，至少还要有价格确认。虽然成交量是价格变化的一个重要因素之一，也是一个可能引起本质变动的因素，但是在大多数时候，成交量只起到催化剂的作用。

第二节 量价关系分析

量价分析是成交量和价格之间的关联性分析。通常而言，在股价的不同阶段，如果出现不同的成交量，其含义是不同的。成交量是股市的元气，成交量的变动直接表现为市场交易人气是否旺盛，并由此体现出市场供给与需求之间的实时状况。

牛市里的量价关系

牛市里的量价关系可以分为三个阶段进行分析。

一、多头开始阶段

当个股股价从一个长期的底部开始向上运行时，由于很多持股者依然不看好后市，此时的股票供应量往往会比前期底部的时候要多，导致买入者能买到较多的股票。这个时候，市场常表现出量增价平、量平价增或量增价涨的温和状态（图7–17）。

二、多头持续阶段

当个股股价从启动阶段进入明显的上升趋势后，买卖成交量随着股价的上扬下挫出现对应的增减变化。但总体来说，股价大幅上升，会导致成交量大幅增加的局面。这个时候，市场呈现出的是量增价涨的强势状态（图7–17）。

三、多头疯狂阶段

当个股股价经过一段时间的上涨进入高价位区间后，由于买卖双方的意见

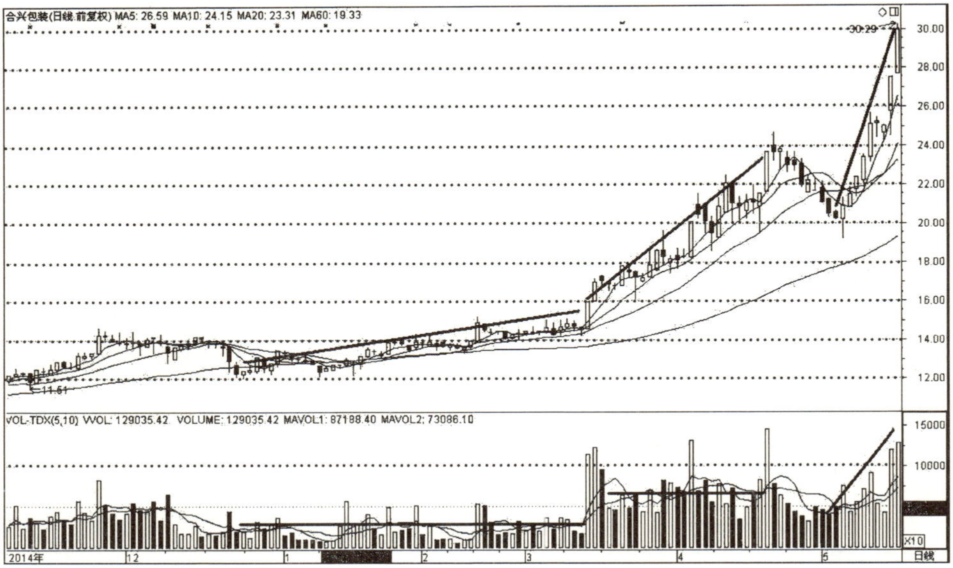

图 7-17　牛市多头开始阶段与持续阶段的量价特征

分歧越来越大，导致成交量巨大，同时股价上下跌宕起伏，直至后期买入者减少，成交量无法继续放大。这个时候，市场往往会呈现出量缩价涨的势头。

熊市里的量价关系

熊市里的量价关系分析也可以分为三个阶段。

一、空头发力阶段

当个股股价从高价位区间逐渐下滑后，很多刚刚介入的交易者还没有盈利，因此拿着股票不愿意卖出，指望股价回升；同时后续的交易者发现趋势有反转的迹象，也不愿意在此买进，于是市场便形成了量缩价跌的情形。

二、空头持续阶段

当个股股价进入持续的下跌阶段后，明显的熊市信号出现，诸多有经验的交易者开始持币观望，即使持股者急于降价成交，也往往找不到买主，于是市场往往呈现出无量阴跌的情形。这是空头能量未能得到释放的时期，交易者不可轻易抢反弹。

三、空头衰竭阶段

当个股股价经过较长时间和较大幅度的下跌后，将步入一个相对低价的区间，于是激进的投资者开始买入，而等待许久的持股者终于找到了买主，所以成交量开始激增。但一直要等到空头的能量完全释放之后，股价才能站稳并出现趋势反转的苗头。此时市场往往呈现出的是量增价跌或量增价平的势头，表明股价即将接近底部区域，但通常这之后还会出现量缩价跌的情形，直至市场跌无可跌为止。

成交量持续性解析

在进行成交量的区域性或阶段性分析时，投资者除了要看总体的成交量外，成交量变化的持续性也是一个值得重点关注的问题。主力可以偶尔制造放量的现象，但由于巨大成交量背后的交易手续费和印花税等成本问题，导致主力不可能持续制造放量的现象。所以，从成交量变化的持续性上，可以发现成交量的真实性问题。在观察成交量变化的持续性时，有几种成交量现象需要引起交易者的注意。

一、持续温和的放量

温和放量是指一只股票的成交量在前期持续低迷之后，突然出现一个类似“山形”一样的连续温和放量形态（图 7-18）。这种放量形态，称作“量堆”。若股价在底部出现温和放量的走势，表明市场的人气在逐步回暖，空方逐渐向多方转换，是一种看多的市场信号。出现这种走势，预示着后市股价有望走出一波反弹甚至是反转行情。

在出现温和放量之前，个股必须经历一波长期的下跌行情，并且在出现温和放量之前，成交量必须有一个缩量的过程。在出现温和放量的过程中，必须有股价的配合。也就是说，成交量温和放量的同时，股价也是在缓慢地向上攀

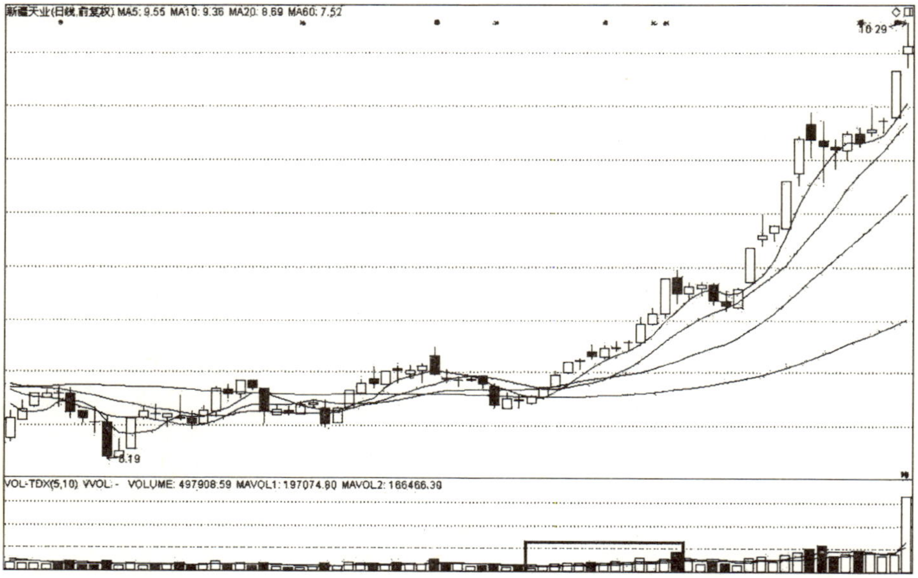

图 7-18　持续温和的放量

升的。此类调整没有固定的时间模式，少则十几天，多则几个月，所以此时投资者一定要分批逢低买入，并在支持买进的理由没有被证明是错误的时候，有足够的耐心用来等待。

出现温和放量时，若股价能够稳健向上攀升，后期将有可能出现一波长期的上涨行情，股价上涨幅度一般会在一倍以上。当然，如果大势不好，或者是遇到突如其来的利空消息袭击，也有可能导致反弹夭折。因此，在遇到底部温和放量的个股时，散户还要密切关注大盘的走势，时刻留意消息面的动态。

要说明的是，成交量在底部出现萎缩，股价并不是一定就会马上出现反弹行情。此时成交量的萎缩仅仅代表盘中的抛盘逐步减少，而股价的上涨需要场外资金的不断进入，这样才能推动股价逐步向上攀升。很多散户误认为股价运行到市场底部区域时成交量出现萎缩，就标志着股价很快会出现上涨，因而纷纷入场参与操作，结果股价却迟迟不动。

股价在底部出现缩量之后，要出现反弹或者是反转行情，必须完成量价之间的转化，并且这个转化过程必须是温和的，而不是过度的或者激烈的，否则，股价难以迎来持续的反弹或者是反转行情。

二、节奏鲜明的放量

所谓节奏鲜明的放量，是指在股票的上升趋势中，股价始终保持量增价涨、量缩价跌的理想状态，并且呈现出持续长久的放量现象（图 7-19）。

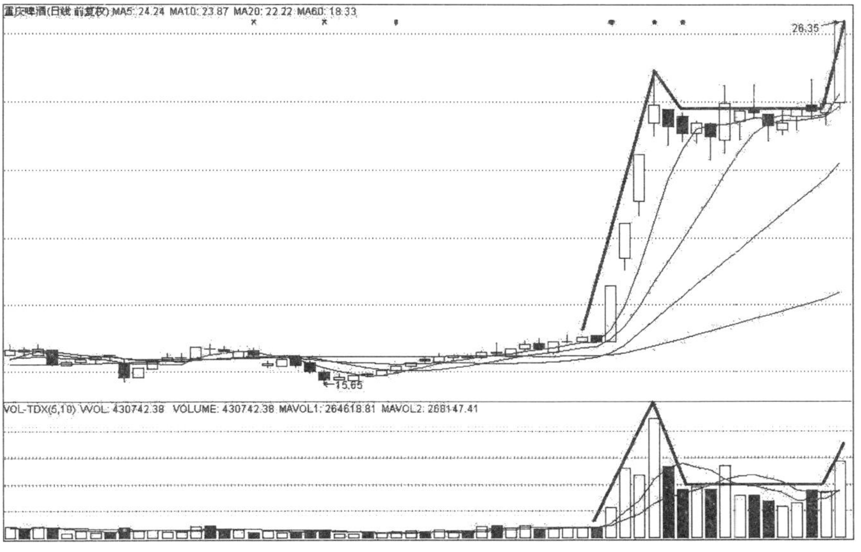

图 7-19　节奏鲜明的放量

节奏鲜明的放量是一种完美的成交量形态，它说明资金在盘中运作的性质呈良性状态，且多、空双方进退自如，为后续资金的进入提供了良好的环境。这同时也意味着，只要资金的波动没有出现异常的现象，投资者就没有必要卖出手中的股票。

炒股箴言

但需要说明的是，大盘股和基金扎堆的股票在上涨趋势中适用于上述结论，而在股价趋势即将出现反转时则不适合套用此结论。在市场一致看跌时，主力是难以出货的，主力必须在股价持续上升的过程中才能顺利完成出货任务，所以在股价上涨趋势中，最后一个量增价涨的时刻值得投资者重点关注。

三、突放巨量

放巨量代表多空分歧大，买的多，卖的也多，一个巴掌拍不响。投资者需要分析买卖单是什么成分，里面有没有主力资金参与。就是说主力买的时候，散户基本是在卖，散户总体在买的时候，主力基本是在卖。

突放巨量的过程可能会是一天，也可能会是几天，但都有一个重要的特征，即在放量前后的成交量往往不大，而从图表上看，突放巨量会形成一个突兀的“电线杆”，突放巨量往往是主力进行对敲的结果（图 7-20）。此外，在市场出现巨大的利空或利好消息，或是股价处于重要的压力位或支撑位，而同时市场的多、空意见分歧很大时，也容易出现突放巨量的现象。

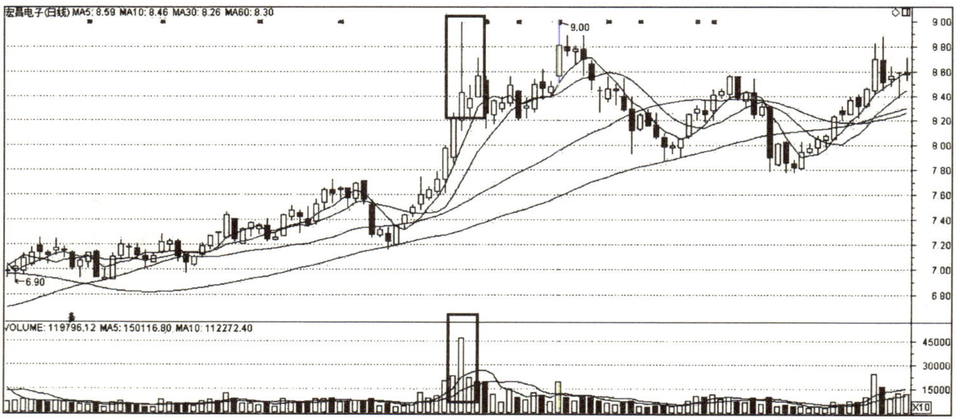

图 7-20　突放巨量

成交量巨大存在三种可能：

一是该股没有主力资金参与，由于大盘上涨，该股随大盘涨到前期被套密集区，被套的散户解套出货，是主要的卖方，买方是追涨的散户。买也多卖也多，所以放巨量。这种情况，后市很难判断，就是随大流，大盘好就跟着大盘涨，大盘不好马上崩溃。

二是该股有主力资金参与，主力在出货，是主要的卖方，买方是追涨的散户。卖也多买也多，所以放巨量。这种情况，大盘好的话，暂时不跌，大盘不好马上崩溃。

三是该股有主力资金参与，股价来到前期散户被套密集区，被套的散户解套出货，是主要的卖方，主力趁机吸筹，是主要的买方。卖也多买也多，所以放巨量。这种情况，大盘好的话，一定涨得很好，大盘不好时也抗跌。

炒股箴言

突放巨量往往出现在持续性下跌途中或无量横盘之中，是主力集中资金诱骗散户跟风的结果，无论其目的是否达到，个股后续的成交量又会陷入过去的常态之中。此外，突放巨量即使在某种情况下属于正常现象，但由于消耗多方的资金太多，往往个股后期走势也不被市场看好。

四、间歇性放量

间歇性放量又可以称为成交量单日暴增，这种单日异动情况无法反映出市场的连续状态，多是主力操纵的结果或上市公司重大利好的突然发布以及重大、意外事件的影响，其成交量可达到正常水平的4倍以上（图7-21）。

图7-21 间歇性放量

间歇性放量通常是主力对敲出货的结果，它往往出现在三个阶段，详见表7-1。

表7-1 间歇性放量出现的三阶段

阶段	分析
高位滞涨期	在个股高位滞涨期，主力通过对敲放量制造量增价涨的假象，以欺骗跟风者介入，同时稳住持股者，而自己却在暗中抛售。由于主力出货任务不是几天就可以完成的，因此这种动作会往复出现一段时间，于是就出现了间歇性的放量现象
高位横盘期或阴跌期	当个股在高位进行横盘整理的时候，或者是当个股在持续阴跌的时候，主力为了快速出货，往往会通过对敲来制造交易活跃的假象，吸引市场跟风参与
股价急挫后的“筑底”期	当股价从高处急跌到某一阶段性的低位时（比如跌去了50%的涨幅），个股往往会出现强势的横盘状态，给人以跌不动了且有资金建仓的“筑底”假象，而此时间歇性的成交量多为主力对敲所致，一旦交易者大量买入后，主力就可以全身而退

无论是哪种情况，当出现明显的间歇性放量后，多预示着短期上涨行情的结束，随之而来的可能是趋势的反转，也可能是一波上涨后的回调，这要结合具体市场走势、股价走势、市场环境等因素来分析。

五、堆量滞涨

所谓堆量滞涨是指出现堆量后，股价并没有随同成交量的持续放大而出现上涨，而是出现强势震荡，或即使上涨，幅度和力度也非常弱，量价配合严重背离。堆量滞涨的欺骗性极大，这种技术形态对于缺乏投资经验和分析能力的小散杀伤力非常大，是一种典型的技术骗线。

堆量滞涨往往出现在两个地方。

1. 高位滞涨期

当股价处于高位时，往往是主力全力出货的时期，但由于筹码太多，主力通常需要一周甚至几个月才能将筹码处理完毕，于是个股就容易在高位出现堆量滞涨的现象。在高位对敲堆量的过程中，主力的日出货量往往会占到当日成交量的30%，但同时还会新增10%的筹码，所以主力每日的实际出货量只能占到当日成交量的20%左右。也就是说，即使个股日换手率达到了10%，主力也需要25天（即250%的换手率）才能将50%的筹码出完。因此，只要是个股有过巨大而稳健的涨幅，那么其高位常常会出现一个月以上的震荡期，并在部分阶段形成高位的堆量滞涨现象。

2. 除权之后

有些股票除权后出现明显的堆量滞涨，这是主力利用除权后的“廉价”效应造势骗人。其特点是成交量持续放大，股价强势横盘或小幅上涨，给人以放量走高的印象。一般而言，除权后出现堆量的股票，往往会出现破位下行，并且幅度相当大。所以说，对于这种除权堆量股票，小散一定要高度警惕，果断出逃，切不可盲目买入。

炒股箴言

如果堆量后股价没有向上突破，那就说明他根本就不想往上做，其真实目的是通过堆量造成一种股价即将上涨的假象，诱骗散户进场买入，而主力则趁机出逃。该形态之所以能够欺骗大部分小散，主要是其成交量持续放大，交投非常活跃。同时，股价也出现强势特征。如果没有相当的经验和专业水平，一般是很难分辨其危害性的。

底部放量形态分析

一般而言，股价底部是不会有大成交量的，因为深度套牢者已经麻木了，几乎没有售卖的欲望。失去了卖方的供应量，即使买方很强悍也不会得到太多的筹码；相反，股价涨得越快时，持股者就越惜售。在排除了个股有基本面上的巨大变化或大盘出现暴跌的因素后，如果个股仍然在底部出现了大成交量的行为，那么往往属于不正常的异动行为，应该是主力刻意营造的结果。

先要明确所谓的“底部”并不是指已无下跌空间，而是指这个区间距离最低点已经非常接近，如果从长期的角度来看，在此时买入，即使无法马上获利，那么从长期的观点来看，只要有耐心，肯定会收获颇丰的。底部出现连续放量后，一般会出现以下三种情况。

一、底部放量后上涨

既然股价处于长期低位中，那么绝大部分筹码肯定已经被高高地套在上面，这时底部出现放量，只可能是两种情况：一是新主力与老主力在这个价格区间达成协议，新主力认为在这个价位买进是可以接受的，而老主力可能基于某种原因，也认为这个卖出价位是可承受的，新老主力的交接使得股价在底部出现放量。新主力介入此股后当然是以拉升股价获利为目的的，如果市场环境配合，后市多会出现上涨行情。二是当市场下跌到一定程度后，由于政策利好等因素激发了市场人气，由此引发了底部放量后的上涨（图 7-22）。

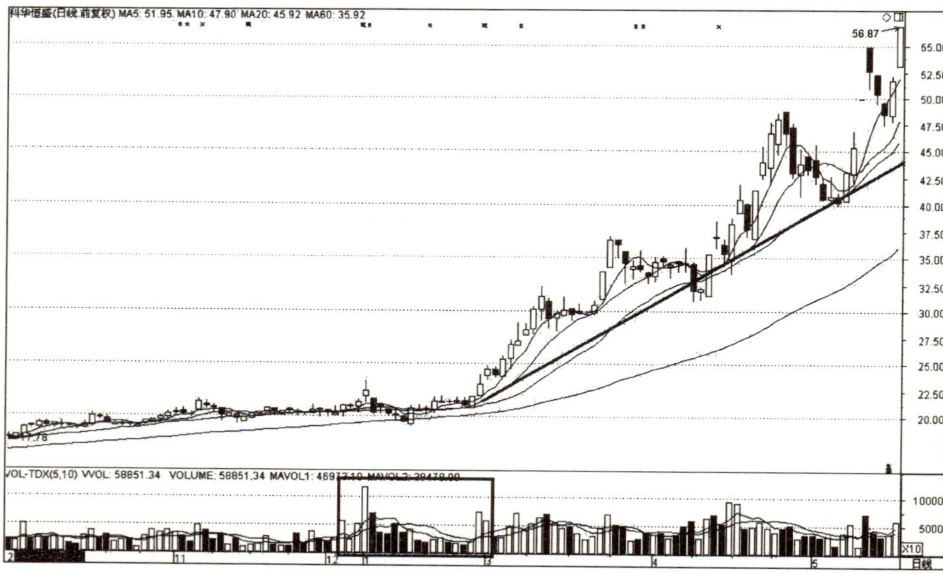

图 7-22　底部放量后上涨

炒股箴言

需要注意的是，这里的放量是指不正常的特大量，比如说换手率达到了10%。当主力在底部启动行情时，为了消灭浮筹而采用的缓推式大阳线也会产生大量，但还不至于出现不可思议的大量，除非是大阳线碰到了某个关键的压力位，或是当日有配送股或限售股上市。至于何谓正常的大量，何谓不正常的大量，就需要交易者根据累积的经验进行判断了。

二、底部放量后下跌

股价从高位跌到底部一定是有原因的，比如大盘状况不好、公司业绩下降、个股题材透支等等。在这些利空的环境里，主力是很难全身而退的，即使通过底部放量这些小动作，也很难减掉较多的仓位，而最终的结果则往往是账面亏损继续增加，交易佣金不断支付。这时出现底部放量下跌的现象主要有三个原因。

1. 主力在进行最后的打压动作

主力通过一些利空消息，制造带量的破位图形，迫使最后的卖单涌出，自己则全盘接纳，其目的就是为了实施打压式建仓。

2. 主力在强行出货

这往往是主力资金链断裂的后果，或是个股基本面出现了极度恶劣的情形。有时候，为了能卖一个好的价位，主力会在出货前将股价向上做个拉升的“试盘”动作，如果市场买盘比较多，主力就会“先养再杀”；如果市场买盘比较少，主力则往往会直接“杀鸡取卵”，这种情况会导致盘面出现数日或数十日的暴跌，最后个股常常跌得面目全非，而主力则是能拣回多少资金是多少。

3. 换人坐庄

有时候，主力知道自己已经无法从市场上全身而退了，就会寻找新的买家介入。一旦找到新的买家，他们就会约定在盘中交换筹码。但新买家常常会要求以更低的价格接盘，于是主力就会将股价砸下来后再与新买家交换筹码。但这种情况不会导致盘面出现连续暴跌的情形，一般个股下跌的幅度往往在两个跌停板之内。一旦新庄入驻之后，该股股价往往还会继续下跌，迫使尚存的浮动筹码涌出。

三、底部盘整放量

个股在底部盘整放量的情况相对复杂。比如大盘一路盘跌，股价应该也是盘跌，但现在依然只是盘整，那就说明有资金在承接或在维护股价，但是这并不表明该股后市涨势一定会超过大盘，这取决于该主力是护盘的老主力还是进行承接的新主力，以及主力的操盘手法、操盘计划、护盘的动机、资金状况等。若是护盘主力的资金状况不好，那么即使主力维持住股价，但后期大盘上涨并不一定能带动此股上涨，此股可能会长期在这个底部区间内波动，若是这样，那么主力很可能是在采取高抛低吸的办法做差价降低持股成本。

炒股箴言

投资者在底部放量时介入可以在机会与风险中找到最佳平衡点，因为即使不会马上获利，也不会承担多少风险，而且如果投资者有足够的耐心的话，是可以获利出局的。

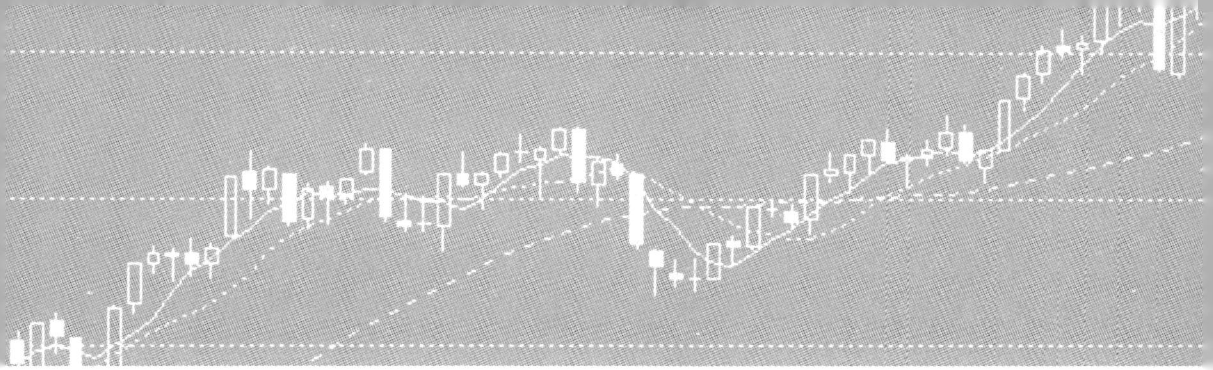

第八章
知己知彼易获利——跟庄炒股技巧

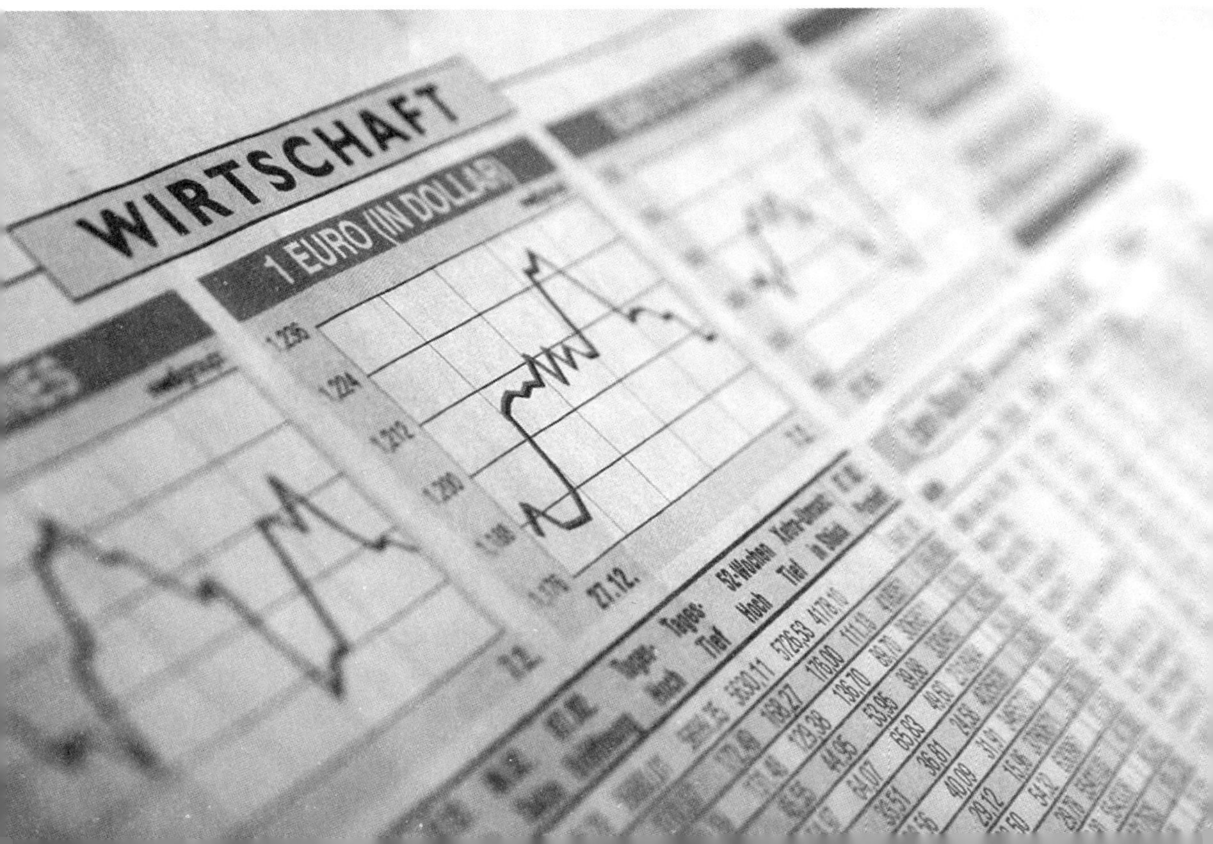

庄家是股市中的“大鳄”，他们不仅极大地影响着个股的长期走势，而且往往决定着个股的短期走势，但庄家的盈利往往是建立在散户亏损的基础之上的，因为散户投资者成功的秘诀既在于拥有良好的基础知识，也要掌握相关的跟庄技巧。在与庄家的博弈较量中，一定要知己知彼，若能掌握关乎庄家知识及实用性的跟庄技巧，则无疑能大大增强获利能力。

第一节　了解庄家

庄家是市场中的绝对主力，资金雄厚、信息通畅、纪律严明、技术高超，完全有能力并且常常把散户玩弄于股掌之间。所以跟着庄家炒股是很明智的做法，但是一定要首先要了解庄家，了解他们的过去、他们的操盘手法，这样才不会被庄家玩弄于股掌之间。

什么是庄家

庄家指能影响某一股票行情的大户投资者，通常是指占有 50% 以上的发行量的投资者。有时庄家控量不一定达到 50%，看各品种而定，一般 10% ~ 30% 即可控盘。因庄家交易量和资金量巨大，所以在股市上被各利益相关方所关注。

一、庄家分类

庄家按不同的分类依据可以分为不同的种类，详见表 8 - 1。

表 8－1 庄家的分类

分类依据	分类	分析
根据时间跨度分	短线庄家	坐庄炒作时间短，最少几天，最多3个月左右
	中线庄家	运作时间在3个月到半年左右，中线庄家通过版块节省成本，出货也方便
	长线庄家	运作时间为1年到3年不等，长线庄家一般资金充足，操作时间长，在走势上才能看出吃货、洗盘、出货等状态，长线庄家最重要的特点就是持仓量，出货的过程也比较漫长
按操作阶段分	新庄	指刚介入某只股票的主力，在吸货阶段，其吸筹、洗盘、拉高、派发的过程比较完整，常常能制造单边市，并且经常以新股起家
	老庄	老庄是指只等着派发的庄家，盈利丰厚，不多采用高原地派发
	被套庄	因股价下跌而被市场套牢的并且未出货或者未出尽货的庄家。又可分为轻度被套和深度被套两种，轻度被套庄拉高不需要收集筹码，只要借机拉高就行，因此突发性较强，较难预测

二、庄家分析

在股市中，庄家一词和主力一词经常出现在媒介和股评中，庄家一定是主力，但是主力不一定是庄家。主力如某只股中持有的筹码达到70%以上，达到可以控盘的程度，那主力也就是庄家了。庄家可以是个人，也可以是机构。

庄家与大户的区别是庄家是那些能主导股市、带领行情以赚取大钱的投资者。而大户是指进出股票和金额庞大的投资人，是相对于股市中小投资者而言的，一般由各证券营业部自行规定，配有专门的电脑等交易工具及设施，享有较为便捷的服务。庄家与大户的区别就在于庄家定义的第二个条件，即有意识地进行与目的相反方向的操作，即要买入时，还得不时地卖出以稳定股价，要卖出时，还要买入以拉高股价。而大户资金的进出有可能影响股价，但一般并不有意识地控制股价。

庄家与机构的一个重要区别在于庄家特指行为不规范、隐蔽性很强的市场操纵者。庄家的投资理念、投资方法具有信息优势（甚至信息欺诈）、资金优势、“老鼠仓”横行、与监管“博弈”等特征。而机构投资者一旦控制证券市场流通筹码，或控制某只股票的流通筹码时，也就成为我们所说的庄家。可见，机构投资者也有可能成为庄家的组成之一。

庄家选股的依据

尽管庄家对股价的影响十分明显，但是庄家并不是永远站在胜利一方的，许多时候庄家操作失误，也会陷入相当被动的局面。所以对于散户投资者来讲，要识别并正确地跟踪庄家，与庄家周旋，方可避免与失败的庄家一起灭亡的命运。

对于庄家来说，坐庄前必须经过认真的调查、周密细致的分析与决策、严密的计算和严格的推理。选股是坐庄的重要一环，庄家在这一环节一般都很慎重。一般来说，庄家的选股主要从以下几方面来考虑：一是基本面，二是技术面，三是题材面，四是操作面。

一、基本面分析

庄家综合考虑宏观经济环境、市场人气、公司情况等方面因素。那些基本面优异，受到国家产业政策扶持的市场热点股票，由于市场前景看好，价格不菲，容易导致筹码分散，庄家难以吸到货，但那些基本面差、人人唯恐避之不及的股票，若是能通过潜在题材使基本面得到改观，就会成为庄家青睐的对象。

二、技术面分析

技术面的分析主要从三个方面进行。

1. 看流通盘的大小是否合适

盘小，易于达到控盘的目的。被选中的流通盘必须是有利于炒作的，即流通盘的大小要与操作者本身资金量相配合，若庄家控制某股流通筹码 50% 以下，股价自然可由庄家说了算，因而小盘股被庄家追求的可能性大增。中小板、创业板流通盘极小，少则几千万，多则数亿元，极易被小庄控盘，所以出现了2015年的“妖股”暴风科技被庄家连拉了33个涨停板，股价由9.43元拉至252.86元，飙涨2581.44%的奇事（图8-1）。

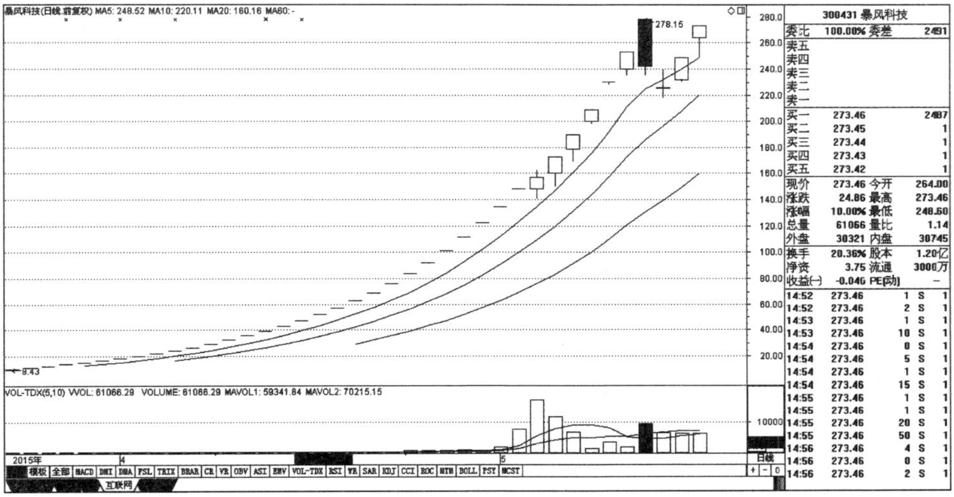

图8-1　暴风科技被庄家连拉了33个涨停板，股价飙涨2581.44%

2. 看筹码分布是否合适

所谓筹码分布，是指筹码在不同价位，不同投资者手中的分布。从筹码分布中可以看出上方套牢区主要集中在什么部位，在哪一类投资者手中。

3. 看个股走势

看个股是已经初步探底完成，还是处在下跌的途中，逆个股走势而为往往很难有成效。

三、题材面分析

题材和概念的运用是我国证券市场的一大特色。我们几乎天天都可以在各个媒体上看到或是听到各种各样的题材和概念，这些都是庄家利用出货的借口，如“一带一路”概念股中国铁建就曾借题材数度拉升股价（图8-2）。在庄家的操作步骤中，出货是最为关键的一点，因此，题材的选用也就十分重要了。

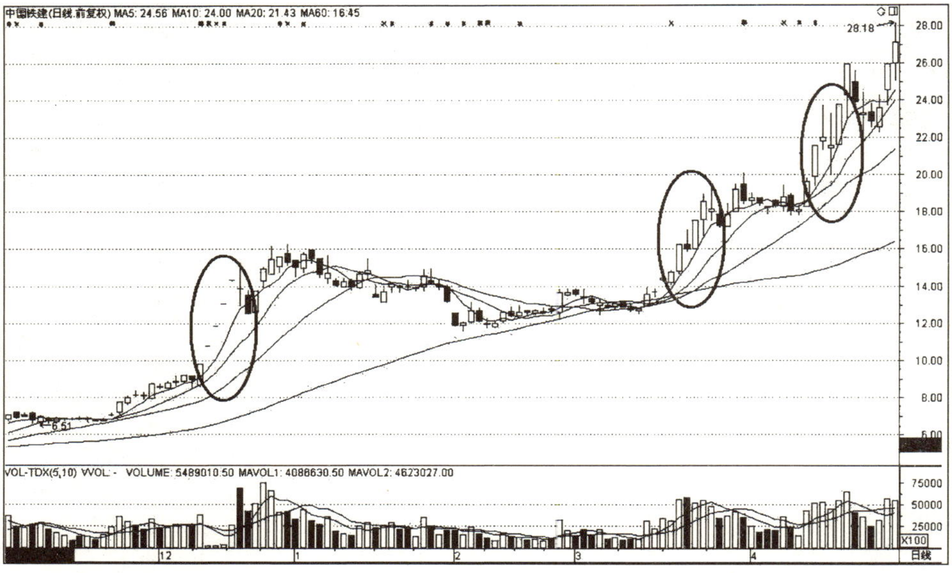

图 8-2 “一带一路”概念股中国铁建借题材数度拉升股价

四、操作面分析

在操作面上，庄家应在资金使用效率上高要求，少失误。许多庄家选股时偏好那些股性活跃、包袱较轻的个股，以求稳定。

庄家坐庄的流程

庄家坐庄的基本原理就是利用证券市场上运作的某些潜在规律，人为控制、操纵目标上市公司的股价，通过各种不同成本之间的交换，为自身牟取暴利。为了能够控制、操纵目标上市公司股价而达到自身获利的目的，不同的庄家之间，按照他们自身操作经验的丰富程度、资金实力的大小等方面，都各自会有他们自己完全不同的坐庄思维与手法，而最简单、最原始也最容易让人理解的，实际上就只有四个字——低吸高抛，采取锁定不同时期的筹码与成本进行交换。

庄家坐庄的过程基本如下。

一、建仓阶段

庄家在初期操作上一般多是耐心温和，等待机会，股价也多会因此而波澜不惊；到了操作后期则多会极力通过各种渠道去散布各类利空传闻，让市场上的投资者不看好目标上市公司股票，以便自己加大建仓吸筹的力度，使散户手中的流通筹码大比例流入自己手中，并严格控制好“底仓”的成本。

在这一阶段，庄家往往极耐心地、静悄悄地、不动声色地收集低价位筹码，这部分筹码是庄家的仓底货，是庄家未来产生利润的源泉，一般情况下庄家不会轻易抛出。这一阶段的每日成交量极少，且变化不大，均匀分布。在吸筹阶段末期，成交量有所放大，但并不很大，股价呈现为不跌或即使下跌，也会很快被拉回，但上涨行情并不立刻到来（图 8-3）。因此，此阶段散户投资者应观望为好，不要轻易杀入以免资金闲置。

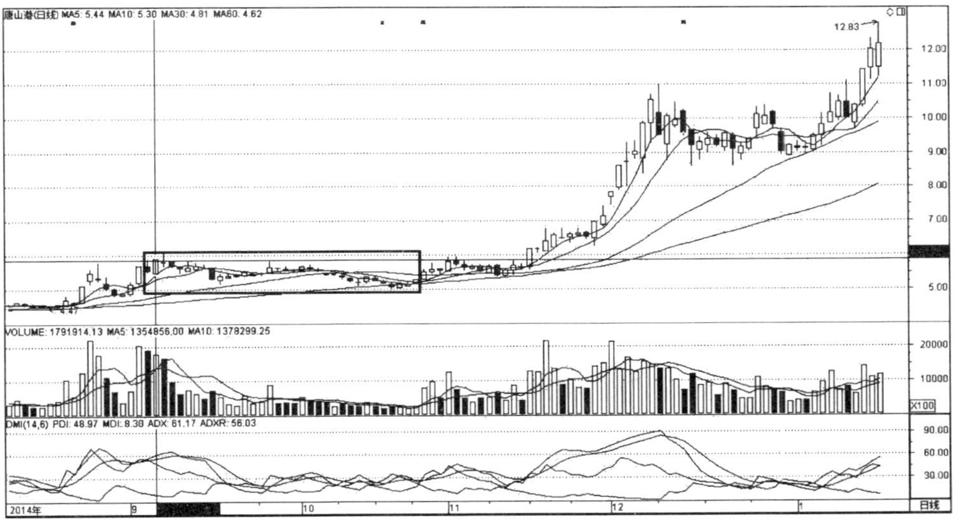

图 8-3 庄家建仓阶段

二、试盘阶段

庄家坐庄前，为了准确掌握市场上的真实状况和闲散资金的动向，常常会以长上影线或长下影线来测试股价上端的抛压与下端的支撑程度，并会寻找适当的时机，迅速拉抬股价使之离开自己的成本区域（图 8-4）。

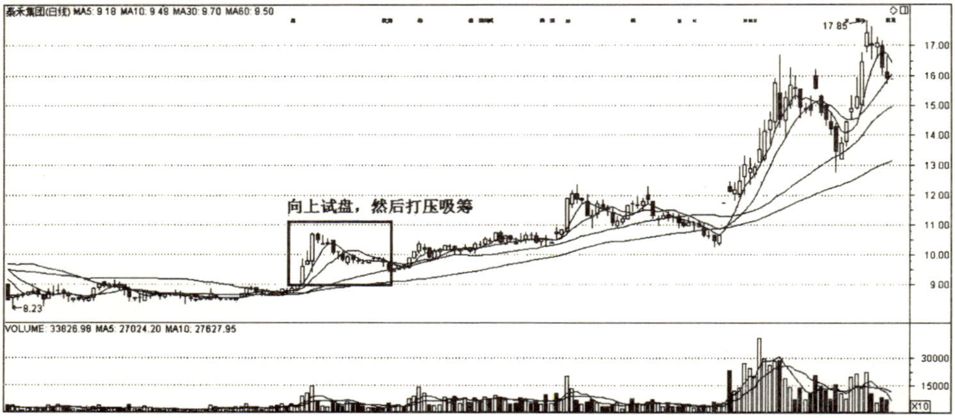

图 8-4 庄家试盘阶段

为了使日后股价顺利拉升，一般情况下会使股价事先在固定价格区域内整理一段时间，以最后消磨场外散户投资者的耐心，并制造出一轮跌幅，进行跌破前期低点的洗盘，让投资者难以揣测其真实意图，极具杀伤力，让人防不胜防。

三、洗盘阶段

洗盘过程一般都是伴随着大幅拉升阶段同步进行，每当股价上一个台阶之后，庄家一般都洗一洗盘（图 8-5）。这样可以使前期持筹者下车，将筹码换手，提高平均持仓成本，防止前期持筹者获利太多，中途抛货砸盘，从而使庄家付出太多的拉升成本。庄家会利用自身丰富的盘中操作技巧，多采取股价瞬间的巨幅震荡和各类图形形态组合的方式，刻意来误导场外的散户投资者，并会适当地保持上市公司信息面处于真空状态。市场上股价的大起大落，此时常常会让散户投资者心绪不定，进退两难。

四、拉升阶段

庄家一旦发现市场上的筹码控制、成本需求都已经明显形成对自身有利的情形之时，往往会迅速、果断地采取高举猛打的方式去拉抬股价，一来激发市

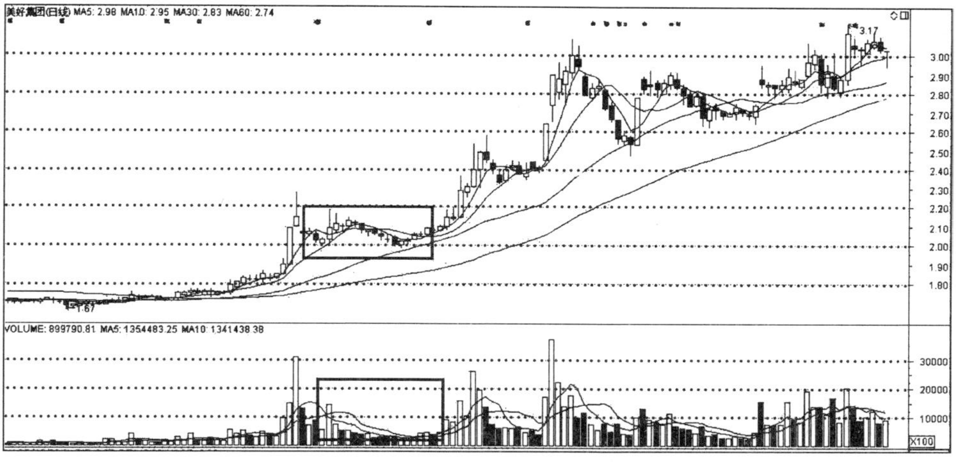

图 8-5 庄家洗盘阶段

场人气，充分营造出一种极为良性的投资氛围；二来又可以大幅度地引发散户投资者的追捧，进一步推高股价。

这一阶段初期的典型特征是成交量稳步放大，股价稳步攀升，均线系统处于完全多头排列状态，或即将处于完全多头排列状态，阳线出现次数多于阴线出现次数（图 8-6）。当个股的交易程度炽热，成交量大得惊人之时，大幅拉升阶段也就快结束了，因为买盘的后续资金一旦用完，卖压就会倾泻而下。因此，此阶段后期的交易策略是坚决不进货，如果持筹在手，则应时刻伺机出货。

五、出货阶段

庄家准备出货之际，常常会通过各种渠道来散发出各种利好传闻，引诱场外的散户投资者进场接货，慢慢使自己手中持有的底仓大比例流向散户手中，最终以实现自身出局套现获利的目的。

此阶段 K 线图上阴线出现次数增多，股价正在构筑头部，买盘虽仍旺盛，但已露疲弱之态，成交量连日放大，显示庄家已在派发离场。因此，此时果断出仓，就成为投资者离场的最佳时机。

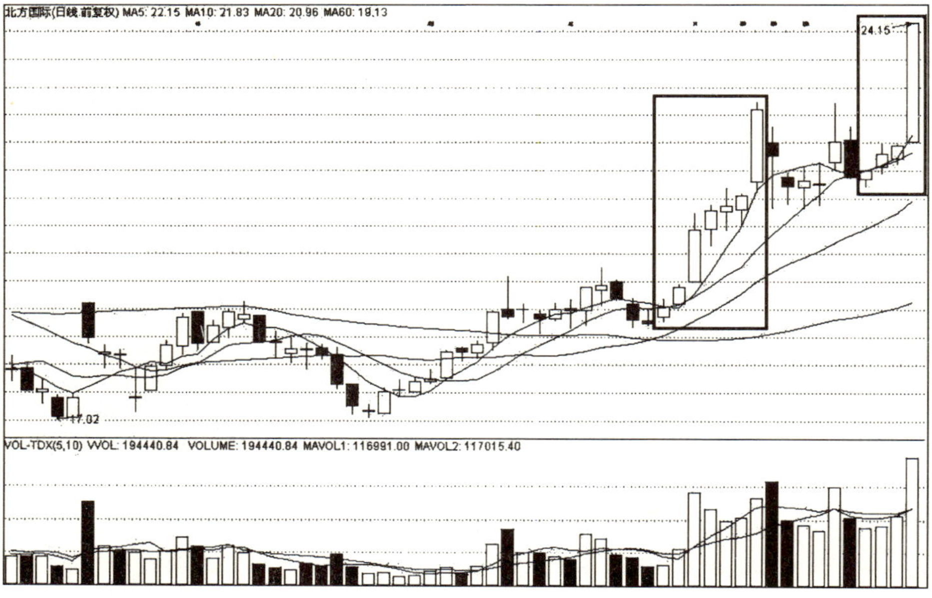

图 8-6 庄家拉升阶段

庄家整个的建仓—拉升—出货阶段 K 线形态表现见图 8-7。

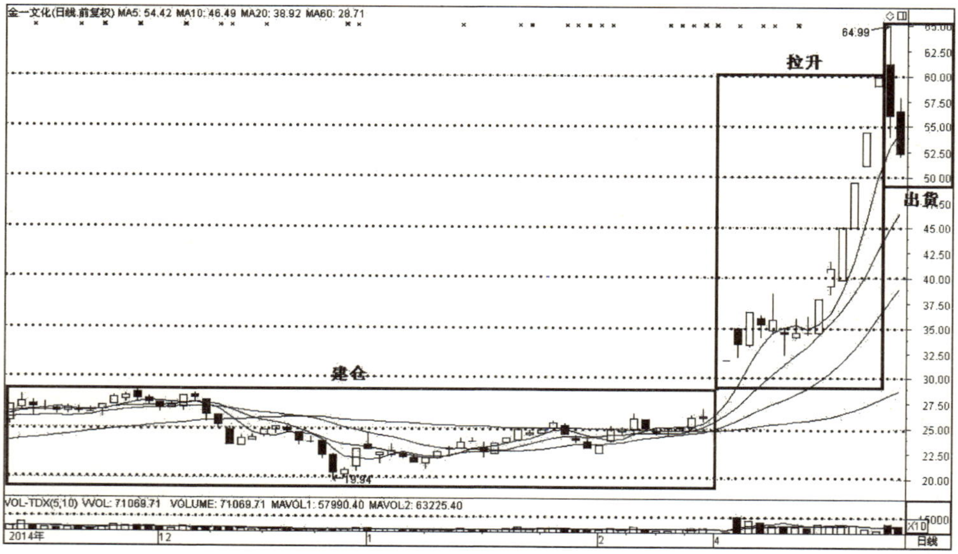

图 8-7 庄家建仓—拉升—出货阶段

第二节 识别庄家的常用手法

证券市场的实战操作技术有多种，但其中最为关键的技术就在于研究领悟主力常用运作手法。投资者只有了解庄家的操作思路，学会从盘口及盘面了解庄家的动态，准确判断庄家的意图，才能及时做出买进卖出操作，在跟庄的过程中获取不菲的利润。

庄家常用的建仓手法

庄家在决定对一只股票进行炒作以后，第一项工作就是吸收筹码建仓。庄家建仓的主要特点是：多采取与盘口的技术指标、技术形态、K 线组合、股价走势等相反的操作，还会利用媒体等舆论工具欺骗投资者，让他们不断地出错，打击跟进者信心，影响他们的判断，使其做出错误的决策，从而吐出手中的筹码，庄家就达到了低位建仓的目的。建仓方法有多种，庄家可单独使用，也可以灵活组合运用，都是为了诱使跟风盘和上档的套牢者交出筹码。

一般而言，庄家建仓有以下几种方法。

一、隐蔽吸货建仓法

此种建仓法多出现在年底和年初，此时市场沉寂，而庄家悄然进场。特点是震荡逐步缩小，底部逐步抬高，筹码向低位转移。说明庄家悄然进场，只在自己计划区域横盘吸货，但大资金进场，必然构成底部抬高，筹码密集（图 8-8）。

对于资金量大的机构主力来说，这样的操作相对建仓时间会较长，因而也必须要有足够的耐心和耐力，因为在底部吸的筹码越多，其建仓的成本越低。

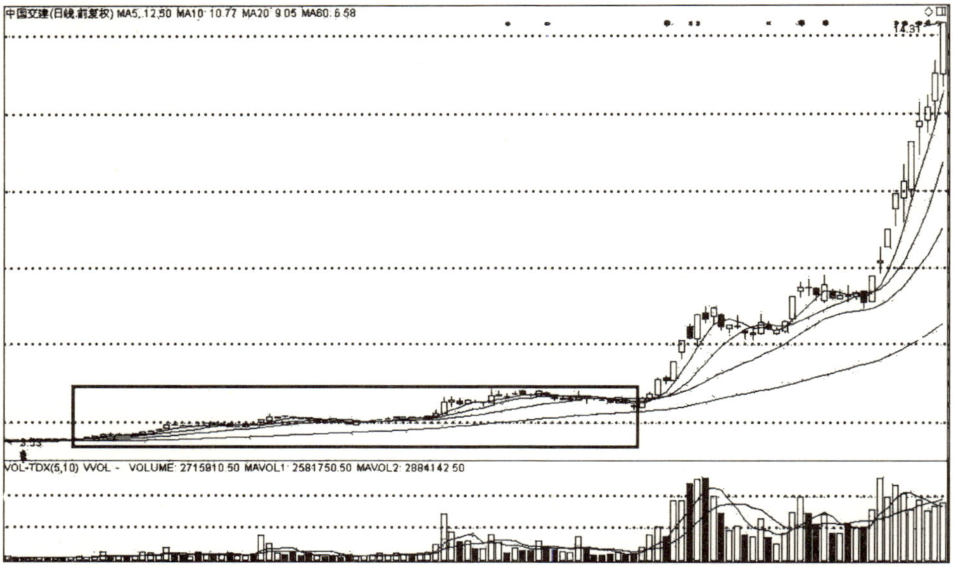

图 8-8 隐蔽吸货建仓法

通常在低位盘整时间越长，则未来涨幅越大。对这类股票，投资者只要注意就可以了，不必介入其中和庄家比耐心。

二、横盘震荡建仓法

横盘震荡建仓法多用于绩优大盘股。有时候由于个股基本面非常优秀，股价一有变动，就会引来大批跟风者，导致庄家还没吸够筹码，股价就已经涨起来了。该种情况下，庄家就会采用横盘吸短筹，即在大盘上涨的时候，在上挡的阻力位放上大卖单，阻止股价的上涨，吓走多头，其实只是虚张声势。在股价下跌的时候，则在下档分批埋上小买单，吸纳筹码。庄家会利用主动性的买卖单量控制股价，由于横盘时间较长，有时候连差价也打不出来，看着其他股票潮起潮落，频频有差价可赚，绝大多数散户会按捺不住，抛出廉价筹码去追求短线收益，庄家就可以尽情地吸筹建仓了。见图 8-9。

三、拉高吸货建仓法

当突发性重大利好公布或者是股价已极度超值之时，某股票尚无主力入

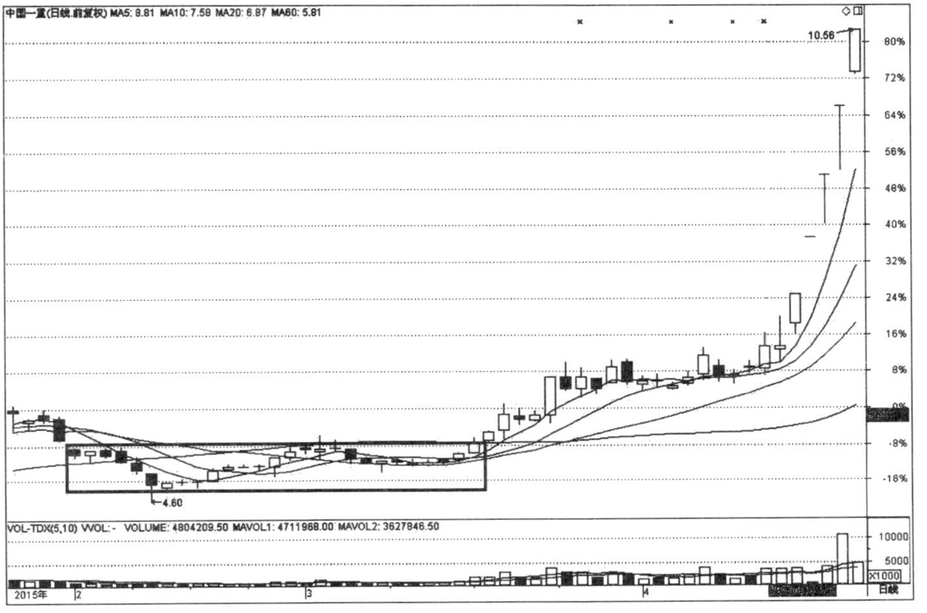

图 8-9 横盘震荡建仓法

驻、股民正犹豫之时，大集团资金往往先下手为强，在当日大量买入低位筹码，即使拉涨停板也在所不惜，往往在几天或几个小时就可完成建仓任务（图 8-10）。

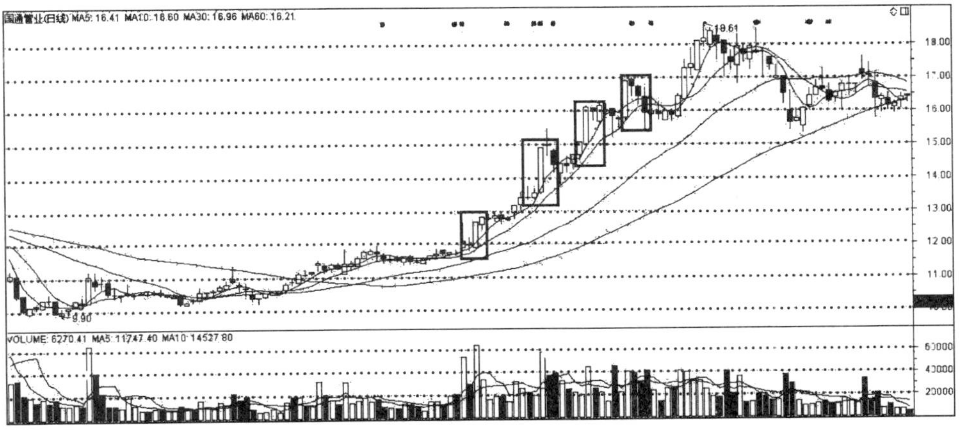

图 8-10 拉高吸货建仓法

四、打压吸筹建仓法

打压吸筹建仓法会借助大盘或板块的利空消息，但利空消息袭来引起一片恐慌的时候，下档就会无人承接，因此庄家会在下档首先埋下大单子，然后以小单子向下卖出，让那些关注者眼看着下档买单被卖单一点点吞噬掉（图8-11）。其实庄家“一点点吞噬”的都是自己的股票，目的就是向下诱导股价，让大多数人看到股价下跌而且带有成交量，把持不住而纷纷卖出，这正中庄家下怀。

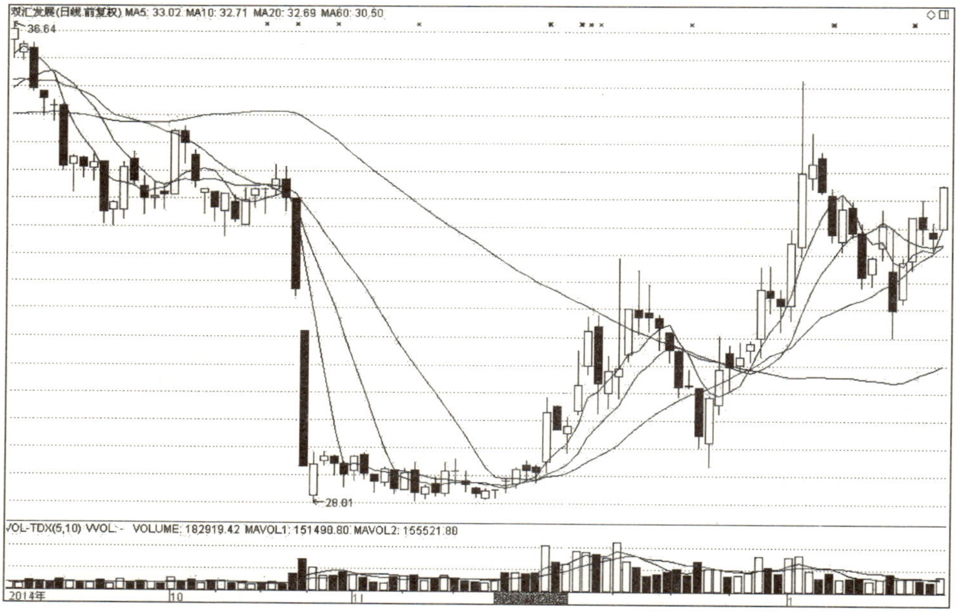

图 8-11 打压吸筹建仓法

庄家常用的洗盘手法

作为庄家，如果不进行适度的洗盘，基本上注定了失败的结局。因此，如果庄家想成功地实施操盘计划，洗盘是不可缺少的一个过程。洗盘是当庄家吸筹之后要进一步考虑的事情，通常情况下庄家吸够了筹码之后，为了防止跟风盘或原持有人搭乘顺风车，就会采取洗盘动作。洗盘的目的就是清洗掉市场内的获利筹码，使市场内的持股成本趋于一致。庄家洗盘的常用手法主要有以下几种。

一、高速打压洗盘法

这是一种最常见的洗盘方式，它的主要特点是股价在短期内跌幅较大，这种方法对于庄家来说既节省了洗盘的时间，又达到了洗盘的效果。

股价在经过庄家的大幅拉升之后，盘中积累了大量获利盘。这个时候庄家就利用投资者“落袋为安”的想法向下快速砸盘，使股价大幅回落，制造市场的恐慌气氛，从而动摇投资者的持股信心，使一些投资者最终没有办法接受股价大幅下跌的事实而卖出股票，最终达到将获利筹码震荡出局的目的（图 8-12）。

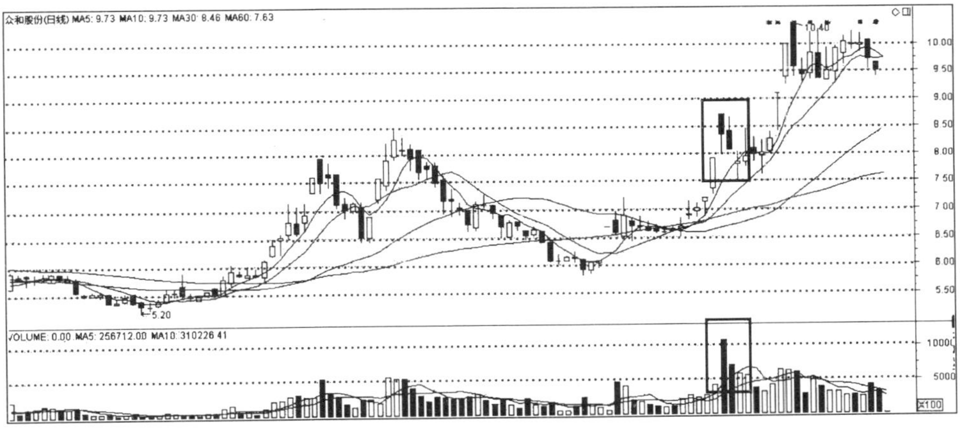

图 8-12　高速打压洗盘法

二、横盘震荡洗盘法

横盘震荡洗盘法是指庄家以横盘整理的方式进行洗盘。横盘的目的是利用投资者缺乏耐心的弱点，用时间来消磨其斗志和信心。由于炒股票使投资者长时间处在高度戒备性的心理状态之中，同时也受到来自各方面的压力，特别是股价未来走势的不确定性使投资者的心情特别烦躁，当股价长时间横盘后，就会令不少获利者先“落袋为安”，离场出局，从而达到洗盘的目的。

横盘整理式洗盘在任何行情走势中均可以出现。如果出现在一波主升浪之后，则横盘时间相对较长（通常超过 1 个月），振幅相对较大；如果出现在主升浪之中，则横盘时间相对较短（通常在2个星期之内），振幅相对较小（图8-13）。横盘式洗盘既可以清洗浮筹，又能避免投资者捡到便宜筹码，是庄家喜欢的洗盘方式。

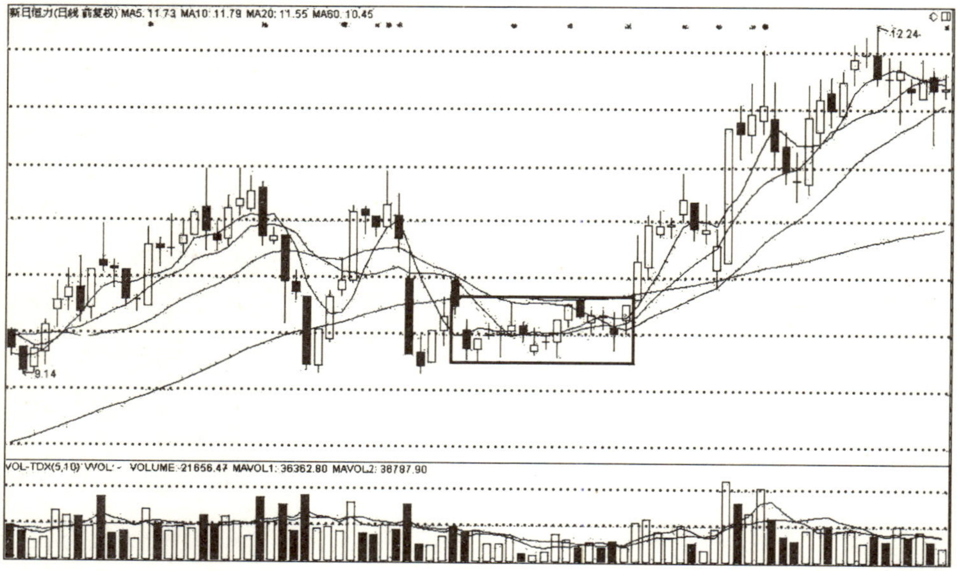

图8-13　横盘震荡洗盘法

三、滚动拉升洗盘法

滚动拉升洗盘法是指通过拉高股价，待有一定的累积升幅以后，放手任股价滑落。由于股价的升幅较大，势必带来获利盘的涌出，待获利盘套现压力减缓以后，庄家再度拉升（图8-14）。

滚动拉升洗盘法主要出现在庄家拉升阶段中，属于不作为的洗盘行动，即借助股价在拉高后出现的自然回调来完成洗盘动作。边拉边洗式洗盘可以在拉升过程中及时解决盘中的浮筹，既起到把意志不坚定者赶出去的震仓作用，又提升了意志坚定者的持股信心，培养一批将来的“炮灰”。

四、借力杀跌洗盘法

借力杀跌洗盘法要借助大盘走势巧妙地将洗盘的意图融入大盘走势中，以

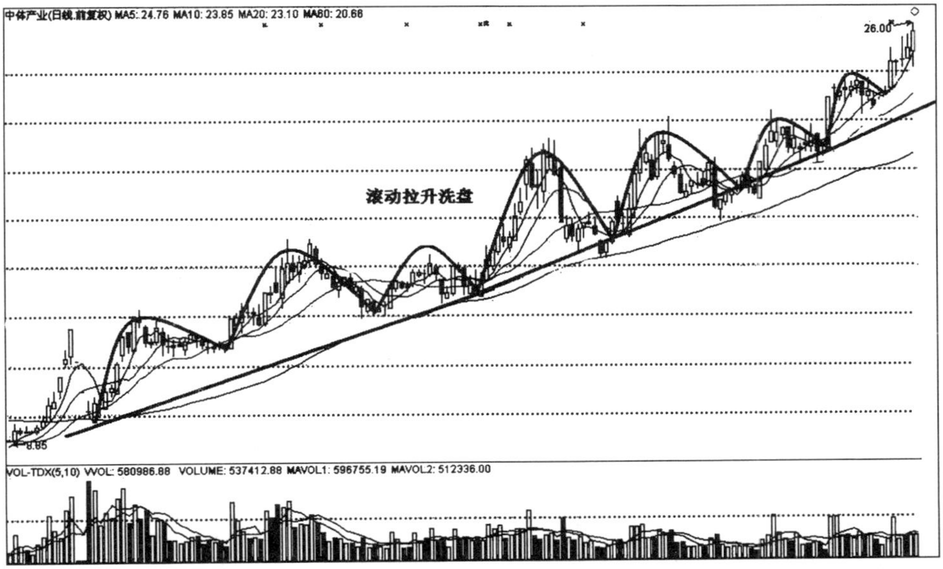

图 8-14　滚动拉升洗盘法

最小的代价，获得最多的筹码。其特点是：大盘小跌，个股大跌；大盘大涨，个股微涨（图 8-15）。

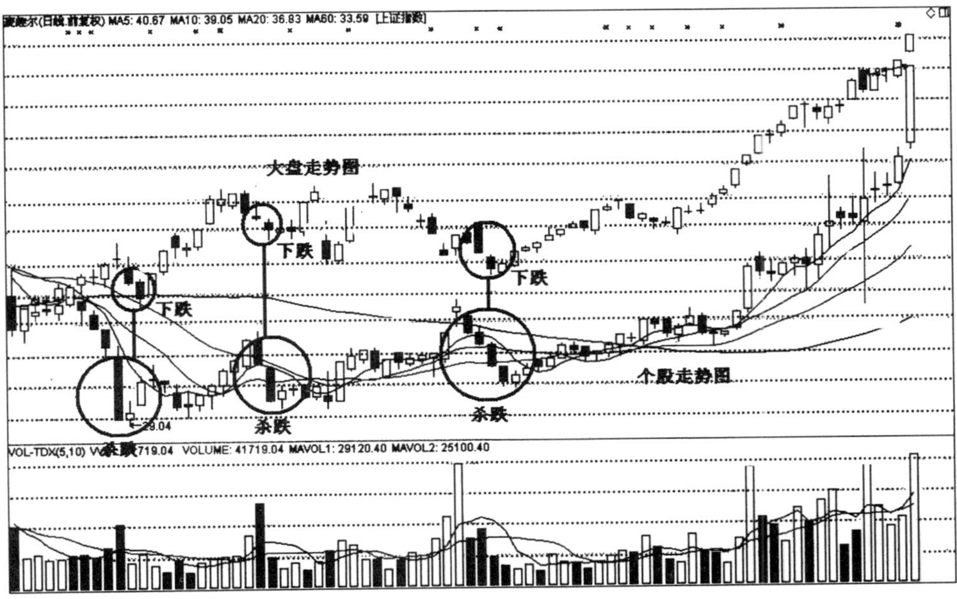

图 8-15　借力杀跌洗盘法

庄家常用的拉升手法

通常而言，相对于建仓阶段、洗盘阶段、出货阶段，拉升阶段的时间周期最短。如果投资者无法准确把握主力节奏，很容易错失拉升行情，或者入场时间太晚，导致利润空间有限，甚至被套。因此，投资者必须熟悉庄家常用的拉升手法，以便在庄家拉升初期就入场埋伏，静待庄家攻城掠地之后满载而归。庄家常用的拉升手法有以下几种。

一、长阳贯顶式拉升

长阳贯顶式拉升是指庄家在极短的时间内将股价拉升到目标位，其间基本没有调整。长阳贯顶式拉升主要应用于大盘走势良好的时候，当然其走势完全独立于大盘。长阳贯顶式拉升常采用连续大阳线或者涨停阳线推高股价，突出快、准、狠的特点，刻意制造井喷式行情，从而吸引跟风盘（图 8-16）。

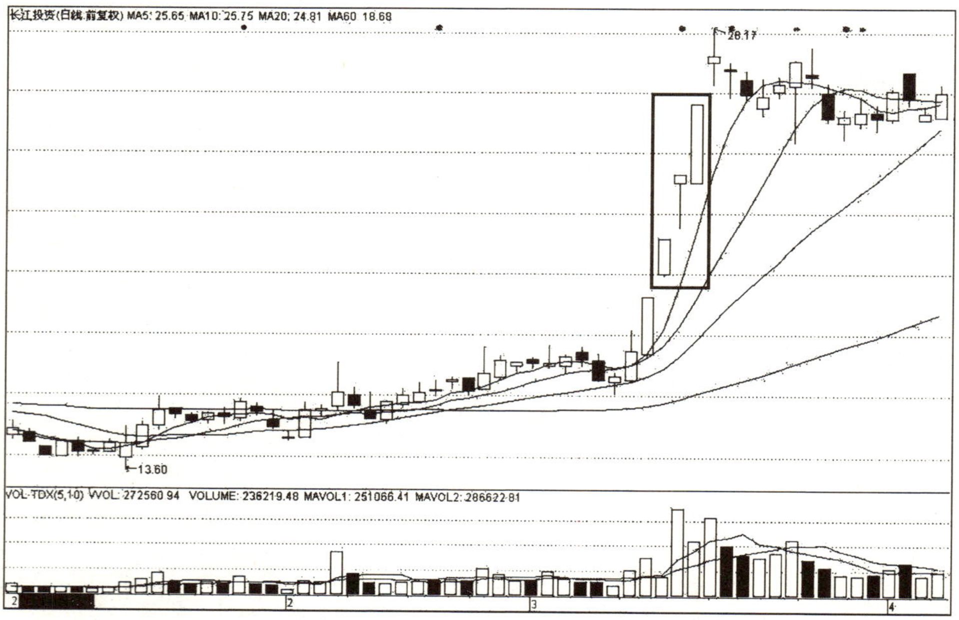

图 8-16　长阳贯顶式拉升

二、平台递推式拉升

平台递推式拉升即主力将股价拉升到一定阶段后，就横盘整理一段时间，洗去一些获利筹码后，再把股价拉高，然后再次横盘整理。如此反复进行，使K线形成一个个向上的台阶形态（图8-17）。在拉升时以大阳K线的形态出现，而在横盘整理时是以小阴小阳的形态交替出现，在成交量上呈现放量上涨、缩量整理形态。

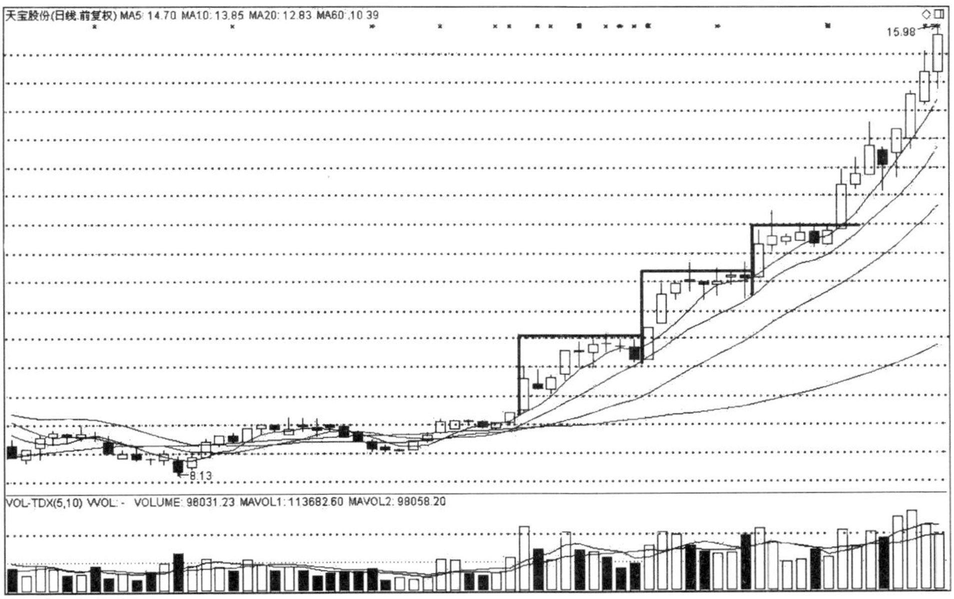

图8-17　平台递推式拉升

平台递推式拉升适用于主力实力较强、运作项目基本面优良、后市存在重大题材的大盘绩优个股。这种主力操作风格通常较为稳健。

三、间歇震荡式拉升

这种拉升类似于波浪式方法，但形态上不如其规范好看。其主要是拉升一段距离便调整一段时间，有非常明显的便拉便洗的味道。通过这种方式，庄家可以不断的降低持仓成本和调整筹码结构，同时也降低了跟风者的盈利幅度和提高了持仓成本。在量价上具有明显的急升缓降，急放缓缩的特征（图8-18）。间歇震荡式拉升主要适用于基本面无重大题材或者庄家资金不够充裕、实力较差的股票。

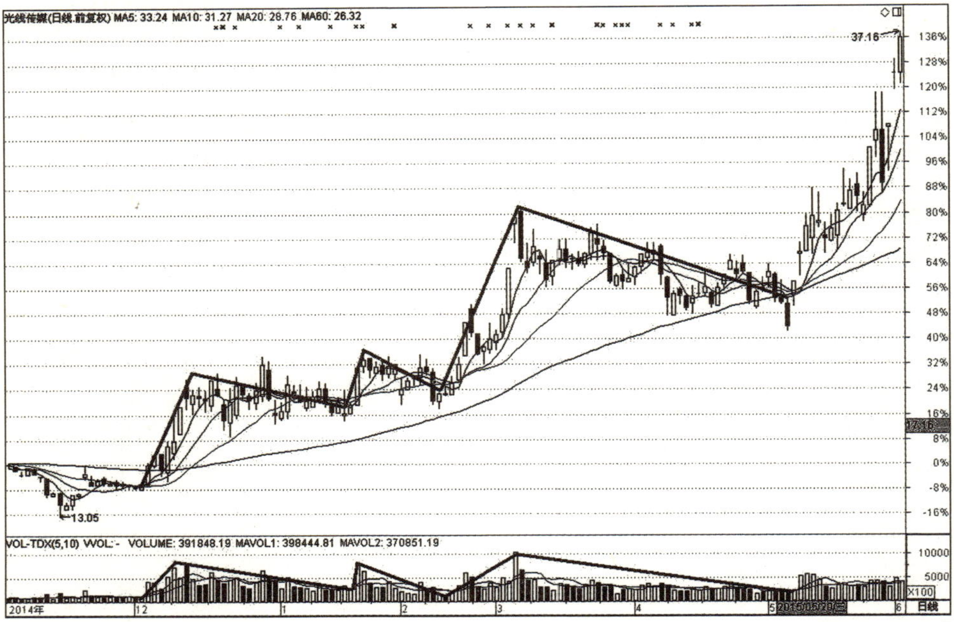

图 8-18 间歇震荡式拉升

四、轮动打压式拉升

轮动打压式拉升是指拉升过程沿均线呈波浪式波动，但一气呵成，中间没有比较明显的大幅度拉高或跳水式打压动作。由于这种方式大多数采用依托均线的方式进行，股价在上涨过程中始终不过度远离均线（图8-19）。采用边拉边洗式方式，庄家拉升思路明确，股价走势轨迹明显，常常走出单边上扬的独立上升态势。通常而言，当主力开始大幅度洗盘之际，就是拉升行情结束之时。

边拉边洗式拉升可以分为三个阶段，详见表8-2。

图 8-19 轮动打压式拉升

表 8-2 边拉边洗式拉升阶段

阶段	分析
拉升初期	在此阶段，股价常常走出小阴线、小阳线交错上涨行情，如同慢牛爬坡
拉升中期	在此阶段，庄家依托均线系统边拉边洗，走势非常有规律，吸引多头资金积极买进股票，帮助庄家推高股价
拉升末期	在此阶段，常常出现快速拉升的“疯牛”行情，诱导、促使场外的投资者失去正常的投资心理、控制能力，产生一种过量、过度的放大和虚化的投资激情。这是行情即将见顶的信号

庄家常用的出货手法

所谓庄家出货，就是将便宜的筹码高价卖给其他投资者。为了让其他投资者高位接盘，庄家会动用各种手法引诱投资者，让投资者迷失在股价还将大涨特涨的美梦之中。把握庄家高位出货节奏，分清良性震荡和恶性跳水的区别，从而尽可能回避风险是极为必要的。庄家出货的几种基本手法如下。

一、随机震荡出货法

随机震荡式出货是采用震荡的手段来掩饰主力派发的痕迹。换言之，就是要在派发手中筹码的同时，还要维持较高的人气。主力在高价区反复制造震荡，让散户误以为只是在整理而已，于震荡中慢慢分批出货。这种出货时间长，常用于大盘股或重要的指标股出货操作。

从盘面的角度来看，股价在采取向下震荡的时候，向下抛出的卖单具有连续性，并且卖单比较均衡，成交量比较真实。在向下震荡至箱体底部或较低价位时仍有较大的抛单。这些较低位的抛单出来后，股价仍然疲软。当股价借大盘走好或利好公布而采取向上震荡时，买单往往不具备连续性，或者持续性的买单很假，绝大部分为主力诱多时的对敲盘。当股价向上震荡到一定价位时，只要上档持筹投资者稍有抛售意愿，主力根本不愿正面交锋，股价遂掉头向下（图 8–20）。

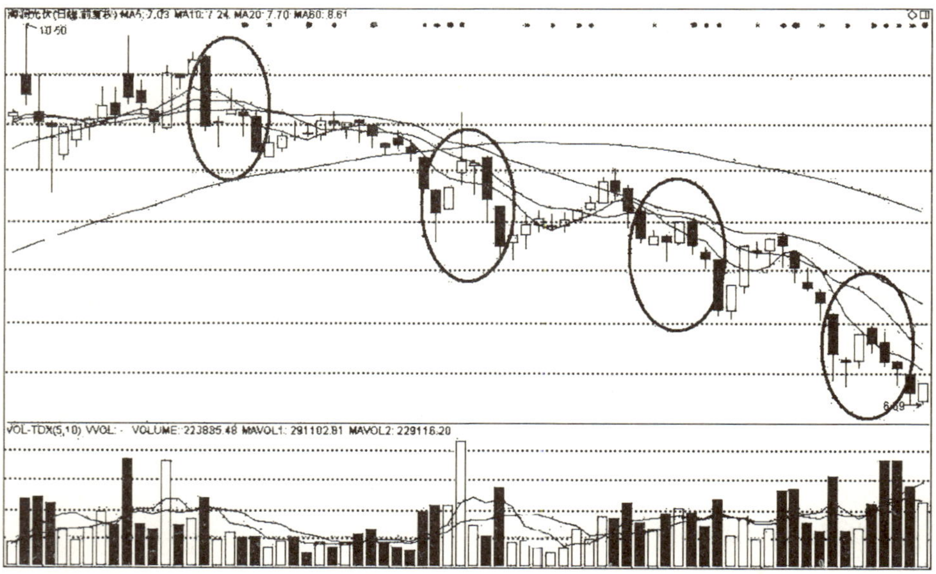

图 8–20 随机震荡出货法

从成交量的角度来看，在股价下跌时，成交卖单均衡而持续，显得比较有组织、有计划，从而在 K 线走势图上和分时走势图上留下跌时放量的痕迹。在股价向上震荡时，多头力量基本上来自对后市仍抱有幻想的普通投资者，此时的买单就显得零碎和杂乱，缺乏集中性和计划性，从而在 K 线走势图上和分时走势图上留下涨时缩量的痕迹。这种跌时放量、涨时缩量的不健康的量价关系，表明了主力急于出局的心理。

二、明升暗逃出货法

采用技术手段或间歇地发布各类利好消息的手法，吸引散户全面跟进，操纵股价高开，一边放量对倒，一边出货（图 8–21）。运用此方法须选择大盘人气高涨、群情激昂、买气最盛时。主力利用个股利好或者传闻，在上档每相隔数个价位放上大笔卖单，趁人气鼎盛时，自己率先快速小批量买进，引诱跟风盘蚕食上档卖单，在股价快速上涨的过程中，不知不觉地将筹码转换到中小投资者手中。这种出货方式要求人气旺盛，消息刺激性强，适合中小盘股操作。但这种出货方式庄家风险很大，只能在行情较为火爆时才能稍有把握成功出货。

图 8–21 明升暗逃出货法

三、梯级下压出货法

这种情况的出现，往往因为庄家发现了前瞻性的利空消息，迫使庄家悄然撤庄。投资者千万别以为庄家只有拉高股价才能出货，事实上庄家持股成本远远低于大众持股水平，即使打压出货也有丰厚利润。这种出货方式阴险而隐蔽，容易将股性搞坏，一般庄家不愿采用。

梯级下压出货法常见于小盘绩差类个股。打压出货以主力派发筹码为目的。从盘面上来看，虽然也是快速下跌，但盘中多有反弹，以吸引买盘跟进，同时稳定套牢者之持股信心。股价总体走势呈逐波下探之势，重心快速下移，在日 K 线上往往形成长阴线（图 8–22）。由于股价下跌的过程中卖出的成交量都是真实的，常常一张卖单打低数个价位，而盘中向上做反弹时却有对敲盘出现，其目的是引诱跟风盘。因此，打压出货未必有巨量成交放出，相反，由于抢反弹的人越来越少，成交量还会逐步缩小。

图 8–22　梯级下压出货法

炒股箴言

投资者要注意不要做庄家的牺牲品。庄家的消息或者庄家外围的消息，在买进之前可以信，但出货时千万不能信。出货是自己的事情，任何庄家都不会告诉你自己在出货，所以出货要根据盘面来决定，不可以根据消息来判断。

第三节　跟庄的技巧

投资者在学习阶段要了解各类庄家通用的坐庄手法，还要在实战中熟悉当前庄家的表现特征和常用手段，只有知己知彼，才能百战不殆。由于庄家在暗处，只要稍微使用一些手段，散户的心态和筹码的松紧就一目了然，所以散户投资者一定要学会跟庄的一些技巧，才能更好地与庄共舞。

发现庄家的行踪

散户一般很难发现庄家的行踪，庄家的操盘方案都是绝密的，一旦秘密泄露，将会影响庄家整个操盘的规划。但是散户可以通过盘口语言来判断庄家的行踪，所以弄懂盘口语言这门股市中的“外语”非常必要。散户捕捉主力行踪的方法不外乎两种，一是从成交量分析，从走势看出主力意图，二是从市场气氛看主力的意图。

庄家可以利用股价走势对技术指标进行精心“绘制”，但由于庄家的进出量大，如以散户通常的每笔成交量操作，其进出周期过长将延误战机，导致做庄失败。所以可以判断，如果平均每笔成交量突然放大，肯定有庄家行动。至于庄家行动的方向和目的，则需配合其他情况具体分析。

几乎所有的坚实底部，在它的低点或是平台部位都会出现成交量剧减的局面，这种现象表示卖压已经消竭，持股者不再愿意杀低。如果此后成交量一路放大，且股价收涨，那就表示有一股新的力量介入，主力进场做多的意图表现无遗，投资者可以大胆跟进，利润必远大于风险。

要做到这一点，投资者必须加强看盘功夫的锻炼，全面掌握各种技术分析方法。投资者先应该掌握基本的技术分析方法，在此基础上，再练些套路，这些套路可以是庄家主力操盘的常见手法，比如洗盘、拉抬等。

散户捕捉主力行踪的另一种方法，是从主力制造的种种市场气氛中看出主力的真实意图，即从市场气氛与庄股实际走势的反差之中发现问题。在主力吸货时，常常会有利空消息传出来，如果你看到股评家极力唱空，但这只股票的走势分明显示有庄家吸货的痕迹，那还有什么疑问呢？在主力出货的时候，往往当天各种股评都会极力推荐，似乎一定要投资者在今天买入才能甘心，但该股当天竟冲高回落，成交量巨大，那不是主力出货又是什么呢？

散户介入每只股票之前，必须考虑风险与报酬的比例，必须注意到介入该股的价位与长期底部的距离、乖离率的大小等因素。散户跟随主力时选择理想的底部介入才是最佳和最安全的策略。毕竟股价要大涨，必须要有健全而完整的底部图形，筹码安全性高，将来上升的阻力才会小。底部结构不理想的个股，很难有好的表现。投资着千万不要忽视一个完整的底部图形，更不要无视它的威力，嘲弄或不信任完美图形的人，无异与市场作对，逆行情的操作是会受到重创的。

炒股箴言

散户平时要加强个股的基本分析及炒作题材分析，借以找出可以被主力介入的个股。除了注意关注上市公司的各种报道之外，更需多注意筹码归向分析，追踪盘面浮码多少。如果发现浮码日益减少，应密切注意。

判断庄家的强弱

在股市上操作，只有跟着庄家的节奏，跟着庄家所操作的个股走，才有机会获利。尤其是要跟着较强的庄家，获利的机会才会较多。反之，如果没有跟着庄家，或者跟着较弱的庄家，则获利的机会将大打折扣，甚至亏损。一般来说，判断庄家的强弱，有如下几点标准。

一、突发性利空发生时，股价走势坚挺

突发性利空包括大盘和上市公司两个方面。这种“突发性”往往令许多机构都没有思想和资金等方面的绸缪，通常是以股价的下跌来回应，而实力强劲的庄家则有能力化解各种晦气成分，不会随便随俗浮沉。它在利空的情状下或许会以横盘以至逆市上扬的走势来表现。

二、与同类板块中的其他个股比较

在目前的市场中，板块联动是较为明显的一个规律，常常表现为齐涨齐跌。而较强庄家介入的个股，在大部分基本条件相差不大的条件下，则会在走势上强于同类板块中的个股（图 8-23）。

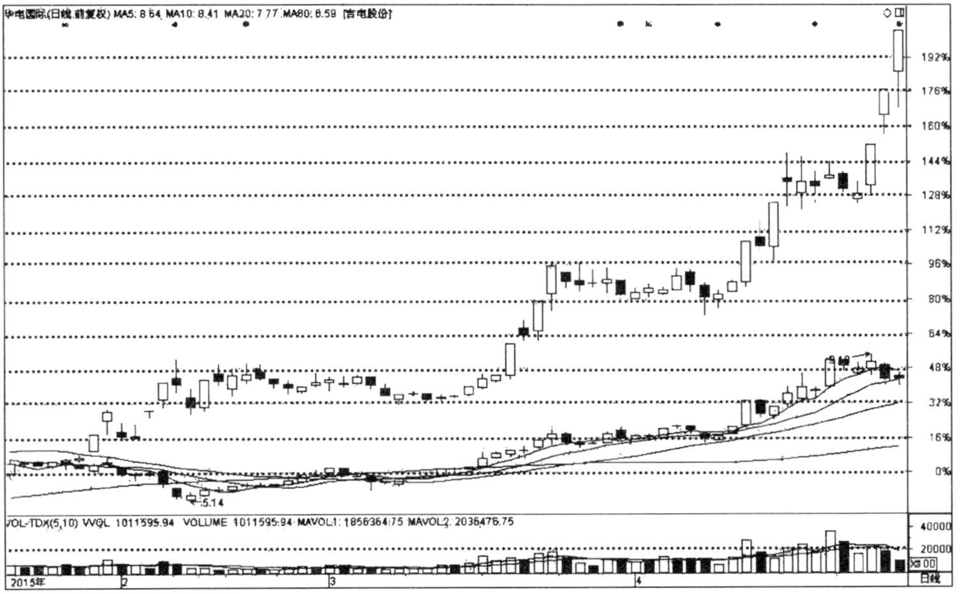

图 8-23　与同类板块个股比较发现强庄股

炒股箴言

在各种基本条件接近的情况下，特别是走势形态差不多的时候，一般流通盘较大个股的可信度要高于流通盘较小的个股。因为流通盘的偏大，则意味着庄家需要更强的实力、更多的资金去操作和控制它。

三、从时间角度和 K 线判断

从时间角度来说，能够更长时间保持独立于大盘走势的个股，其控盘的庄家实力相对就比较强。表现在股价形态上，中、短期均线呈多头排列，形态上升趋势明显，涨跌有序，起伏有章，这也是强庄的特征之一。如图 8－24 所示，美的集团走势突然独立于大盘，显示有强庄控盘。

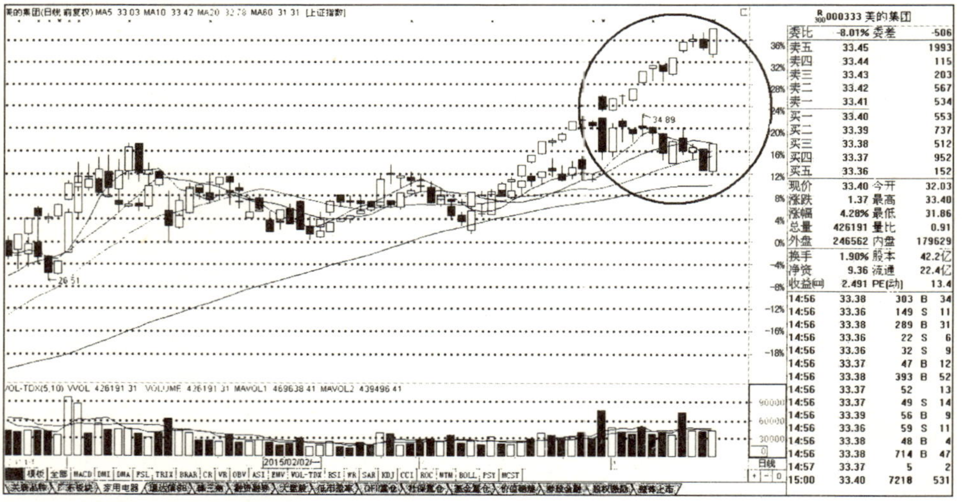

图 8－24　美的集团的 K 线走势突然独立于大盘，显示有强庄控盘

单纯从 K 线判断，一般强庄股往往具有某种规律性，如 K 线形态、拉升的幅度、拉升的角度，表现出极强的控盘能力（图 8－25）。强庄股 K 线本身一般红多绿少，这表明涨的时间多于跌的时间，阳 K 线的实体大于阴 K 线的实体，庄家做多的欲望较强，市场的跟风人气也比较旺盛。可以经常观察到，

个股在上涨的时候力度比较大，在涨幅的的前列常常看到它的影子；而下跌的时候幅度却远远小于其他的个股，并且成交量高于盘中个股的一般水平。

图 8-25　某强庄强势制造出来的行情（每日的 5 分钟线行情几乎一模一样）

投资者还可以根据自己的经验去寻找其他的一些判断方法，但在跟庄的同时不要忘记，选择适当的大势背景及时间，是操作中较为关键的要点。

计算庄家的持仓量

股价的涨跌，在一定程度上是由该股筹码的分布状况以及介入资金量的大小决定的：动用的资金量越大、筹码越集中，走势便较为稳定，不易受大盘所左右；动用的资金量越小、筹码分散在大多数散户手中，股价走势涨难跌易，难有大的作为。那么如何估算主力的持仓数量呢？要非常精确地知道庄家的持仓量是一件不可能的事情，我们只能根据不同的阶段、不同的时间，用某种方法去大致估算它。

庄家吸筹一般分为两个阶段，低位吸货和拉高吸货。初级吸货阶段的持仓量比较容易计算，可以认为吸筹量占全部成交量的15%～30%。

拉升阶段有两种形式，一种是急升走势，这是庄家主动收集筹码的方法，一般以全部成交量的50%作为庄家吸筹量；一种是缓升走势，这个时候，庄家往往是进货和出货在同时进行，不断地赚取差价降低成本，可以认为庄家的吸筹量为成交量的25%～35%。

对于一些吸货期非常明显的个股，大致测算庄家持仓量较为简单，其公式为：

持仓量＝（吸货期×吸货期每天平均成交量÷2）－（吸货期×吸货期每天平均成交量÷2×50%）

从公式中可以看出，吸货期越长，庄家持仓量就越大；每天成交量越大，庄家的吸货也就越多。

此外，根据换手率也能估算出庄家的持仓量（图8－26）。

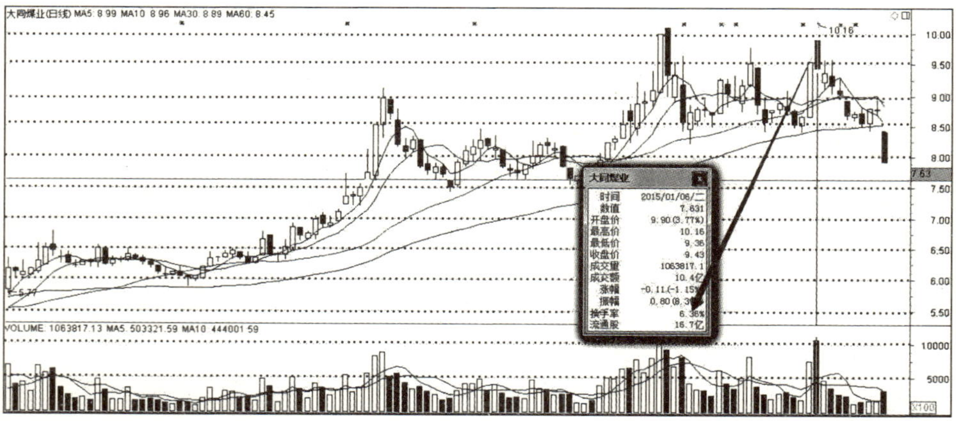

图8－26 从换手率看庄家持仓量

一般而言，股价在上升时庄家占的成交量为30%左右，而在下跌时为20%，而上涨时放量，下跌时缩量，我们可初步假设放量：缩量＝2：1，则在一段时间内，庄家持仓量为（2×30%）－（1×20%）＝60%－20%＝40%，即在上升时换手率为100%，下跌时换手率亦为100%时，庄家的控筹程度初算结果。但这样计算过于复杂，我们可粗略计算，在这段换手总率为200%的时间内，庄家可能持筹40%，则当换手总率为100%时可吸纳的筹码应为

(40%)/(200%)×100%=20%。

在一般情况下，股价上涨都伴随着成交量的同步有效放大，技术上称之为“价涨量升”，这往往是获利盘、兑现盘急于出局所造成的。然而，我们也可以看到随着股价的不断上涨，有些个股成交量反而逐渐缩小，这表明庄家的持仓量较大，没有多少浮码在外面，这种个股只要大盘不转势、走势不破位，投资者就可以继续持仓与庄共舞。

在许多情况下，如果股价处于低价位区域时，成交相当活跃、换手率很高，但股价的涨幅却很小，一般都是庄家的吸筹行为，换手率=吸货期成交量总和÷流通盘×100%。就这方面因素来说，股价在低位区域换手率越大，表明庄家吸筹就越充分，这点也提醒投资者应该重点关注那些股价在低位落后于成交量变化的个股，它们将是下一阶段机会较多的一批个股。

计算庄家的目标位

知道庄家的目标位就等于拿到庄家粮仓的钥匙，但股票千差万别，预测起来困难重重，投资者可通过做庄长短、市价高低、盘子大小等因素估算庄股可能的升幅。

一、做庄时间长短

庄家有短线庄家、中线庄家、长线庄家之分，做庄时间越长，升幅越可观。短线庄家控制的筹码不多，有10%的升幅即可达到做庄目标，行情极难把握。中线庄股在升幅100%左右的位置会遇到较大的阻力，一般来说，当升幅达到100%时属于高风险区。投资者可从走势图上观察庄家做庄的长短，若某股庄家介入很早且一直没有出货迹象，可推算此庄家的目标较远大。

二、盘股大小

小盘股上升空间广阔，流通盘越大上升需要的能量越多，升幅受到限制。升幅翻几番的个股流通盘都在2000万~3000万股。

三、市价高低

低价股的升幅往往较高价股更有想象力，黑马常常从低价股中蹿出。市价4.5元的低价股即使升一倍依然属于“低”价股，高价股即使升10%亦让人望而却步。

炒股箴言

股票升幅与庄家成本有关，成本越大越需向上拓展空间。投资者观察目前价位庄家是否有获利空间，若庄家获利菲薄，自然可放心持股。

分析庄家锁定筹码的特征

散户跟庄炒股若能准确判断庄家的持仓情况，盯牢一只建仓完毕的庄股，在其即将拉升时介入，必将收获一份财富增值裂变的惊喜，这里面的关键是如何发现庄家已筹码锁定。

一般具备了下述特征之一就可初步判断庄家筹码锁定，建仓已进入尾声。

（1）K线走势我行我素，不理会大盘而走出独立的行情（图8－27）。有的股票，大盘涨它不涨，大盘跌它不跌，这种情况通常表明大部分筹码已落入庄家囊中。当大势向下，有浮筹砸盘时，庄家便把筹码托住，封死下跌的空间，以防廉价筹码被人抢了去；当大势向上或企稳，有游资抢盘时，庄家由于种种原因此时仍不想发动行情，于是便会出现凶狠的砸盘，封住股价的上涨空间，不让短线热钱打乱炒作的计划。此时股票的K线形态就会横向盘整或沿均线小幅震荡攀升。

（2）遇利空打击，股价不跌反涨，当天虽有小幅无量回调，但第二天便收出大阳，股价迅速回复到原来的价位。当突发性利空袭来时，庄家措手不及，散户筹码可以抛了就跑，而庄家只能兜着。于是从盘面上看到利空袭来当天，开盘之后抛盘很多而接盘更多，不久抛盘减少，股价企稳。由于害怕散户

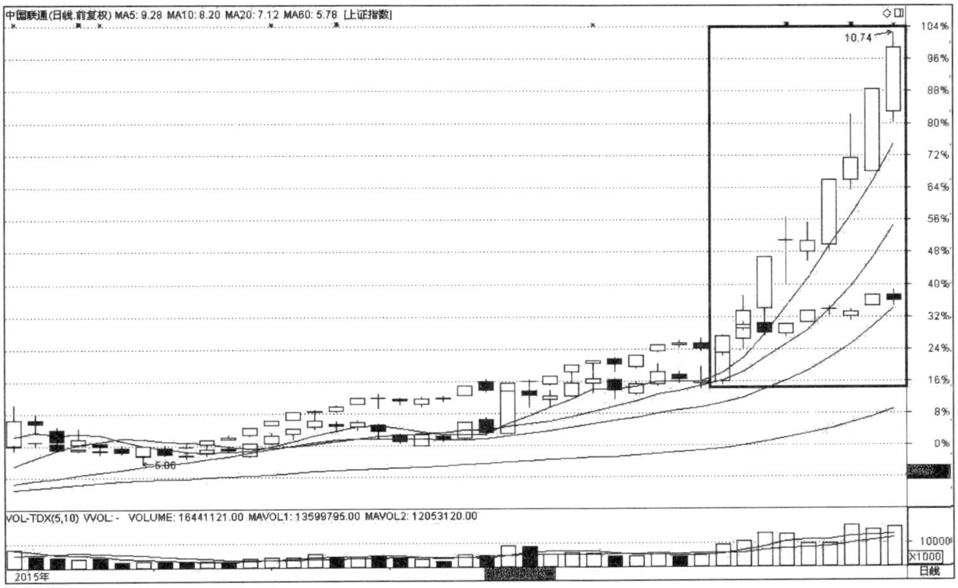

图 8-27　中国联通走出独立于大盘的行情

捡到便宜的筹码，第二天股价又被庄家早早地拉升到原位。

（3）K 线走势起伏不定，而分时走势图剧烈震荡，成交量极度萎缩。到了吸筹末期，庄家为了洗掉短线获利盘，消磨散户持股信心，使用少量筹码做图。从日 K 线上看，股价起伏不定，一会儿到了浪尖，一会儿到了谷底，但股价总是冲不破箱顶也跌不破箱底。而当日分时走势图上更是大幅震荡。委买、委卖之间价格差距也非常大，有时相差几分，有时相差几毛，给人一种莫名其妙、飘忽不定的感觉。成交量也极不规则，有时几分钟才成交一笔，有时十几分钟才成交一笔，分时走势图画出横线或竖线，形成矩形，成交量也极度萎缩。上档抛压极轻，下档支撑有力，浮动筹码极少。

炒股箴言

庄家进场吸货，经过一段时间收集，如果庄家用很少的资金就能轻松地拉出涨停，那就说明庄家筹码收集工作已近尾声，具备了控盘能力，可以随心所欲地控制盘面。

各类庄家应对策略

庄家的分类按不同的标准可以将其分成不同的类型，对于投资者来说，要学会分析各类庄家以及相应的应对策略。根据庄家操作周期的长短划分，可把庄家分为短线庄家、中线庄家、长线庄家，这是最为重要的三类。下面分别介绍其相应的应对策略。

一、短线庄家应对策略

在对待短线庄股时，一定要有明确的思路，不可有中长线思维。对付短线庄可采用以下策略。

1. 以快制胜

短线庄家的特征之一就是他们往往速战速决，长则一个月左右，短则数天。快进快出，盘面特征为不经洗盘，获利即退，尽快落袋为安；即使亏损，也会尽快止损离场。在跟短线庄时应该以快制胜，不可恋战。

2. 注重成交量分析

这类股票低位突然放量时应立即跟进，跟短线庄就是投机，投机就不要做基本面分析，只要有量就行，既然庄家要做，就一定会有题材。

3. 关注热点转移

短线庄家借助于朦胧利好时大量进货，待股价上扬，众人追涨时，赶紧出货。强势市场有一个热点轮转的特征，短线炒家必须紧扣市场脉搏，注意观察下一板块的启动迹象，以免延误时机。热点转移往往伴随着主力资金的流向的转移，所以投资者要密切关注大单动向（图 8-28）和每日主力资金的流入和流出情况（图 8-29）。

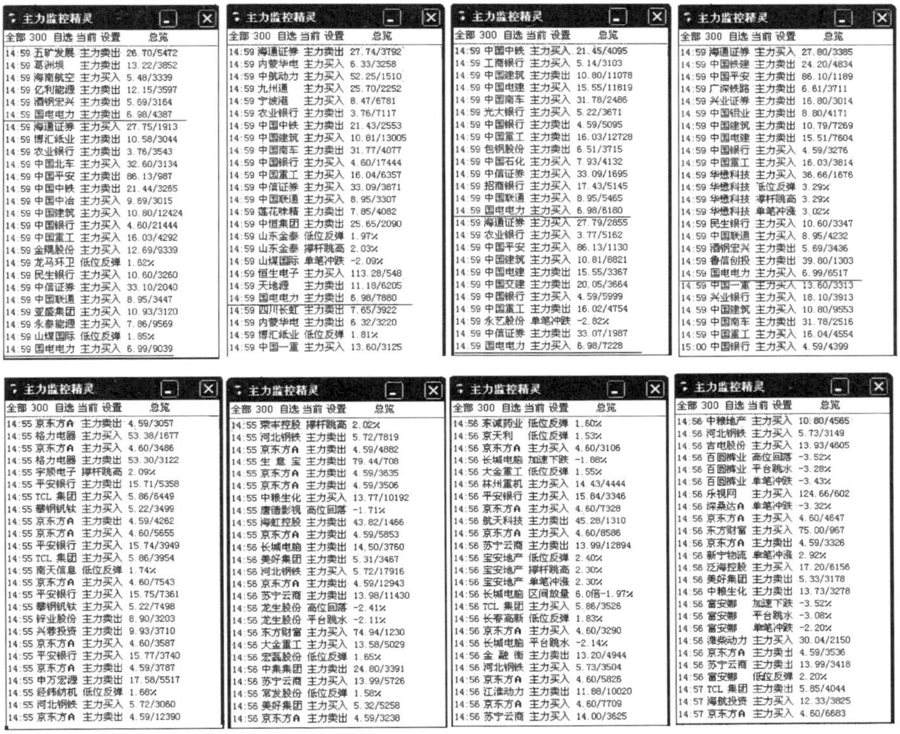

图 8-28　大单流向监控

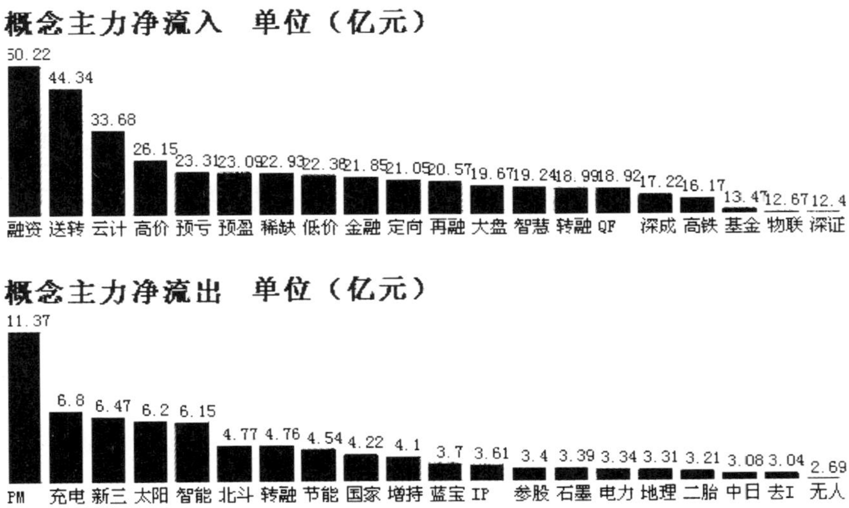

图 8-29　每日主力资金流入流出情况

4. 设置止损

短线庄家操作股票重势不重价，也不强求持仓量。收集筹码少，控盘程度为5% ~20%；收集期特别短，部分游资的操作，在1~2天就可以收集完毕，这类情况下拉升空间一般为10% ~30%，获利目标一般为5% ~20%。当然也有不少的短线庄家会根据市场的跟风程度加长做庄的周期，炒作的目标价定位在20% ~50%。但对待短线庄家不能贪高，上涨20%时就可以卖出，及时获利出货，落袋为安。

炒股箴言

做短线操作，资金股票要集中。股票最多不能超过两种，资金应集中投入，一般在90% ~100%，这样才有利于跟踪观察，才可能取得较大回报。

二、中线庄应对策略

对付中线庄可采用以下策略。

1. 不轻易放手

中线庄股一般有较大的获利空间，中线庄家拉升空间一般为50% ~100%，获利目标一般为50%以上。由于中线庄家锁定大量筹码，很容易把股价抬高，而且正因为吸筹太多，将来出货也难，因而必须有较大升幅以保证在出货时价格下跌仍能有所盈利。因此，对付中线庄家不应轻易放手，要做足波段。只要该股的基本面情况没有变化，不管它的短线涨跌，坚决持股不放。

2. 关注年报行情和中报行情

中线庄家所依赖的东西都是他本身能力以外的，风险比较大，操作起来比较谨慎。中线操作通常有一个良好的炒作题材，如购并、送配股、股权转让等，以便庄家拉抬时师出有名。因此，中线庄股的炒作要注重题材面和业绩面，一般年报行情和中报行情应关注（图8-30）。中报行情应注重绩优股，因为绩优股始终是报表行情的热点，庄家也会借题发挥；而年报行情应注重次新股，尤其是资本公积金高、股本较小、业绩又不错的股票，因为这类股题材丰富，易受市场追捧。

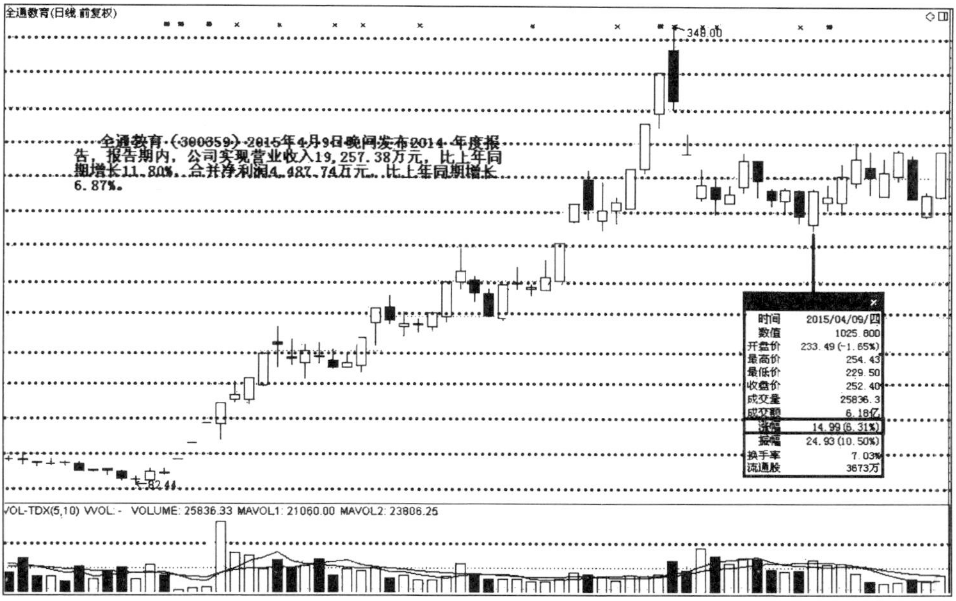

图 8-30　年报行情和中报行情影响股价

3. 注意介入点和出货点

中线庄家往往采取波段式操作。因为要有较大升幅，所以每拉升一段要充分洗盘，让散户手中部分筹码换手，当然，洗盘时又不致破坏上升趋势线。所以投资者可在有量盘整时介入。

中线庄家的出货判断并不太难。中线庄家有明显的收集期和派发期。其控盘程度为30%～80%，因此前期收集时间长，盘面特征为营造波段式的上升趋势，在日线图上往往留下明显的痕迹，具体表现为：在接近底部时，大市持续下跌而该股不再下跌；大市盘整时它却攀升，成交量温和增大。

炒股箴言

中线庄家由于手中筹码多，派发时间自然比较长。中线庄家不仅高位派发，而且下跌过程也派发，甚至在股价急落到低位时，也会将获利筹码贱价卖出。

三、长线庄应对策略

对付长线庄可采用以下策略。

1. 选择炒作对象

庄家吃进多少筹码，掀起什么样的行情，是决定散户抱多高期望值和跟庄策略的关键。

如果庄家选择新股和龙头股板块，采取轮炒方式，投入资金不多，只在于调动股市人气，则散户应该警惕主力庄家在大盘股上悄悄出货。

2. 选择合适的介入时机

介入时应选择市场较为清淡时，因为这样可以避免高位套牢。长线庄家一般在大市跌至底部时吸足大量筹码，当大市好转时开始拉升。当人气高涨，指数进入高位时，庄家则大量派发。长线庄家吸货时敢于拉高，派发时意志坚决，可谓重势不重价，重股更重时。

3. 不理会波动

跟长线庄股时，投资者可以不理会股价日常的波动，在基本面没有发生根本变化的情况下，无论庄家如何炒作，都不轻易抛售股票，下决心捂股，中间也坚决不做差价，非到自己设定的价位方才出货。

炒股箴言

长线庄家坐庄时间通常在一年以上。坐庄的股票由于筹码锁定好，收集时间长，控盘程度（流通股）在50%以上，盘面特征形成较长期的上升通道，拉升空间在100%以上，获利目标一般为100%以上。

散户跟庄，最要紧的就是要跟定这类庄家。由于庄家实力强大，一般不会受挫。同时还由于是跟上了一波大行情至少是中级行情，散户的收益非常可观。此外，庄家炒大市所借助的手段往往是炒作大盘股板块、新股板块或龙头股板块，散户较易于鉴别，加上庄家进货、出货量大，时间长，散户具有从容应对的时机。

识破庄家常用骗术

随着证券市场的发展，庄家的炒作技巧也飞速发展，从而导致投资者追涨杀跌，结果自然是以庄家的全身而退而告终，所以投资者要学会识别庄家常用的骗术。股市中常见的庄家的炒作骗术如下。

一、高位盘整放巨量突破

巨量是指超过10%以上的换手率。这种突破，十有八九是假突破，既然在高位，那么庄家获利甚丰，为何突破会有巨量？股价在高位盘整突破上攻时，很明显巨量是急于离场的庄家和急于进场的跟风者共同成交的，庄家利用散户熟识的放量上攻骗散户介入。庄家高位出逃必须有人高位接货，如果庄家看好后市的话，完全无必要放巨量，小幅放量就可以了，因此唯一的可能是庄家减仓出逃。所以在看盘时，一定要先看成交量。

二、尾市拉高

庄家利用收市前几分钟用几笔大单放量拉升，刻意做出收市价（图8-31）。此现象在周五时最为常见，庄家把图形做好，吸引股评免费推荐，骗投资者以为庄家拉升在即，周一开市，大胆跟进。此类操盘手法证明庄家实力较弱，资金不充裕。尾市拉高，投资者连打单进去的时间都没有，庄家的目的就达到了。

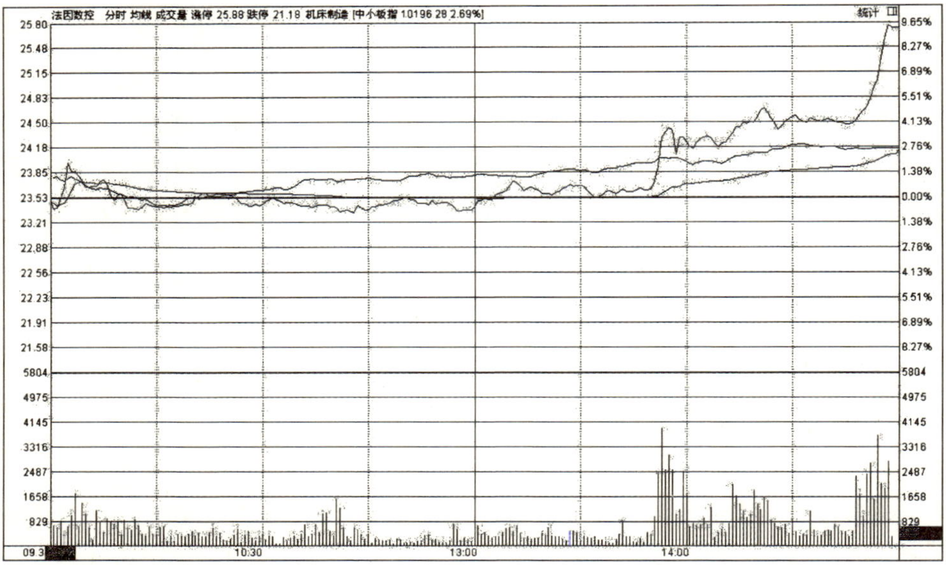

图 8-31　尾市拉高

三、盘口委托单

在三个买卖盘口上，当三个委买单都是大笔的买单，而三个委卖单都是小笔的卖单，一般人都会以为庄家在吸货，反之则认为庄家在出货，如果一切都那么清楚明白，庄家还能骗线吗？庄家出货和吸货的手法和我们的想法正好相反，投资者可仔细观察。

四、盘口异动

有些个股，本来走得很稳，突然有一笔大单把股价砸低 5%，然后立刻又复原，买进的人以为拣了个便宜，没有买进的亦以为值得去捡这个便宜，所以积极在刚才那个低价位上挂单，然后庄家再次往下砸，甚至砸得更低，把所有下档买盘都打掉，从而达到皆大欢喜的结局。散户以为捡了便宜，而庄家为出了一大批筹码而高兴。这是庄家打压出货手法的变异。

五、强庄股除权后放巨量上攻

这种情况大多是庄家对倒拉升派发。庄家利用除权，使股票的绝对价位大幅降低，从而使投资者的警惕性降低，由于投资者对强庄股的印象极好，因此在除权后低价位放量拉高时，都以为庄家会再起一波，做填权行情，因此吸引大量跟风盘介入，庄家边拉边派，庄家不拉高很多，已进场的没有很多利润不会出局，未进场的觉得升幅不大可以跟进。再加上股评的吹捧，庄家就在散户的帮助下把股票兑现为钞票，顺利出逃。

六、涨、跌停板

庄家发力把股价拉到涨停板上，然后在涨停价上封几十万的买单，由于买单封得不大，于是短线跟风盘蜂拥而来，你一千股，我一千股，汇集了一两百万的跟风盘，此时主力就把自己的买单逐步撤掉，然后在涨停板上偷偷出货。当下面买盘渐少时，主力又封上几十万的买单，再次吸引最后的一批跟风盘追涨，然后又撤单，再次派发。因此放巨量涨停，十之八九是出货。有时早上一开盘有的股票以跌停板开盘，把所有集合竞价的买单都打掉，此时就会有许多抄底盘出现，如果不是出货，股价会立刻复原，如果在跌停板上还能从容进货，绝对证明主力在利用跌停出货。

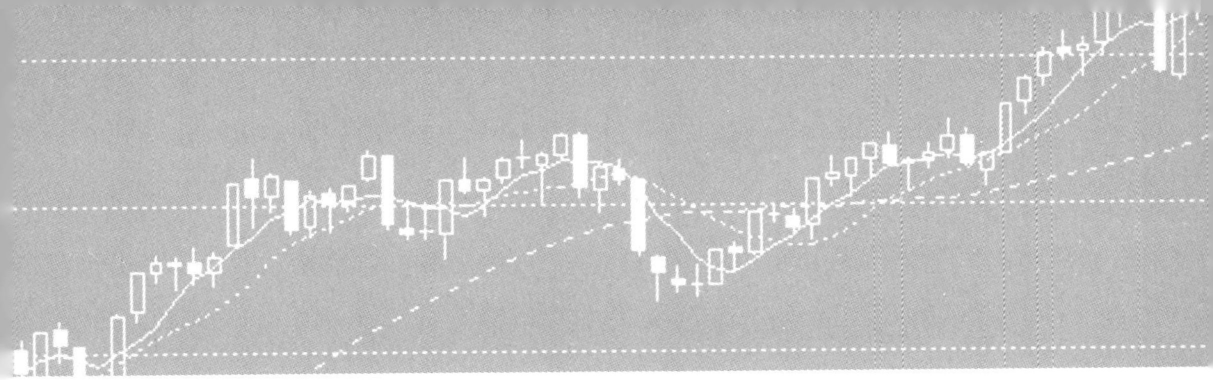

第九章
短中长线总相宜——各周期股票炒股技巧

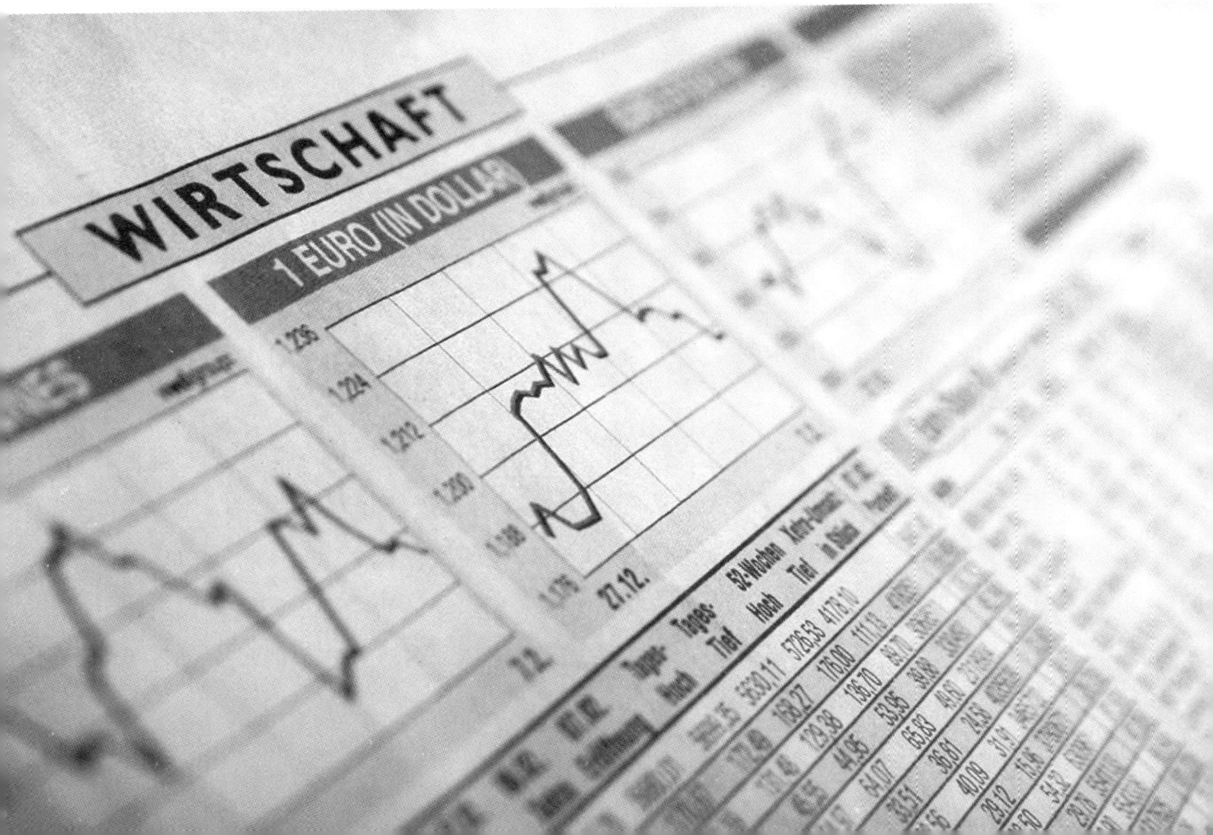

短线投资者是以赚取短期差价为目的的，因此短线交易中技术分析往往比基本面分析更重要。投资者进行短线操作的目的往往是为了获取一个波段性上涨的收益，这时候通过技术分析来识别买卖点尤其重要。短线交易更适合经验丰富、技术分析能力强的投资者。

第一节　关于短线交易

短线交易可以有效地化解时间延长带来的不确定性。另外，相对于中长线交易，短线交易还可以提高资金的周转率。但相应地，短线交易对趋势分析研判的能力要求较高，而且需要投入更多的时间和精力。短线交易是一个较为笼统的概念，持股时间短的股票操作即可称为短线交易。

短线交易的周期

从时间上来讲，短线常常指1周到3个月的时间周期。我国采用的是T+1的交易政策，因此有些人会采用尾盘买入第二天高点卖出的搏超级短线的方式。短线投资者是以赚取短期差价为目的的，因此短线炒股中技术分析往往比基本面分析更重要。

与中线、长线相比，短线交易有其自身的优点和缺点。相对于中线交易和长线交易，短线交易的特点决定了投资者操作时机受大盘风险的限制要少得多。短线投资者在任何的市场状态下都可以介入短线操作，熊市中也可以获得赚钱机会；而中线、长线交易则对系统面、大盘走势的研判要求较高，熊市中不建议中长线持股。短线交易快进快出，操作灵活，可以在庄家的拉升过程中获取波段性的收益，避免庄家震仓甚至洗仓的折磨，同时频繁操作也可以为投资者带来利滚利的机会。

做短线讲究一个“快”字，还讲究一个“短”字，要避免短线长做。有些投资者介入原本做短线的个股后的确马上获利，但此时往往产生获更大利的心理，因此改变自己的初衷，也打乱了原来的操作计划，一旦被套，获利转为亏损，会大大影响投资者的操作心态，这是十分不利的。长期按计划进行操作可以养成良好的操作心态，形成稳定的操作思路，对投资者长期立足于股市是有很大益处的。

短线交易的一般原则

短线交易相对于普通股票操作有其特性，投资者在制定操作策略时，需要遵循几个个性鲜明的原则。

一、资金安全原则

资金的安全就意味着永远有机会，若资金被套了，则即便发现好的机会也不见得能弥补割肉带来的损失。事实上，股市中短线机会是非常多的，无论是在什么行情中。注重资金安全原则的投资者，应该关注的是动能充足、业绩优良或处于快速上涨初期阶段的股票，甚至是处于中长期上升趋势中的股票，这些股票的上涨趋势强劲，起码可以保证投资者不损失本金。

当然，处于下跌趋势中的股票并非不可操作，但需要更精准的分析研判。

二、不要频繁操作

美国一位著名的证券投资家曾经说过：有一种十足的傻瓜，他们无时不刻不在犯错；但有一种华尔街傻瓜认为，在任何时候他都必须进行交易。可见，不是什么时候都适合做短线交易的，即使是在熊市和震荡市，也不是天天都有交易机会。做任何事情，如果想要成功，就必须讲究天时、地利、人和，顺势而为，短线交易同样如此。只有当短线高手所预期的交易环境出现时，只有当市场所提供的机会远大于风险时，才值得短线高手进场。短线交易的目的是寻求最佳的市场机会，而不是所有的市场机会，这一点是重中之重。

三、制定止损止盈目标并严格遵循

投资者进行短线操作的目的往往是为了获取一个波段性上涨的收益，这时候通过技术分析来识别买卖点就尤其重要。在设定的周期内没有赚到差价或发生重大变故时，投资者需要及时止损；没有达到设定周期但股价走势低于预判时，需要及时止盈。短线操作需要快进快出，买股时需要谨慎，卖股时一旦看准，则需要果断卖出。

短线操作的失误率比中长线要高得多，同时由于操作周期较短，其纠正错误的机会也少得多。当股价走势与预期不符时，投资者要及时止损或止盈，收回资金，等待下次机会。

四、勿把短线变中线

有一些短线高手，一旦被套就会把短线交易变成中线交易，为的只是不将账面浮动亏损转化为实际亏损，但这种做法很不明智。第一，这是明显违反短线交易原则的做法，一旦违反了第一次就会有第二次，将会形成破坏交易规则的恶性循环；第二，做短线就是看“势”，既然人气和资金的“势”都不存在了，那么继续捂股的亏损概率就会很高；第三，如果被套的股票将来可以解套，往往其他个股会在同期上涨更多，因为它们早已把“势”吸引过去了；第四，做短线讲究的是追高建仓，这和做中、长线的逢低吸纳是两码事，这样的追高建仓行为，会导致解套的时间比较长，使本该流动的资金被困死一方。

五、把握庄家的思路，与庄共舞

短线投资者需要跟庄操作，通过对 K 线图、资金流动数据、技术指标等进行分析，从而判断庄家的操作计划、买卖步骤，最终在庄家拉升的过程中获取利润。庄家的操作行为在很大程度上能直接影响股价的涨跌，从 K 线图以及指标上可以得到股价走势的反映，这是逆向对庄家行为进行推理的理论依据。

炒股箴言

短线操作中要避免贪念。不甘心止损或不舍得止盈都属于贪念的范畴。理性分析，果断买卖，要严格遵守自己设定的止损或止盈目标。当然，当由于突发事件导致股价动能进一步加强时，投资者可以进一步调整目标价位。比如当有利好消息出现时，可以调高目标价位；当突发利空消息导致股价走势偏离预判时，也要降低目标价位。实际操作中，投资者可以将可动用的资金分成3份。当对股票走势信心充足时，可以投入两份甚至所有资金来操作。当信心并不充足时，可以动用三分之一的资金来操作，从而保证手头有可动用的资金来抓住其余的机会。

短线交易的注意事项

很多人喜欢做短线，因为短线不需要太多的基本分析，同时获利快，但是投资者一定要知道短线操作时的一些注意事项。

一、不宜短线操作的情况

1. 龙头股主升浪时不做短线

主升浪阶段相对回调的时间很少，龙头股会像疯牛一样狂奔。而如果这个时候我们还抱有短线思维，难保不会在中途出局，错过后面大好的上涨波段。图9-1为“一带一路”概念股中国交建，主升浪贯穿2014年10月份以来的行情，这种行情做短线会吃大亏。

2. 个股筑底时不能做短线

这不是说筑底的时候不能抢反弹，只是底在哪里谁都不知道，是上是下谁都不知道。只有抬腿迈开了步，我们才会知道是前进还是后退。因此一定要时

图 9-1 龙头股主升浪时不做短线

刻牢记，要在突破的第一时间抢入，而不是与庄家同步建仓筑底（图 9-2）。

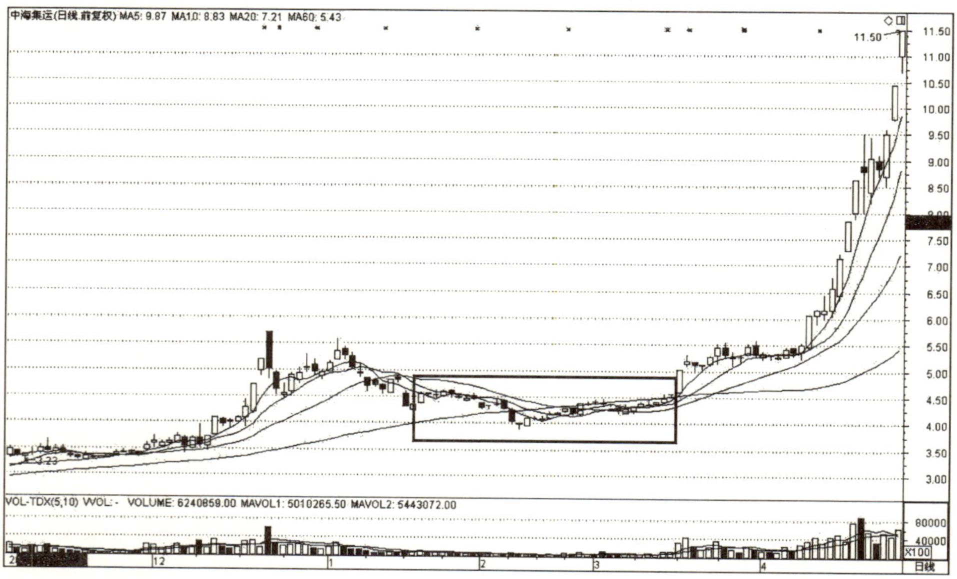

图 9-2 个股筑底时不能做短线

3. 单边下跌趋势中不做短线

在单边下跌行情中，炒短线无异于虎口拔牙，凶多吉少，相当危险。

二、风险控制

短线操作最重要的是要设定止损点。一旦失败就要有勇气止损出局，这点要切记。做短线更要设立目标位，有3%或5%的利润就可以出局，如果红色的K线在你眼里变成了黄金无限延长，这时恰恰是需要出局的时候。短线出局的原则是个股涨势一旦逆转就出局，跌破5日线或股价小于前两天（2日均线走平）或前三天（三日均线走平）的收盘价时就跑，这是比较好的办法（图9-3）。

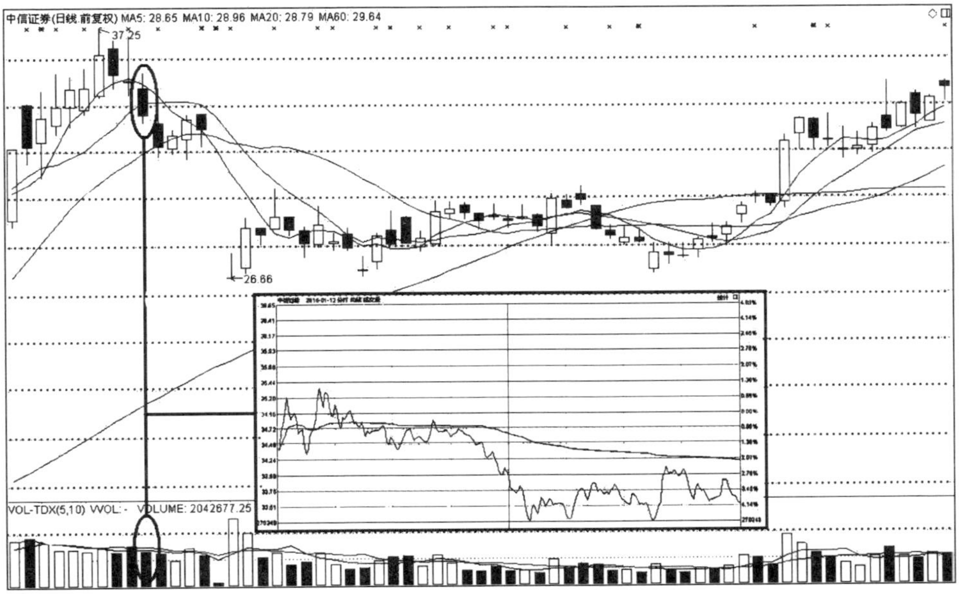

图9-3 个股涨势逆转放量下跌及时止损

三、不适合做短线的人群

1. 不敢追龙头股者

龙头股往往是强庄重兵驻扎，强者恒强是股市不变的法则。人有上中下，个股也一样，涨得快、涨得多与涨得慢、涨得少是截然不同的操盘思路，投资者一定要注意。

2. 反应不敏锐者

短线操作除了要求良好的盘感，还要求思维敏锐、眼明手快，热点板块的龙头个股快速上涨行情大多不会持续一周，后知后觉的人往往会成为接最后一棒的牺牲者。先知先觉与后知后觉虽然只有一字之差，但是操盘结果却是大相径庭、天壤之别。优柔寡断除了自身性格因素外，更多的在于对自己操盘能力的不自信。优柔寡断者总是前怕狼后怕虎，对买卖信号执行不坚决，常常在犹豫间错过了最佳的买卖时机。

3. 不能严格遵守纪律者

在股市中，很多散户常常不自觉地抱有侥幸和不甘心的心理，导致该买的时候迟疑，该卖的时候犹豫，从而与收益擦肩而过。

第二节　短线交易的技巧

短线选股技巧

短线投资者一般持股时间不长，短则一两天，长则一两周；如何短线炒股一般不太关心个股的业绩和潜质，只关心个股近期会不会涨，会涨多少。所以短线炒手的选股方法更倾向于技术分析，尤其是盘面分析，主要有以下几个方面。

一、成交量

股谚曰“量为价先导”，量是价的先行者，股价的上涨一定要有量的配合。成交量的放大，意味着换手率的提高，平均持仓成本的上升，上档抛压因此减轻，股价才会持续上涨。有时，在庄家筹码锁定良好的情况下，股价也可能缩量上攻，但缩量上攻的局面不会持续太久，否则平均持仓成本无法提高，抛压大增，股票缺乏持续上升动能。因此，短线操作一定要选择带量的股票（图 9-4），对底部放量的股票尤其应加以关注。

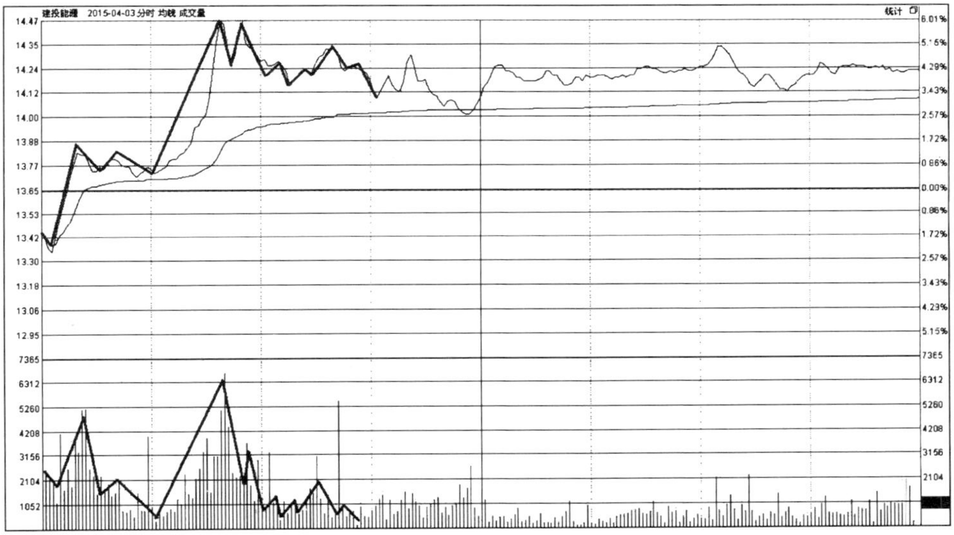

图 9-4　短线操作要选择带量的股票

二、走势

俗话说“强者恒强，弱者恒弱”。除有理由判断一只股票会由弱转强，否则轻易不要介入弱势股。但强势股并不是指当天上涨的股票，区别个股是否是强势股，有以下方法：个股走势比大盘强。一方面是个股总体涨幅高于大盘，一方面是上涨时走得快，下跌时抗跌性强，回落慢，而且会脱离大势，走出自己的独立行情（图 9-5）。

三、均线

短线操作一般参考 5 日均线、10 日均线或 3 日均线、7 日均线和 13 日均

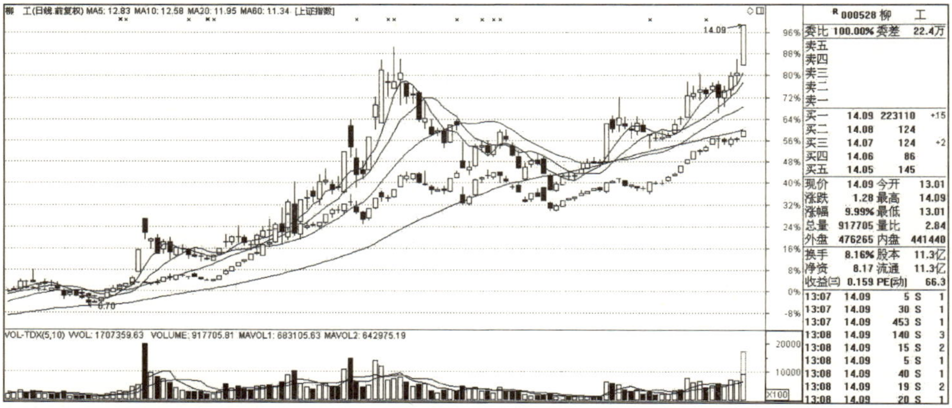

图 9-5 强势股与大盘比较走势更强

线。5 日均线上穿 10 日均线，或 7 日均线上穿 13 日均线是金叉，是买进时机（图 9-6）。反之则称作死叉，是卖出时机。两条均线都向上排列称为多头排列，是强势股的表现，股价缩量回踩 10 日均线或 13 日均线是买入时机。两条均线都向下排列称为空头排列，是弱势的表现，短线不宜介入。

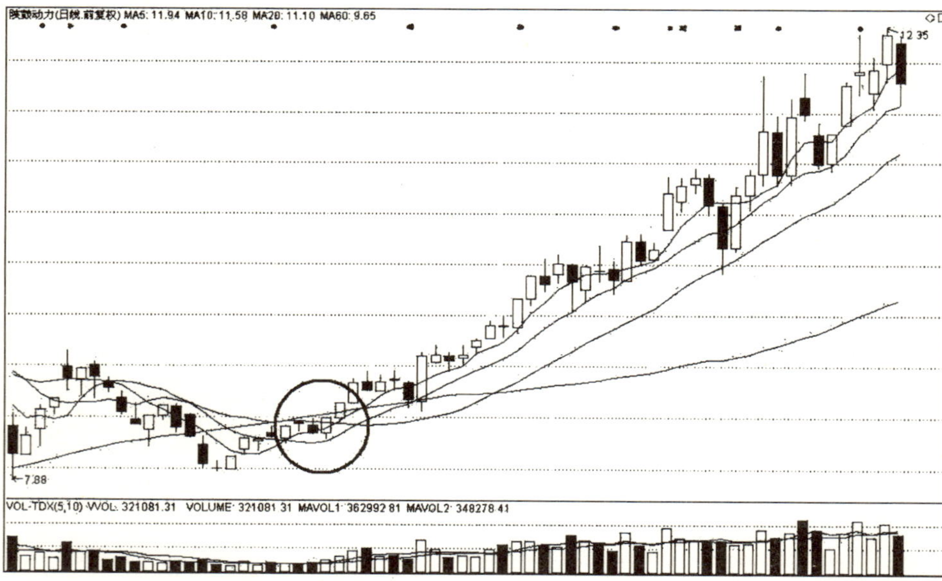

图 9-6 5 日线上穿 10 日线构成买入时机

四、技术指标

股票市场的各种技术指标数不胜数，至少有几百种，它们各有侧重，投资者不可能面面俱到，只需熟悉其中几种便可。比较常用的有 MACD、KDJ、RSI、BOLL 等，上文已有介绍，此处不再赘述。

炒股箴言

短线炒股，一定要快进快出，并要设好止损位，具体设定值视个人情况而定，可为 5%，也可为 10%。当股价跌破止损位时，一定要果断卖出，即便是股价还有上涨的可能，也应回避风险出局，严格按照止损位操作。

短线买卖技巧

在股市投资中，短线投资者若想更好地获利，掌握更多的股市投资技巧是关键，很多投资者不懂得运用股票投资技巧进行股票操作，所以在股市投资上无法获取很好的利润。那么短线投资者在股市投资如何才能够更好地获利?

一、积极参与市场热点

能够及时发现市场的短期热点所在。事实上总有少数个股不理会大盘走势走出出色的短线行情，同时带动整个板块。短线操作的对象就是要选择这类被市场广泛关注但大部分人还在犹豫、不敢介入的个股。

不少投资者机械地固守“长线是金”的教条而排斥积极追随热点并不断换股的操作手法，捂股不动不仅有可能几个月下来一无所获，而且很容易在不经意和消极等待之中被套牢。追随市场热点是投资者赖以战胜大盘并取得理想投资收益的途径之一。因此，投资者如果能够按照股市热点的轮换规律把握住市场机会，则仍能获得相当可观的投资回报。热点股中国北车在牛市行情中飙涨 400% 以上，积极介入将收获颇丰（图 9-7）。

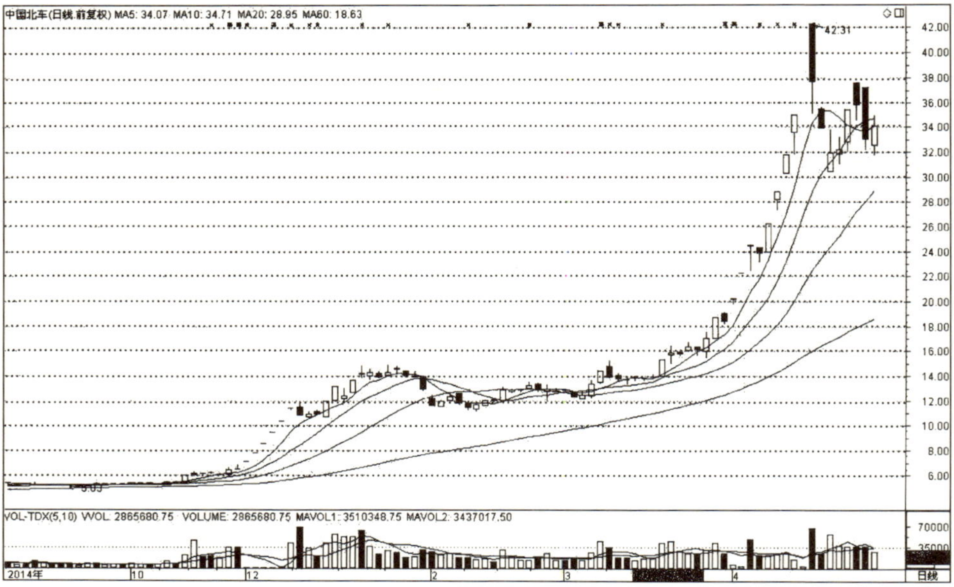

图 9-7　中国北车走势图

二、重点抓强势板块中的龙头股

在热门板块中挑选个股的时候，一定要参与走势最强的龙头股，而不要选择参与补涨或跟风的个股。这类龙头股在板块走强的过程中，往往上涨时冲锋陷阵在先，回调时走势抗跌，能够起到稳定军心的作用。龙头股通常有大资金介入背景，有实质性题材或业绩提升为依托。通常情况下，龙头股可以从成交量和相对涨幅的分析中选择。从图 9-8 通讯板块龙头股中国联通的走势图，可以看到，即便大盘下跌，中国联通依然走势强劲。

三、运用各种技术分析工具

虽然我国股市存在庄家设置图表陷阱的现象，导致在某些情况下技术分析方法失灵，但真正领悟了技术分析的精髓之后就能具有识别技术陷阱的经验方法，在此基础上运用技术分析方法确定中短线个股的买卖时机，仍然不失为一种有效和可行的途径。如：组合移动平均线的运用，资金流向及成交量分析，

图 9-8 中国联通走势图

形态理论运用等看似十分简单的分析方法，在实践中如能结合基本分析正确地运用，对投资者选股很有帮助。比如，从技术上分析，超短线候选股必须是 5 日均线向上且有一定斜率的才考虑。买入的时机是在中长阳线放量创新高后，无量回抽 5 日均线企稳的时候。但有的时候遇到连续放量暴涨的个股，尤其是低位放量起来的个股，次日量比又放大数倍乃至数十倍的可以追涨进场。

四、严格遵守纪律

超短线操作最重要的是要设定止损点，一旦失败就要有勇气止损出局，这是铁的纪律。而且一旦选好了超短线个股，就应该按照预定计划坚决地去做。现在能够选出好股的人很多，但能按既定原则操作的人不多。我们在作决定的时候更多的应该相信自己事先比较细致和系统的分析，而不要让所谓的股评家动摇你的意志。

炒股箴言

在进行短期获利法时，投资者要明白，当股价上涨到一定的价位之后，往往风险也是同在的，股价在此时会产生很大的波动，此时也很容易促使大量的其他投资者进行争购，在这种情况下往往能够造成股市行情的持续攀升，有很大可能会出现创出历年最高行情的现象。所以，投资者在采取短线获利法时，只要能把握好时机，在股价出现攀升时买进并适时抛出，便可以获取股票差价带来的利润。

短线追涨技巧

主升浪行情属于绝对不可以踏空的行情，股市中不能踏空的投资方式有两种：一种是在大势尚没有启动的阶段中低买，另一种方式就是追涨。追涨操作必须要制订周密的投资计划，并且采用适宜的投资技巧。

一、追涨盘中强势股

盘中追那些在涨幅榜、量比榜和委比榜上均排名居前的个股。这类个股已经开始启动新一轮行情，是投资者短线追涨的重点选择对象。龙头股主要是在以行业、地域和概念为基础的各个板块中选择最先启动的领头上涨股（图 9-9）。

投资者在主升浪行情中选股需要转变思维，不能完全拘泥于业绩、成长性和市盈率，而是要结合上涨的趋势。具体来说，就是要选择更有盈利机会的个股。另外，投资者也不能看到个股放量涨升了就立即追涨，有时候即使个股成交量突然剧烈增长，但如果资金只是属于投机性质，那么行情往往并不能持久。因此，投资者必须对增量资金的四个方面进行综合分析：资金的规模与实力、资金的运作模式、资金的运作水平、资金的市场敏锐程度。只有在个股的增量资金属于实力雄厚的主流资金时，才可以追涨。

板块全景图

	板块名称	均涨幅%↓	权涨幅%	总成交	领涨品种	涨股比	市场比%	换手率%	市盈
1	证券	7.66	7.45	1120亿	东方证券	22/22	7.87	5.51	
2	运输设备	6.05	0.72	60.2亿	诺力股份	11/16	0.42	0.79	
3	多元金融	5.10	5.24	96.6亿	爱建股份	8/8	0.68	4.63	
4	电脑设备	4.80	3.72	201.6亿	艾派克	24/32	1.42	4.10	
5	商贸代理	4.42	3.83	103.0亿	广东明珠	22/24	0.72	3.28	
6	家居用品	4.25	3.26	64.8亿	易尚展示	13/17	0.46	4.84	
7	交通设施	4.22	4.09	151.0亿	东莞控股	37/39	1.06	1.73	
8	日用化工	4.19	3.06	17.0亿	赞宇科技	7/8	0.12	2.97	
9	传媒娱乐	4.19	3.47	248.9亿	中文传媒	29/37	1.75	3.93	
10	旅游	4.16	3.54	93.2亿	众信旅游	19/25	0.65	4.19	
11	化纤	4.14	4.16	64.0亿	友利控股	20/26	0.45	2.78	
12	供气供热	4.05	3.22	46.1亿	惠天热电	12/16	0.32	3.64	
13	船舶	3.99	3.62	139.7亿	广船国际	6/8	0.98	3.41	
14	建筑	3.95	4.14	573.6亿	东方新星	53/67	4.03	2.86	
15	保险	3.94	3.72	239.4亿	新华保险	4/4	1.68	1.20	
16	房地产	3.82	3.27	598.9亿	世纪星源	113/133	4.21	2.93	
17	综合类	3.81	2.39	124.0亿	广东甘化	23/34	0.87	3.48	
18	通用机械	3.65	3.01	247.6亿	秦川机床	53/69	1.74	5.22	
19	电气设备	3.61	2.66	622.9亿	平高电气	95/131	4.37	4.32	
20	银行	3.53	3.13	482.5亿	南京银行	16/16	3.39	0.53	
21	广告包装	3.49	2.68	118.4亿	省广股份	19/23	0.83	4.50	
22	元器件	3.40	2.48	401.6亿	沪电股份	75/111	2.82	3.65	
23	通信设备	3.39	2.09	294.5亿	奥维通信	44/73	2.07	3.90	
24	运输服务	3.39	3.31	202.5亿	宁波海运	20/29	1.42	2.19	
25	工业机械	3.34	2.83	380.2亿	N田中	78/114	2.67	4.74	

关闭

	代码	名称	涨幅%↓	现价	涨跌	买价	卖价	总量
1	601198	东兴证券	× 10.01	33.75	3.07	33.75	–	106.9万
2	600958	东方证券	× 10.01	33.31	3.03	33.31	–	225.0万
3	601688	华泰证券	× 10.00	30.04	2.73	30.04	–	213.9万
4	000783	长江证券	× 9.99	17.83	1.62	17.82	17.83	338.8万
5	002500	山西证券	× 9.98	26.22	2.38	26.22	–	174.0万
6	000686	东北证券	× 9.46	24.52	2.12	24.51	24.52	114.2万
7	002736	国信证券	× 8.88	30.04	2.45	30.03	30.04	168.2万
8	002673	西部证券	× 8.77	68.68	5.54	68.67	68.68	629555
9	601788	光大证券	× 8.74	32.96	2.65	32.96	32.97	975097
10	600837	海通证券	× 7.51	27.62	1.93	27.63	27.64	433.3万
11	600369	西南证券	× 6.97	24.55	1.60	24.54	24.55	100.4万
12	000776	广发证券	× 6.93	27.77	1.80	27.77	27.78	137.1万
13	601555	东吴证券	× 6.60	25.99	1.61	25.98	25.99	883900
14	601377	XD兴业证	× 6.56	17.06	1.05	17.05	17.06	234.3万
15	600030	中信证券	× 6.55	33.01	2.03	33.02	33.03	462.8万
16	600999	招商证券	× 6.52	34.48	2.11	34.49	34.50	143.0万
17	600109	国金证券	× 6.25	28.37	1.67	28.36	28.38	278.6万
18	000750	国海证券	× 6.01	19.40	1.10	19.39	19.40	108.1万
19	601099	太平洋	× 5.95	14.77	0.83	14.76	14.77	257.3万
20	000728	国元证券	× 5.82	34.54	1.90	34.53	34.54	620694
21	601901	方正证券	× 5.78	14.63	0.80	14.63	14.64	233.4万
22	000166	申万宏源	5.23	18.32	0.91	18.32	18.33	330.1万

图 9-9 从板块涨幅榜中找强势股

二、追在个股低位点

追涨的最佳境界是在个股低位启动时，尽管后市在拉高一波后会有一定的震荡，但都不会再比你所追入的价位低。低位追入，风险非常小。当然，道理是每个人都明白的，只是对于低位应该如何去把握的问题。当个股在一个相对较低的价位时，有较多的投资者愿意在这个价位买入，所以就会有量的放出。尤其是一轮大熊市的后期，当个股都回到了原来的起涨点时，至少应该是低位底部了。确定低位的方法很多，图 9-10 中，利用底部现阳线反转确定中国船舶的底部，至少可以三次确定底部。

三、追涨停股

涨停板是个股走势异常强劲的一种市场表现，特别在个股成为黑马时的行情加速阶段，常常会出现涨停板走势。追势强涨劲的涨停股，可以使投资者在短期内迅速实现资金的增值。现实中，追涨停股是比较困难的，一般不是买不进就是不敢买，而且涨停股有很多种形态，有些可以买，有些是庄家拉高出货，不仔细辨别的话风险也很大。但在牛市行情中热点频现，追涨停股还是有规律可循的。图 9-11 的中国一重集合了核电热点、国企重组、低估值等多个

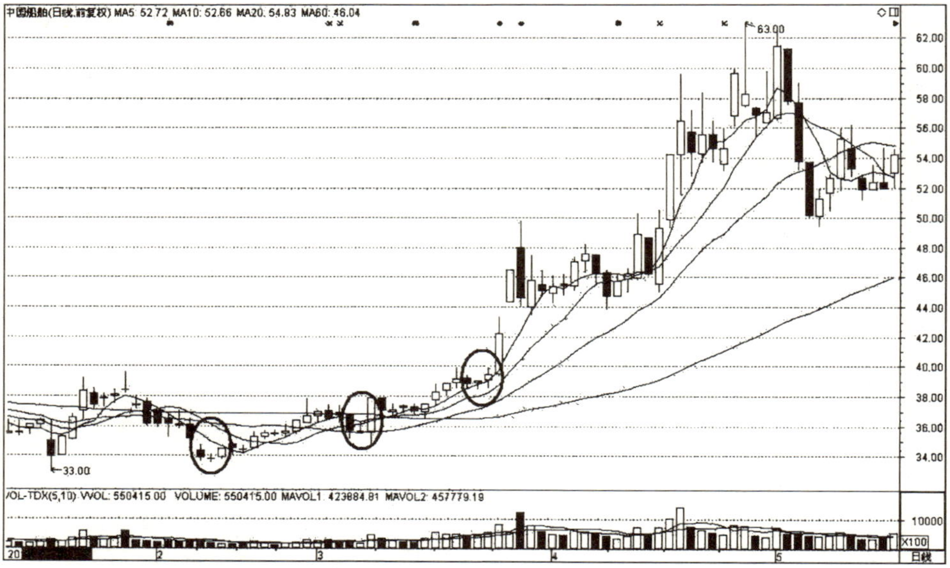

图 9-10　确定个股低位点

利好，庄家建仓完成后，股价一路涨停。

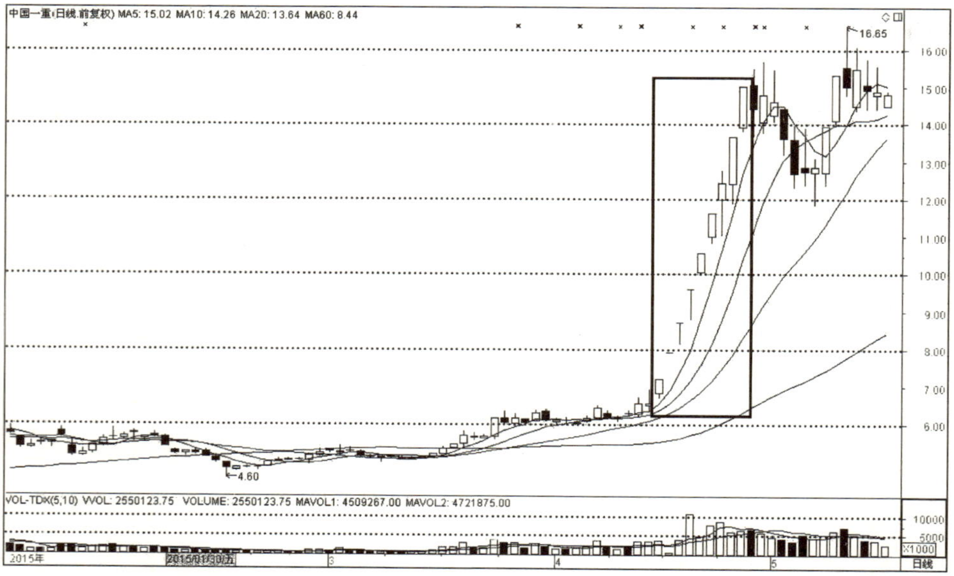

图 9-11　中国一重股价一路涨停

四、追个股回落整理阶段的股票

当一只好股票已经开始发动行情了，而且连涨了好几天后，就不应再追入，而应该等到该股冲高回落一段后再追入（图9-12）。观察所有的牛股走势，都会有一波波脉冲式的上涨，所以，回落后再追入就能够减少风险，同时能够争取收益最大化。通常情况下，一只牛股绝对不会是几天的行情，它会不断上涨，往往是涨一波后，回落一段进行震荡整理，然后继续上攻。如果是一只大牛股的话，甚至会出现数倍的涨幅。

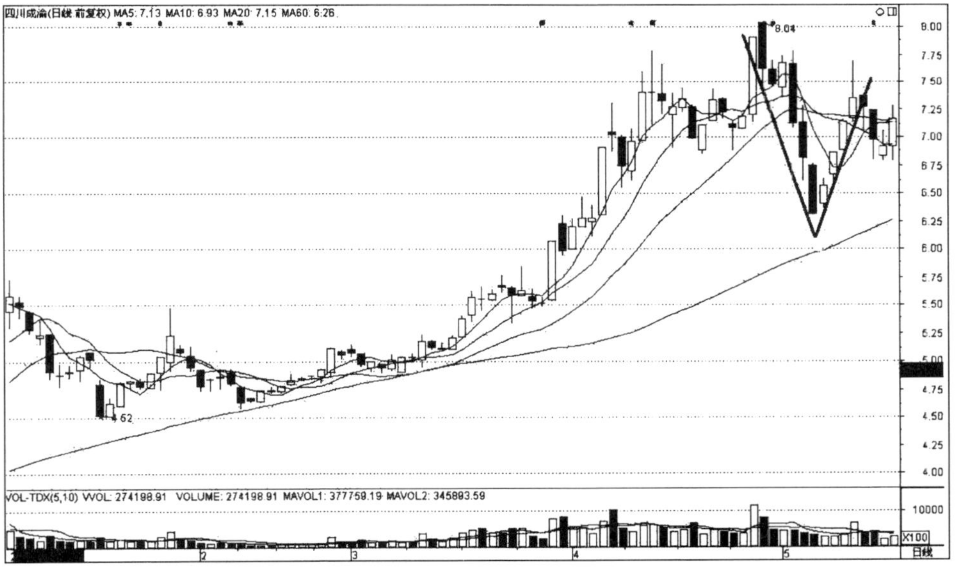

图9-12　追回落整理阶段的股票

五、追成功突破的股票

当个股形成突破性走势后，以为往往意味着股价已经打开上行空间，在阻力大幅度减少的情况下，比较容易出现强劲上升行情（图9-13）。因此，股价突破的位置往往正是最佳追涨的位置。有两种情况，一个是横盘放量突破，一个是放量突破压力线，这两种都是主升浪的标志，再结合消息面、多空筹码等指标来判断，风险比较小。

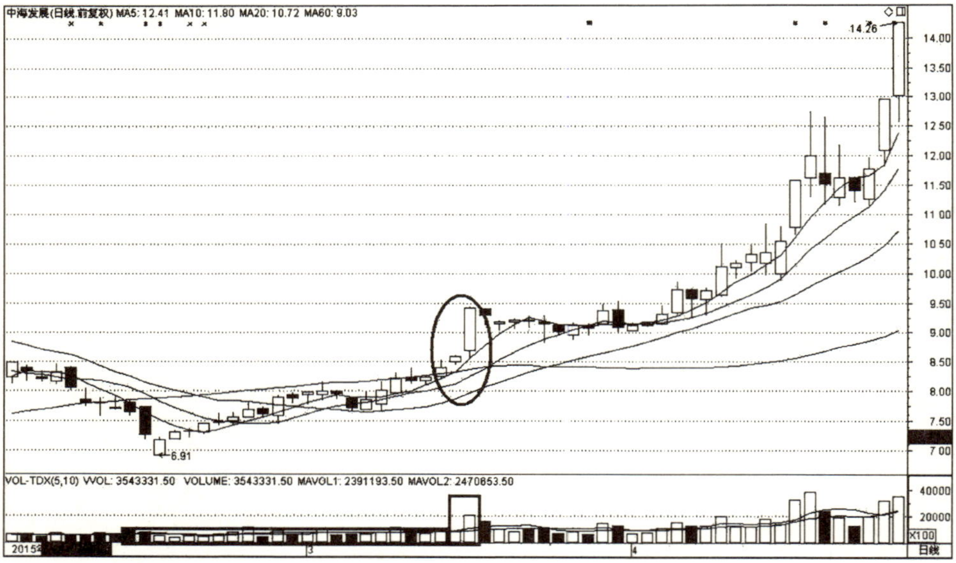

图 9-13　追成功突破的股票

六、追涨的风险控制

一旦大势出现反复或个股出现滞涨，要保证能立即全身而退。这需要投资者掌握三种投资原则：一是在追涨操作前制订的投资计划中，止损位的设置是必不可少的部分；二是在追涨操作时，要对行情和个股的可持续涨升动力进行评估，据此测算风险收益比，当风险大于收益时，要立即停止操作；三是在追涨操作后，要严格执行投资计划中的各个操作环节，特别是其中的止盈和止损操作计划。

炒股箴言

追涨要及时、果敢。许多大牛股在启动后，都会有一波相当凌厉的涨势，所以，追涨就应该及时、果敢。因为在这个时候追入，不但收益非常大，而且在时间成本上也非常低。如果在个股的盘整阶段或者震荡洗盘阶段追入，不但一时赚不到钱，而且还要浪费许多机会成本，有的投资者甚至因耐心不够而中途退出。因此投资者要把握好追入的时机，追得及时，追在起涨点，就可以做到既赚钱又不会承担多大风险。

短线止损技巧

炒股票没有百分百稳赢的，关键在于怎么操作，如果是失误了要承认错误，然后纠正错误，也就是止损，以避免损失扩大化。有些股民明明是做短线的，但是短线已经失去了强势，依然不止损，反而是把短线做成了中长线，如果持有的股票质地好还算不错，中长线可以持有，如果持有的股票是在高位的，庄家已经处于出货状态，那么这样的类型即使做中长线也是没有作为的，很有可能会一路下跌，从而使损失越来越大。

短线操作最重要的是要设定止损点，要牢记短线就是投机，投机一旦失败就要有勇气止损出局，这是铁的纪律。止损点的设置方式有不少，总的原则就是按照客观的行情给出具体执行方式。

一般来讲，短线操作强势股，止损点位在 3 个点左右，最多不要超过 5 个点，也就是说跌破这个价位就要止损出局，一定要严格执行这个纪律，不要犹犹豫豫。设立止损点，一般有以下几种方法。

（1）根据技术指标的支撑位设置止损点，如以 5 日、10 日、30 日均线为止损点，5 日均线配合星线设止损点（图 9-14），MACD 第一次出现绿色柱状线时设为止损点。

（2）根据 K 线形态设置止损点，主要有趋势线的切线、头肩顶或圆弧顶等头部形态的颈线位、上升通道的下轨、缺口的边缘等。

（3）根据自己的经验设置心理价位作为止损位。当投资者长期进行短线操作，根据心理价位设置的止损位也往往非常有效。

炒股票永远不能忽略大盘的涨跌，大盘出现了顶部或者是阶段性的顶部开始调整的时候，弱势股没有庄家的托盘，会跟随大盘下跌，强势股会抵抗一下，但很多也扛不住来自大盘的暴跌。

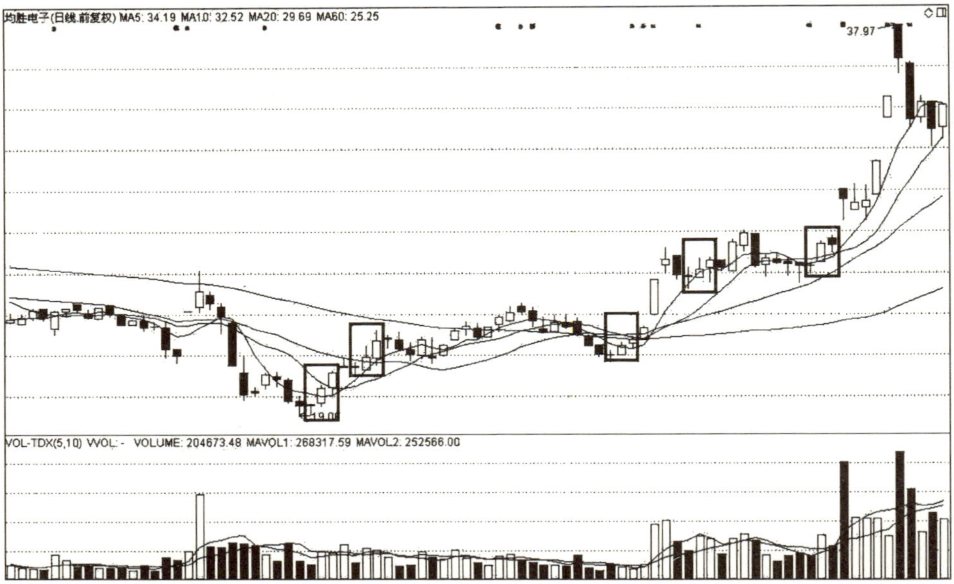

图 9-14　5 日均线配合星线设止损点

所以，当大盘出现调整的时候，如果投资者持有的是弱势股，就要马上止损出局，强势股也要利用庄家抵抗托盘的这个时间段来趁机出局，大盘顶部出现调整的时候，如果你看好持有的股票的话，即使不止损出局，也要趁机减仓，来回避大盘调整的风险，如果减仓或者止损出局了，等大盘调整得差不多了，还可以把卖出的股票给接回来，前提是你很看好这个股票。

第三节　了解中长线交易

中长线交易与短线交易完全不同，如果说短线交易者是艺术家，则中长线交易者就是工程师。艺术家进行艺术创作充满兴奋和激情，而工程师进行工程却充满艰辛和挑战，因为工程需要长期努力，中途会出现意想不到的情况。中长线交易更注重理性，而不是激情。

中长线交易理论上更适合广大投资者，因为它注重理性，但也正是因为它太理性和客观，就会让人失去每日交易的兴奋，形成一种孤独和更需要忍耐力的交易行为，有点像苦行僧，这种清苦让很多人重新加入到短线交易的行列中去。

中长线交易

短线操作所带来的收获赶不上长线投资，频繁进出所取得的业绩远不及持股不动，就曾给不少投资者留下过许多遗憾。的确，在许多时候，投资收益大小与操作节奏快慢没有必然的联系。相反，“勤快不如懒惰”“短线不如长线”这种看似不可思议实则客观存在的现象却随处可见。于是，不少投资者在经历太多的挫折、教训之后渐渐悟出真谛，并调整操作策略，选择中长线投资。

在所有的操作策略中，长线的要求最高，需要投资者对企业有着极为深刻的认识，对自己有着更强的控制力，清楚把握企业未来数年的发展趋势，以投资的心态分享企业的成长。对长线操作者来说，买进不卖是最好的策略，自信、尊重客观价值、不理会乃至勇于对抗市场是必备的投资品质，日常 20% ~30% 的波动在这样的前景面前是不应去考虑的，不要放弃在大牛股上的筹码，不在大牛股上做空是长线投资者需永远牢记的训条。

长线，并非只着眼于高收益，而是对企业的认识已经很清楚，只着眼于企业，且基本不用二级市场的价格衡量投资收益，而是用上市公司的账面值增加来衡量自己的投资收益，正如巴菲特那样。

中长线交易的原则

长线投资要有具体的操作方案。这些方案的制订，有利于投资者贯彻投资思维，坚定持股信心，并最终取得长线投资的成功。但是，市场中的环境因素是不断发展变化的，我们要根据股价涨升趋势及时调整方案和目标，让方案和目标为自己服务，而不能被方案和目标束缚住手脚。

一、趋势原则

在准备买入股票之前，首先应对大盘的运行趋势有明确的判断（图 9-15）。一般来说，绝大多数股票都会随大盘趋势运行。考察完大盘走势，还要看个股月 K 线趋势（图 9-16），才能确定中长期趋势。大盘处于上升趋势时买入股票较易获利，而在顶部买入则好比虎口拔牙，下跌趋势中买入难有生还，盘局中买入机会不多。

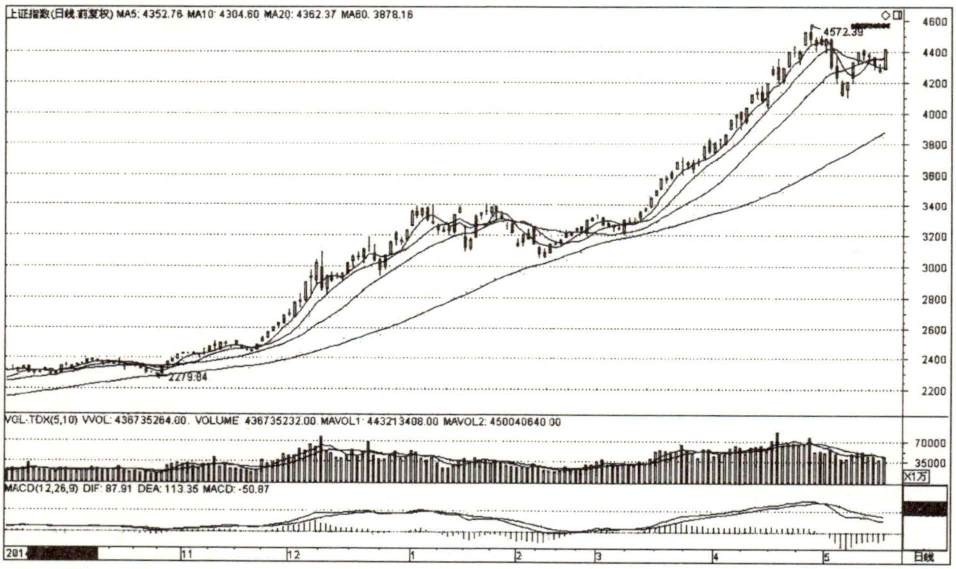

图 9-15　2014 年 9 月至今的大盘走势图

二、分批原则

在没有十足把握的情况下，投资者可采取分批买入和分散买入的方法，确定目标股票后结合盘口走势，试探性买入，待趋势确立后再逐渐加码，不可一次性满仓买入，避免因分析不全面导致太大损失。到达目标位则一次性了结，不可拖泥带水，贻误下一次交易机会。

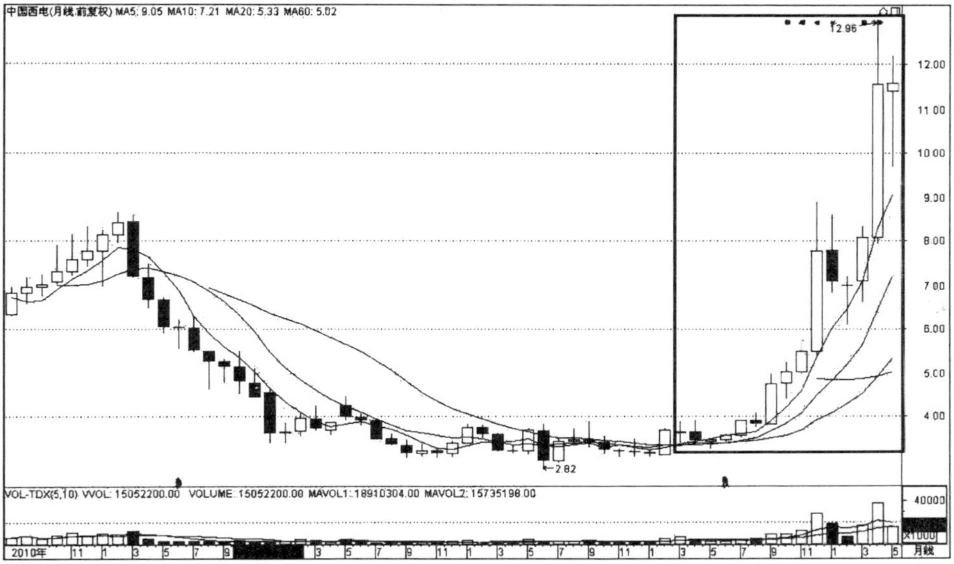

图 9-16　个股月 K 线走势图

三、止损原则

投资者在买入股票时，都是认为股价会上涨才买入。但若买入后股价并不像预期的那样上涨而是下跌该怎么办呢？如果只是持股等待解套是相当被动的，不仅占用资金错失别的获利机会，更重要的是背上套牢的包袱后还会影响以后的操作心态，而且也不知何时才能解套。一旦出现与预想不同的情况，宁可错失一次机会也要果断止损出局，保持资金的安全，耐心等待下一个交易机会。只有学会了割肉和止损的股民才是成熟的投资者，也才会成为股市真正的赢家。

四、底部原则

中长线买入股票的最佳时机应在底部区域或股价刚突破底部上涨的初期，应该说这是风险最小的时候。“强者恒强，弱者恒弱”，这是股票投资市场的一条重要规律，投资者要多参与强势市场而少投入或不投入弱势市场，在同板块或同价位或已选择买入的股票之间，应买入强势股和领涨股，而非弱势股或认为将补涨而价位低的股票。

第四节　中长线交易的技巧

中长线交易追逐趋势，认为趋势是自己唯一的真正的朋友，是自己利润的来源，不重视价格的日内波动，只重视趋势是否结束。

中长线选股技巧

对于没有太多时间和精力关注股市变化的投资者，在一个波段底部或者接近底部的地方买入股票并长线持有是获利的关键，我们判断一只股票值得长线投资最重要的判断标准就是上市公司所属行业，及其主营业务。我们要学会判断其是属于夕阳行业还是朝阳行业。一般来讲，中长线投资应该选择朝阳行业建仓，这样才能充分分享朝阳行业高速成长所带来的丰厚收益。在目前情况下，对所属行业有垄断性，科技附加含量高，市场进入有壁垒的上市公司，也可以关注。具体的选股原则有以下几个方面。

一、了解行业景气度

建议大家关注那些开始走上升周期的行业，放弃景气度已经过热的行业。然后尽可能从基本面出发，寻找估值有上升空间的公司。特别提醒投资者要关注未来的业绩增长，不要太在意已经过去的业绩。还要关注净资产和市净率，业绩高增长的股票如果市净率太高，一旦该公司出现业绩变脸或计提账面投资损失，风险将会很大，而净资产经常是可以封杀它的下跌空间。2014—2015年涉及新兴行业的股市热点就有互联网概念股（图9-17）、可穿戴医疗概念股、工业4.0概念股等。

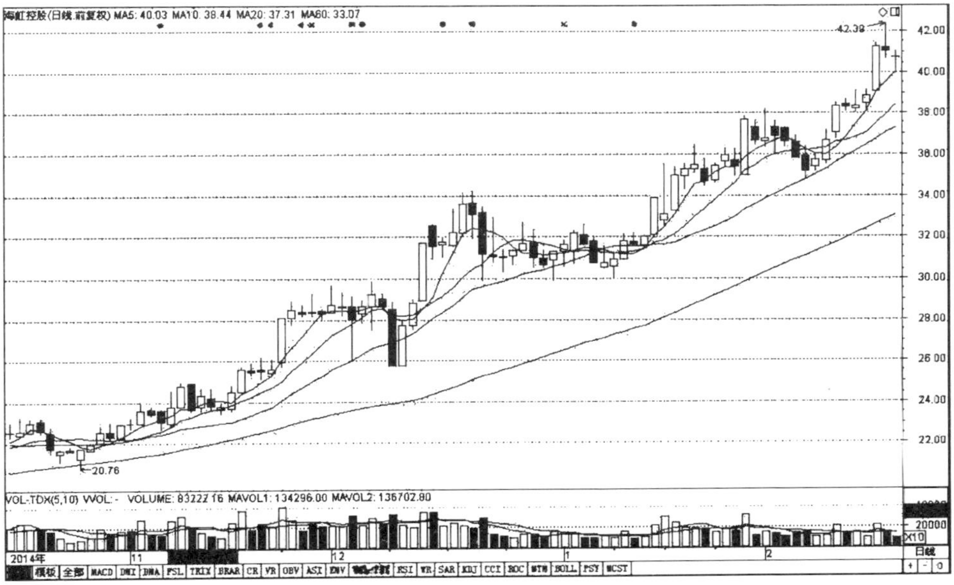

图 9-17　互联网概念股海虹控股走势图

二、关注小盘股

一些十年前的股票为什么还能不断创出历史新高？一个很关键的因素就是股本扩张能力，而只有小盘股才有更大的股本扩张能力，所以盘子的大小是关键，我们选择长线股的第一个原则就是小盘股。这里所说的盘子是总盘子。现在市场上仍然有不少小盘股股票，而且数量不少，我们有足够的选择余地。小盘股因收益率高成为2015年基金公司追捧的热点（图9-18），60%的股票型基金收益率在50%以上，其中主要就是广布于创业板和中小板的小盘股。

三、选择业绩增长率稳定的品种

这里面既需要根据历史数据看个股的平均增长率，同时还得进行预期收益计算，再根据目前股市计算其当前价值，最后再决定是否长期持有。业绩稳定增长的个股，就是长线品种，问题是绝大多数中小投资者不会进行这样的计算，那么可以采取另外一种模式进行判断，如高管炒作的股票，当然属于有良

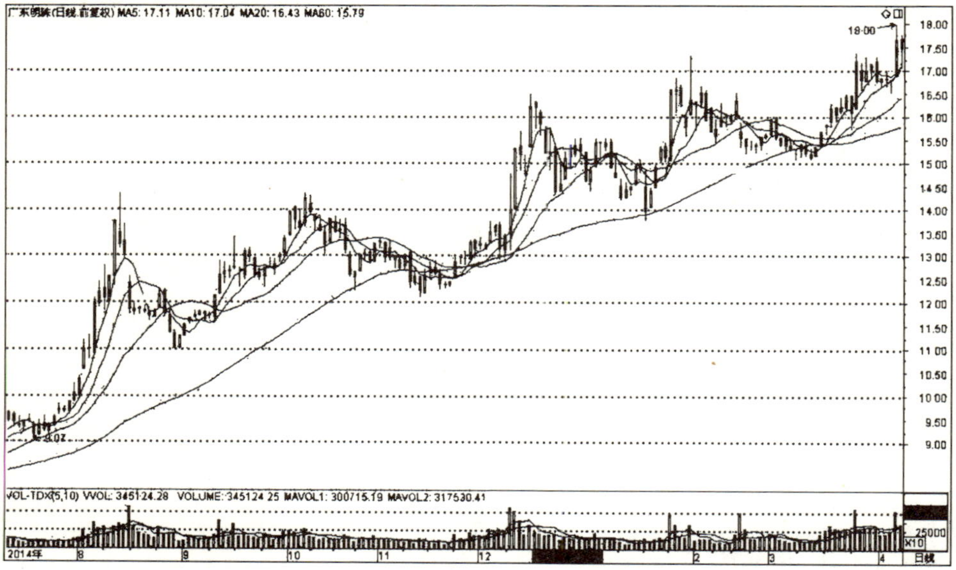

图 9-18　小盘股成为 2015 年基金公司追捧的热点

好长期预期的品种。凡是成长性的个股，会有资金重点关照，长线操作，所以走势上不温不火，相对独立于大盘。这类个股，投资者不能频繁操作，因为不会有更大的短线空间。

对于大多数没有时间的投资者来说，这是一种简单而且实用的长线选股方法。值得强调的是，中长线投资一定要立足成长性，而非绩优，应关注未来业绩，而非现在业绩。

炒股箴言

对大势而言，中长线投资切忌在大势转熊时建仓，因为股质再佳的股票往往也顶不住大盘的压力。中长线投资建仓时机选择除了要对大势进行研判外，还应对个股走势进行研究。当股价处于下降通道中运行时不宜介入，应该选择企稳时建仓。股价飙升后也不宜介入。

中长线交易技巧

越来越多的投资者意识到中长线投资的确能带来丰厚的回报，那么该如何进行中长线投资呢？

一、要有良好的心态

主力操作一只个股通常会长达几个月，散户则经常频繁进出，空耗手续费，徒增交易量，肥了券商，亏空自己。其实，散户只需细心观察，长期跟踪研判，就能读懂盘面，弄清主力的动向，这样每次操作都会信心十足，坐定轿子。而且股票市场是一个投机性很强的战场，所以投资者一定要有良好的心态和纪律，按照计划行事。是投机三要义。

二、投资时机的选择

长线操作讲究逆向思维，逢低介入，逢高退出。它既不需要投资者有特别充裕的时间，也不需要投资者过多地进行市场分析，需要的只是足够的信心和耐心。当市场人气散淡，套牢者众多，人们谈之色变的时候，这时价格很低，大家都认为没有机会，市场成交量小，正是长线投资者进场的机会。长线投资者不用设立止损点，只设赢利点，耐心持股。当市场人满为患，指数高涨，人气沸腾的时候，成交量急剧放大，就是长线投资者收获胜利成果的时候。

在选择投资时机时，投资者可以考察该股低位震荡筑底期间的成交量分布情况，累计换手率够不够，一般长线潜力股底部换手率至少要达到200%以上，如果达到400%以上则更理想一些，如图9－19所示，2015年的核电概念热门股上海电力的年换手率达370.92%。同时底部震荡期间要有明显的庄家介入吸筹迹象，缓拉急跌、涨有量跌无量等动作。然后再考虑该股的基本面，如果行业较差，重组机会大的优先考虑，最好是流通盘和总股本也不是很大，同时财务负担也不宜过重。为了深入考察一只股票，还要对于其关联企业、股东持股状况、历年走势和大事、高管人员等多方面进行考察，这样才能更明确而深入地判断有哪些有利和不利的因素。对于被选的股票未来走势进行预测，关键是未来的强阻力位和支撑位，未来可能出现的几种走势，当走势出现变数时及时调整相应的操作策略。

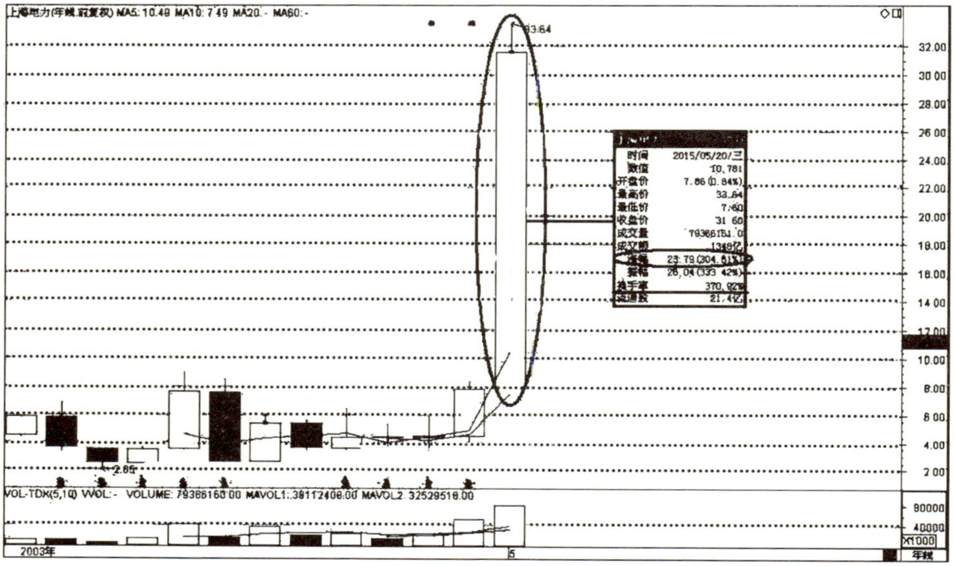

图 9-19　上海电力年换手率 370.92%

三、资金控制技巧

投资者中存在着一个普遍的现象，那就是持仓品种非常庞杂，五六只股票是常有的事，其实这是非常不可取的操作行为。首先，不能有效地利用资金；其次，一旦风险骤降，无法及时脱手；其三，在众品种涨跌互现时，很容易乱了既定的操作计划。一般情况下，30 万元以内资金，持仓品种最多不超过 3 只。

当上升趋势明朗的时候，满仓操作应该成为习惯。而在市况不明，风险和机会同时存在的当口，过分激进就成了投机，是不成熟的一种表现。适当保持一定的现金比例，进可攻，退可守，可以使投资者处在一个较佳的位置。当持有的优质股票回落到一定低位时，可以及时补仓。当长期关注的某一品种出现明显机会时，也可以轻松地介入。

"股市有风险，入市须谨慎"。股市的风险，不在股市本身，而在投资者自己。养成良好的操作习惯，能最大限度地获得收益，并尽可能地规避风险。"不熟不做"应该成为一种习惯，道听途说也许偶尔能让你尝点甜头，但最终会让你头破血流，亏损惨重。

炒股箴言

中长线交易才真正地需要技术分析能力。在K线图上，长时间跨度的图表往往更能表现出趋势清晰的走势特征来，这个时候技术分析的能力就体现出来了。而且，在中长线交易上，对基本面的把握能力对交易者来说也是不可缺少的。中长线交易是更为高级的交易策略过程，对交易者要求也更高，盈利也更大。

中长线止损技巧

一般投资者很难把握股价何时到达极点，因此不能妄想用足行情，买个地价卖个天价，只要有适当的利润就可及时买进或卖出。设置自己能承受的而非遥不可及的止盈点和止损点，会帮你稳稳拿到可赚得的价差，最大限度地降低损失。如果发现找错了对象，应当机立断，止损出局，千万不要陷在里面。其实，止损位置的设立方式不外乎以下几种。

一、在重要支撑或阻力位被突破后止损

这是实战中最常采用的操作模式。投资者在这个位置止损出局的比例非常高。重要的阻力或支撑位置有以下几种：价格较长时间停留的密集成交区；较长时间范围内的价格高点或低点；趋势线、黄金分割或均线系统等提供的位置。但这些位置有时也缺乏可靠性，主要原因有：

（1）大的投机资金可以预测到市场投资者大概的止损价位，他们甚至故意在某些价位大量撮合成交，形成有较强支撑或阻力的假象，然后凭借资金优

势击穿这些位置，在止损盘出现后反向操作获利。

（2）趋势线、均线系统、技术指标、黄金分割位等提供的支撑或阻力位置本身就有较大的主观性，缺乏值得信赖的依据和基础，准确率很低，在这些位置设立止损点尤如引颈待毙。但如果投资者将几种标准和指标综合运用，就能矫正单一标准的偏差。如图 9-20 所示，投资者即可用均线系统，成交量和 MACD 指标确定止损点。

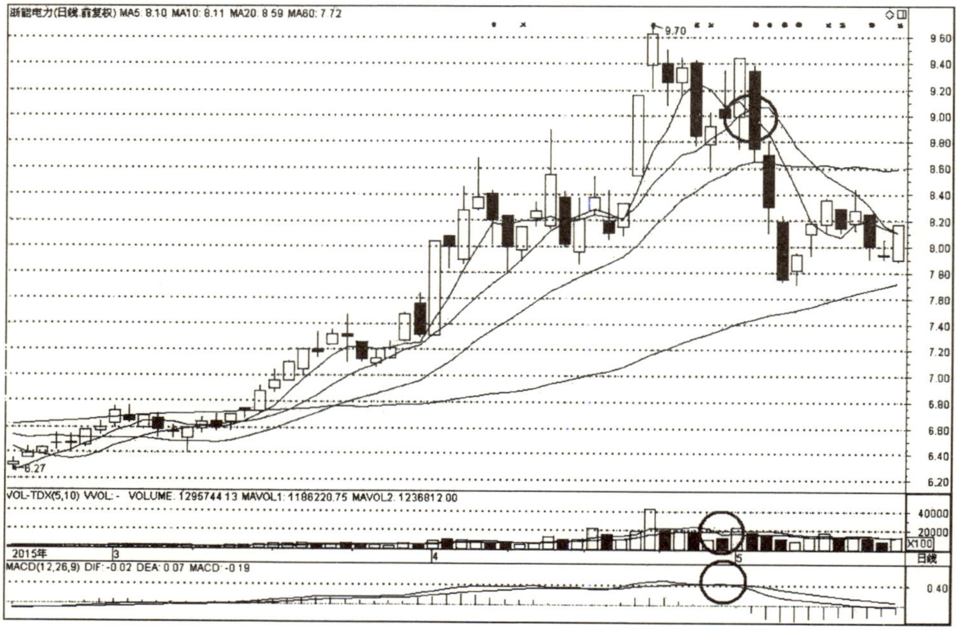

图 9-20　用三个指标确定止损点

二、根据大盘趋势

迅速判断该股票的买入操作是属于抄底型买入还是追涨型买入。如果是追涨型买入，一旦发现判断失误，要果断地止损。判断买入时大盘指数是否处于较高位置。大盘指数较高时，特别是市场中获利盘较多时要考虑止损。判断个股的后市下跌空间大小，下跌空间大的要坚决止损。要分清主力是在洗盘还是在出货，如果是主力出货，要坚决止损。

三、金额亏损度达到后止损

这是资金管理的硬性规定，即交易损失总金额不能达到持有本金的某个百分比（如10%～20%）以及每笔交易所允许的最大损失额度。这是投资者必须要考虑和遵循而与市场状况无关的最基本因素，也是设定止损的基本标准和最后底线，一般根据投资者购买该股票时事先计划的风险与回报的比例所设定的止损点来判断。

目前，这是国外的游戏操盘手较多采用的止损方法。其操作要点是，设立进场部位的资金最大亏损额度，一般为所占用资金的5%～20%，也可以是所占用资金的绝对数额，如每手100元。一旦达到亏损额度，无论是何价位，立即止损离场。

使用这种止损方法，必须注意以下两点：

（1）不同的币种或者不同的操作时间段要采用不同的止损额度。

（2）设立的止损额度必须在市场中得到概率的验证。

使用这种止损方法时，需要做大量的统计和分析工作，确定操作策略，寻找适合自己操作风格的最佳止损额度。

炒股箴言

止损的最终目的是保存实力，提高资金利用率，避免小错铸成大错，甚至导致全军覆没。没有止损意识就等于没有正视错误的勇气，也就失去了探索成功之途的可能。止损是股市交易中保护自己的重要手段，必须坚持但又要灵活掌握。能够严格自律地做到这一点的投资者很少，因为在止损点卖出股票就是要坦白地承认自己错了，而大多数散户对持有的股票往往过于自信，面对判断失误依然心存侥幸。

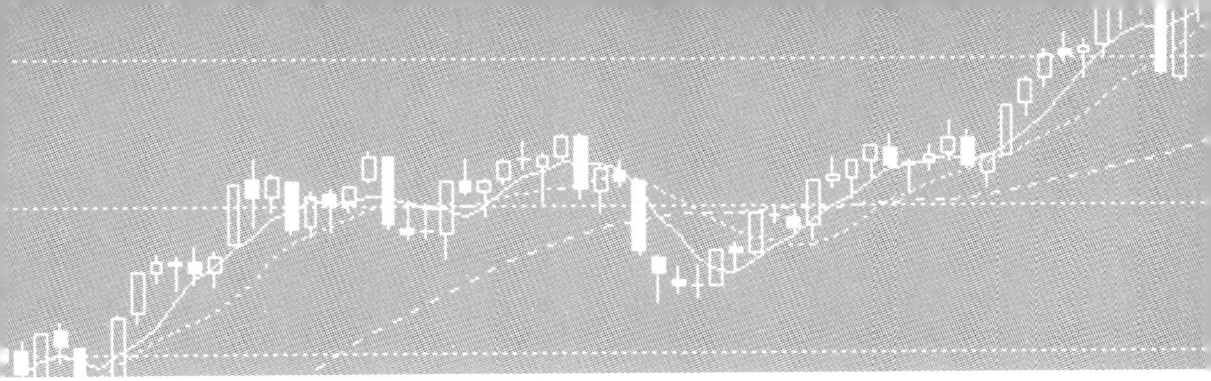

第十章
有备无患收益高——防范交易风险

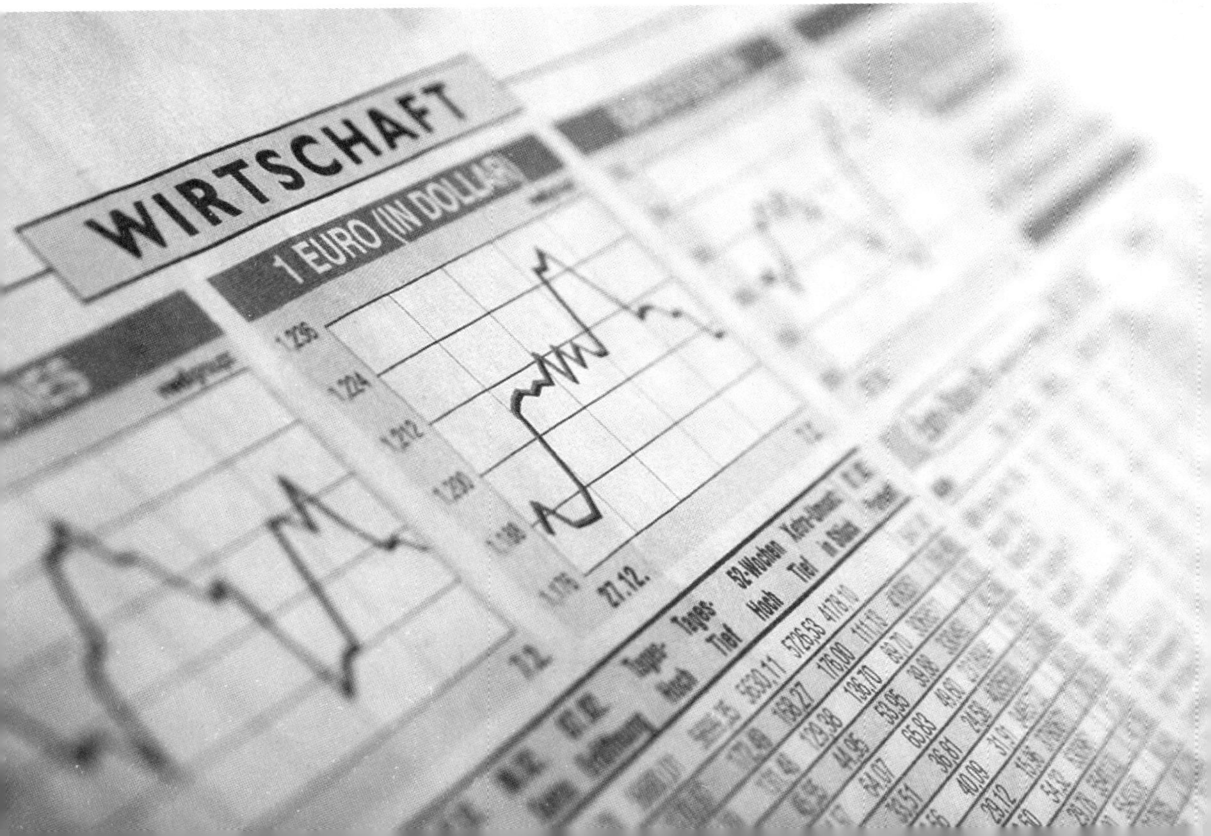

一位投资专家说过："投资必定带有风险，这可以说是投资的'铁律'，因为没有任何投资是稳赚不赔的。"股票投资是一种风险较高的投资，赚钱、赔钱都十分容易受到市场行情的高低变动影响。股票投资风险的存在是客观的，不可完全避免，但同时它又是可以控制的。投资者对股票风险的控制就是针对风险，运用一系列投资策略和技术手段把承受风险的成本降到最低限度。

第一节　识别股市陷阱

所谓股市陷阱，其实就是股市骗局。股市陷阱多多，一不小心，你就会掉进上市公司或庄家或某些势力设下的陷阱（设局），成为这个弱肉强食市场的牺牲品。所以学会识别股市中的陷阱是十分必要的。

识别虚假消息

沃伦·巴菲特曾说过："听内幕消息可能让你赚一点钱，但也可能让你倾家荡产。"股市中没有绝对公开的信息，股民关键要学会如何正确对待消息，识别假消息，以便在实战中保全自己，既不落入"消息陷阱"，又能趁机获利。那么，投资者如何正确对待股市中的各种消息？

一、根据国家政策来判断消息的真伪

如果消息的内容符合国家政策，可密切关注有关股票的市场表现；如果消息的内容不符合国家政策，则有可能是人为制造的虚假消息，可置之不理。正规渠道的消息，我们就该认真对待。当然，有时国家的重大决定在股市一时还不能起作用，但我们要明白，这往往是机构尚未准备好的缘故。一旦机构准备好了，国家重大决策对股市的影响就会显现出来。

二、从各种渠道佐证消息的正确性

各种消息渠道同时被利用的概率较小，如果来自不同的渠道都不约而同地传递着大体类似的消息，通常来讲这样的消息是比较可信的。如果有些消息是源于基本面，可以在权威的新闻媒体上得以证实。这种消息出现时，投资者可以从近期的《人民日报》《经济日报》《经济参考》《中国证券报》等媒体上得出结论，减少投资的盲目性，也可以直接从互联网上查询消息的来源。

对于专业投资者而言，和上市公司多打交道将有助获得第一手消息、公司的经营状况、公司的发展前景等。投资者可向证券管理机构、交易所、上市公司等单位询问市场传播出来的消息的可靠性，若答案是否定的，要立刻停止买卖。如果答案是肯定的，则应密切注意该股票的股价变化。如果该股票的价格走势呈异常状态，要迅速沽空，以免愈陷愈深。

三、根据股价来识别消息的真伪

若股价正处于历史高位时，有利多消息传播，股民要谨慎，利多消息很有可能是引诱股民跟进而制造出来的，要切忌追涨。如果股价很低时，传出利多消息，再加上有大笔成交量配合，消息可能是真的，股民可跟进一些，进一步密切观察。另外，如果股价处于历史低位，再有利空传出，利空消息很有可能是机构为了打压吃货而制造出来的，股民应勇敢建仓。当散户无法确认消息真伪时，可以在市场刚传出此类消息时少量买入，并密切关注。一旦有拉高放量出货的迹象，不论是否获利，应立即平仓。在消息证实时，即使被浅套也应割肉。

一般来说，很多消息都不是无中生有，因为庄家在做庄过程中难免要暴露行踪，但是庄家会利用时间或其他方法把自己的踪迹再度掩藏起来。若是在建仓过程中暴露，是庄家最危险的时刻，他会通过漫长时间的折磨来掩饰，这就考验跟庄者的耐心。普遍的情况是，庄家低位吃饱后，拉到一个相对高位时才会有灵通人士得到消息，一般市场上所谓的内幕和比较准确的消息都属于这一类型。此时此刻，庄家完全占据主动权，上或下都能脱身。这时候会再起一波，让消息显得更加可靠和更为广泛地传播，树立盈利的示范效应，为即将来到的派发做好准备。等到消息被市场普遍认可后，庄家就可以大规模震荡出货了。

炒股箴言

股民对待股市流传的消息不要轻信，切忌把消息作为自己投资决策的唯一依据。要结合基本面、股价的变化以及消息流传时股市所处的阶段来识别消息的真伪，之后再做投资决定。另外要增强长期投资的观念，不要为消息所带来的短期波动而动摇。

熟悉庄家压低吸货与拉高抛货的手法

一般而言，庄家炒作股票，都是为了低位买进，高位卖出，从而获取买卖差价，于是就会尽其所能地在股票处于低价时诱骗散户卖出；在股票价格被拉高后，使散户高位接货。

一、压低吸货

当股票价格居于低位，或者说被相对低估时，庄家可能采用的手段主要有以下几种。

1. 利用大盘调整之际打底股价，逼迫散户卖出手中筹码

股价经过长期的下跌，已经让散户心里没有了底，不知道上市公司有什么样的利空，是否会退市，心里已经七上八下的。这时主力往往操纵股价再次迅猛下跌，让散户在惶恐之中出掉手中股票，而这时的主力往往是一边砸盘一边吸筹。图 10-1 为上海电力逆大盘而走，压低吸货在盘面上的表现。

2. 骗线

当庄家买入的股票达到一定数量之后，股价形态将呈现一定上升趋势。为进一步降低成本，减少短线跟风者，庄家可能集中力量，大量抛售，使股价迅速下挫，甚至跌穿重要支撑位，再在下面挂上买单，尽收散户因恐慌而亏损卖出的廉价筹码。庄家可能结合骗线，制造技术图形陷阱，或在低位制造价增量缩、价跌量增的假象，诱骗散户卖出。例如，顶部星线反转组合形态是比较典

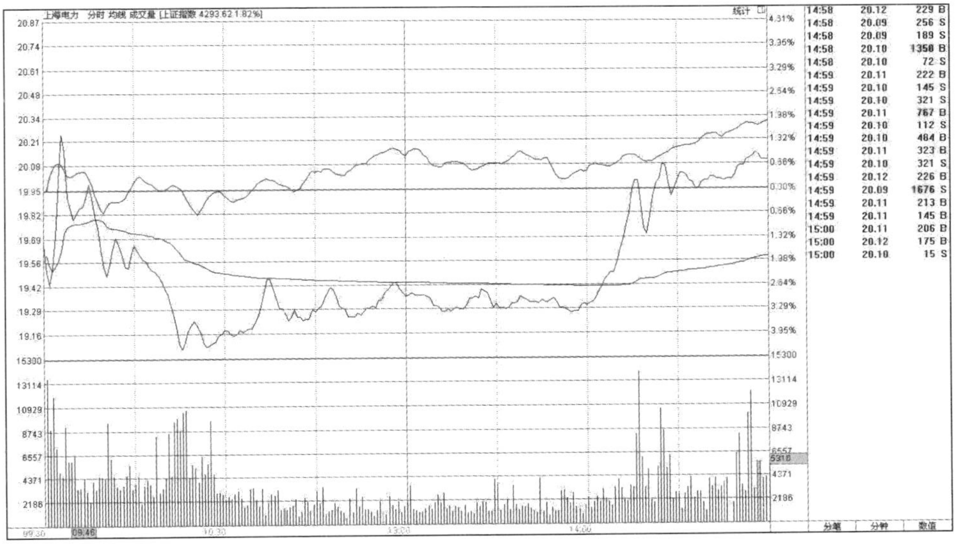

图 10－1　上海电力逆大盘而走，庄家压低吸货

型的顶部转势信号，而且其杀伤力比较大，投资者必然高度重视，也正是因为这个原因，庄家常常利用它来骗钱，在股价上升的途中刻意制造诱空陷阱将投资者骗局，以便获取更多的廉价筹码。所以当盘面上出现顶部星线反转组合形态的时候，应该耐心等待第三根大阴线的出现，以确认顶部星线反转组合形态的真实性。图 10－2 为 2015 年 1 月 19 日宋都股份的 K 线图，1 月 15 日收阳线，1 月 16 日向上跳空收接近星形线的小阳线，1 月 19 日跳空低开收阴线，跌幅达 5.85%，这是一个标准形态的顶部星线反转，很多投资者抛出筹码。当日的分时图和资金交易明细也显示，63% 的投资者抛出筹码。但此后股价连续大幅上涨，一大批投资者低价割肉被骗。

3. 利用利空消息打压股价

有些股票的利空消息会在报刊或其他正式场合出现，散户投资人会因此而关注自己股票。这种消息有可能就是主力通过媒体散布的，有时是借助这一时机，达到顺利打压股市的意图（图 10－3）。因为散户往往会因为利空消息而卖出手中的筹码。

4. 操纵权重股，使大盘及个股跌破重要的技术支撑位

有实力的主力通过操纵权重股可以让指数在短期跌破重要的技术支撑位。

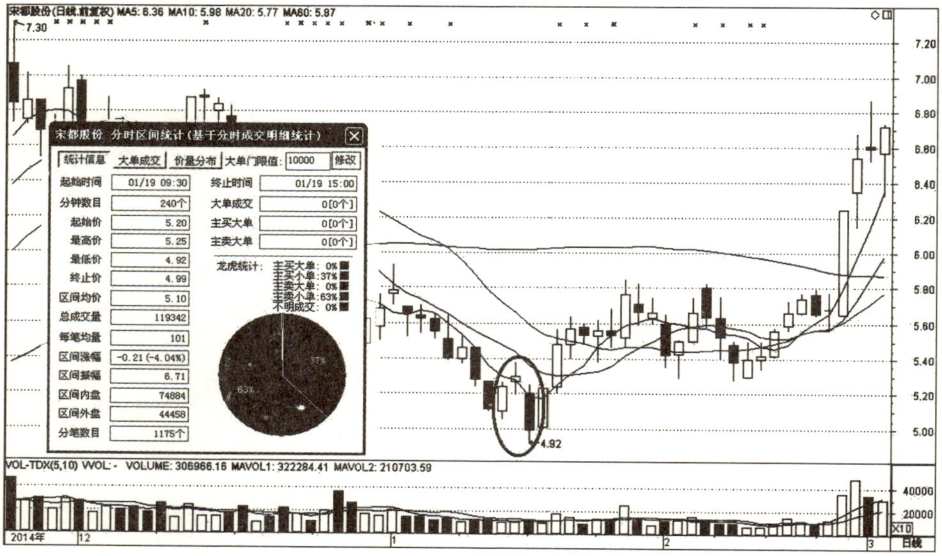

图 10-2 顶部星线反转陷阱骗线

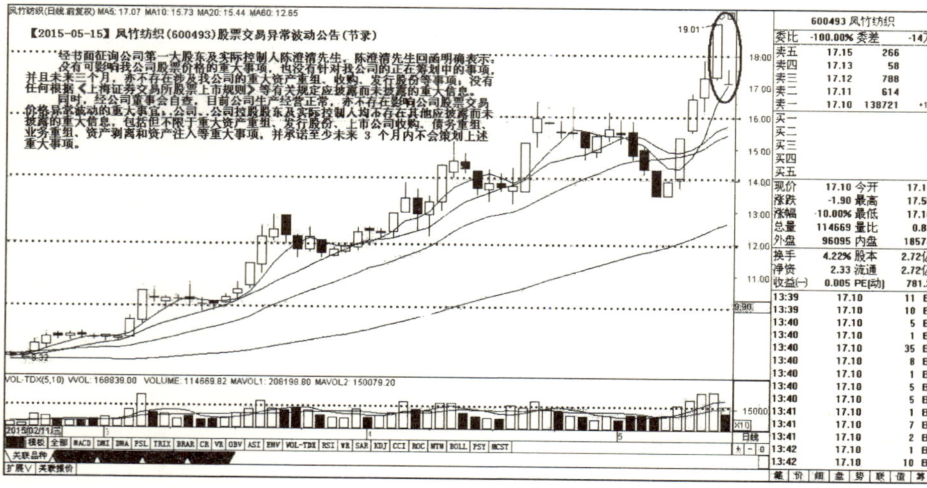

图 10-3 利空消息导致股价跌停

个股的主力操纵股价，通常会采取跌破重要的阻力位，让技术派散户放弃筹码，达到吸筹的目的。利用散户的惯性思维，操纵股价走出与当前广泛被关注的高位下跌股票类似的图形，使散户误以为股价将大幅下挫，从而低位卖出。

炒股箴言

投资者要做的主要是对上市公司的报表进行认真分析，并与同类上市公司的股价进行比较，确认股价是否被相对低估，而不应被股价走势一时的表象所迷惑。

二、拉高出货

拉高出货是主力利用大盘反弹或个股重大利好大幅拉升股价吸引散户追涨买入，暗中出掉自己手中筹码的一种出货方式。当股票价格居于高位时，庄家已经有了足够的获利空间，其考虑的将是千方百计地脱手，可能采用的手段主要有以下几种。

（1）在大盘止跌初期，市场投资者还没有太多的投资思路和头绪，此时能异军突起的个股，就会得到更广泛的关注。大盘一旦真的走强，这类股票更可以借大势的力量大面积派发。如果大盘再度沉寂，对股票本身也没有太大的影响。

（2）在共同利益的驱动下，上市公司配合庄家炒作要求，发布利好消息，使散户以为该上市公司的股价仍将上行，从而高位接货。庄家可能在拉高股价之后，要求上市公司配合，适时推出高送配方案。由于除权之后表面价格下降，使一般投资者误认为价格不高，风险较低；如果庄家再连拉几根阳线，营造所谓填权气氛，则较易诱骗散户高位接货。

（3）庄家要达到高位顺利出货的目的，更多是在大幅、快速拉升（股价可能超出其目标位很多）之后主动下调，让股价在出货目标位附近盘整。较长时间的盘整之后，很多投资者可能已经忘记其所处价位仍然很高，误以为通过长时间、较大幅度调整之后，股价已经处于低位。这时候庄家若再通过对倒，使成交量放大，并辅以价升形态，则会使众多投资者以为底部放量，匆忙买入，正中庄家下怀。

（4）利用涨停板出货。庄家先以大单封住涨停，然后不断把前面的买单撤走，再新挂买单，而这时候再将筹码以小单接连卖出，使跟风追涨停的资金高位接走筹码。此外，庄家还经常利用较为夸张的走势，如跌停、跳水等，吸引投资者注意，通过较大幅度的股价波动，吸引短线客，从而达到出货的目的。

庄家采用这种方式出货时，经常会和打压式出货组合起来运用，这样会收到更好的效果。在看盘分析时，如发现个股明显有大资金流出的痕迹，第一步分析判断目标股票目前减仓机构，属于什么类别的机构十分重要。中小机构减仓出货影响该股盘口走势的涨跌时间比较短。大机构主力减仓出货，往往会对该股价格涨跌造成较长时间的影响。这个较长的时间可以用多个交易日甚至数个月来衡量。大机构主力持有的流通筹码数量大，减仓出货时很难做到在三两日内便顺利完成派发。分析一只股票属于一般中小机构减仓出货，还是大机构主力在减仓出货，可以通过观察该股交易盘口在一段时间内是否出现连续或断续的大资金流出来进行研判。

炒股箴言

投资者更多地是要做好成本分析，找出庄家吸筹阶段，并估算出其平均成本。如果当前股价已经在成本上方很多，如100%以上，风险就已很大，不宜在如此高价区间买入。此外，庄家往往会通过股价或成交量的异动来吸引市场注意，此时要站在全局的高度上来看问题，切忌冲动。

了解股市“骗线”陷阱

股市里真相与假象混杂，馅饼与陷阱同在，主力手法真真假假，虚虚实实，似进实退，欲涨先跌，特别是在撤退过程中经常采用各种骗线手法，以吸引跟风盘。下面列出一些主力常用的骗线手法。

一、拉尾市

有些个股整个交易日内都风平浪静，而临近收市的几分钟，主力却突然袭击，连续数笔大单将股价迅速推高，此类拔苗助长式的拉抬，通常表明主力并无打持久战的决心，而是刻意在日线图上制造出完美的技术图形。有时则是该股已进入派发阶段，主力在盘中减仓之后，尾市再将股价拉高，一是可避免走势图出现恶化，二是将股价推高，为次日继续派发腾出空间。如果个股走势平稳，基本在上日收盘价之下运行，尾市主力迅速出击，将股价拉至涨停，收一根带长长下影线的长阳，如此刻意做作，反而说明主力去意已决，第二天一定会冲高后快速回调，成交量放大。拉尾市，可以使主力派发的空间扩大十几个百分点。

二、假突破

一个整理形态的向上突破，常能吸引技术派人士跟进，例如有效向上突破三角形、旗形、箱形时常会出现一定的升幅，因此主力往往会利用人们抢突破的心理制造骗线。有时股价进入高位箱体内整理，接着会有长阳突破箱顶，"价涨量增"，然后继续拉出长阳，但强势并未能持续多久即冲高回落，同时放出巨大的成交量，跳水动作开始，短短时间内股价即被腰斩。投资者一旦发现为假突破，宜及时止损。

三、假填权

不少个股摆出填权的架势，股价在除权后亦短暂走强数天，但很快便一蹶不振。除权类个股能否填权，投资者首先要把握大盘的走势，一般来说，大盘处于牛市时，主力多会顺势填权；而大盘走弱时，填权走势十有九假，此时的"假货"极多，投资买股时宜特别小心。

炒股箴言

要想成为一名成功的股票投资者，除了分析基本面和技术面之外，掌握主力操盘手法也是致关重要的。在现实交易中，主力在其整个投资运做过程中不断采取多种手法，迷惑投资者，掩饰其真正意图。比如：本来意在拉升，却做出恐慌性抛盘的架势，等你刚跟进，股价马上掉头，等你看明白要砍仓时，价格却又掉了下来。凡此种种被主力的假象欺骗的情况，几乎每一个投资者都经历过。因此，能够识破主力操作的意图就显得尤为重要。

识别空头陷阱

所谓的空头陷阱，简单地说就是市场主力强力打压股价，使盘面明显显现出疲弱的形态，诱使投资者得出股市将继续大幅下跌的结论并进行恐慌性抛售。如果大盘走势急转直下，股价快速下跌，此时投资者更要谨防空头陷阱。

空头陷阱的目的有几种，一种是庄家不想在目前的股票价格上吸入筹码，通过打压股价，从而在低位买入股票筹码。另一些是为了清洗掉股票的获利盘，减小拉升压力。对于空头陷阱的识别与判断主要可以从消息面、资金面、宏观基本面、技术分析和市场人气等方面进行综合分析和研判：

一、消息面分析

庄家和股民的信息是不对称的，庄家要比股民提前知道一些影响到股票走势的消息，所以庄家经常会利用这一点来提前布局，如果出现很多利空消息时，股民也要注意防备庄家的空头陷阱，因为利空出尽是利好，在利空造成的恐慌抛盘之下，庄家建仓也非常容易。

市场主力往往会利用宣传方面的优势，营造利空的氛围。所以，当投资者遇到市场利空不断时，反而要格外小心。因为，正是在各种利空消息满天飞的重磅轰炸下，主力资金才能够很方便地建仓。

二、成交量分析

空头陷阱在成交量上的特征是随着股价的持续性下跌，量能始终处于不规则萎缩中，有时盘面上甚至会出现无量空跌或无量暴跌现象，个股交易也十分不活跃，给投资者营造出阴跌走势遥遥无期的氛围。恰恰在这种制造悲观的氛围中，主力往往可以轻松地逢低建仓，从而构成空头陷阱。

三、技术形态分析

空头陷阱在K线图当中一般会出现几条连续下跌的长阴线，在盘中或收盘时跌破一些重要的支撑位，有时也会出现一些跳空向下的缺口，这样做的目的不但可以引发市场的恐慌盘、获利盘出逃；而且股民根据图形分析会得出股票已经进入下降通道的结论，从而引发大量抛盘。这样庄家就能吸纳很多低价位的股票筹码。不过股民要注意，空头陷阱会引发几种技术指标的背离。

四、宏观基本面分析

需要了解根本上影响大盘走强的政策面因素和宏观基本面因素，分析是否有实质性的利空因素，如果在股市政策方面没有特别的实质性利空因素，而股价却持续性地暴跌，这时就比较容易形成空头陷阱。

炒股箴言

股票市场出现暴跌行情时，会出现很多套牢盘，如果下跌行情持续时间长，市场的人气也会慢慢减少，而股票市场的底部一般都会在人气极低的情况下出现，如果此时过于看空股市的话，往往会陷入空头陷阱，从而错失行情。

第二节　股票套牢的解套技巧

进入股市的投资者几乎都被套牢过，这是一个人人不愿提起，但人人都不能回避的问题，它是投资者迈向成熟的一道必经门槛。既然不能简单回避，就要勇敢地面对它，找出适合自己的解套方案。

股市套牢的情况分析

股市处在阶段性跌势之中，用得最多的词恐怕就是“套牢”。“套牢”并不可怕，大部分的股民都会遭遇被套牢的情况。能否正确地处理好被套牢的股票，是鉴别投资者技能水平的最重要标志。被套之后需要做的第一件事情就是分析股票被套的原因。

一、大盘原因被套

判断大盘涨跌趋势的重要标准就是成交量变化与重要均线方向变化。如果大盘的运行趋势有系统性风险的征兆，应该果断地认赔，卖出股票。如果大盘的运行趋势尚处于上涨或者横盘状态，则要重新分析个股的状态。

二、个股原因被套

在大盘处于非系统风险状态下，则需要分析个股的现时状态。第一步判断个股的中线趋势，方法是参考个股的重要均线和庄家行为意图。如果是中线波段趋势变坏，应该考虑换股或者卖出；如果中线趋势还可以，则需要判断短线趋势。如果技术指标和大盘背景处于强势状态，被套的个股明显表现较弱，需要换出部分仓位，这样可以提高效率。

三、选股错误被套

投资者选股的重要标准见表 10－1。

表 10－1　选股的重要标准

标准	分析
市场即时热点	要判断正在进行的行情性质，所选择的个股要与当时的行情性质配合。不能以自己的个人喜好否定市场，甚至与市场逆反
筹码主力动能	筹码集中，远离密集区的股票动能较足。在这个基础上要熟悉股票的股性，主力的特性，以及趋势的必然性
股票未来题材	题材是非常重要的，题材的排序是主题题材、个股独特题材、市场常规题材、其他影响股价的题材
股票基本质地	考虑股票质地的时候，还要考虑主力资金的喜好。如果被套的个股选股不符合上述标准，应该考虑卖出一部分，换进合乎标准的股票

四、买股时机不对被套

盈利是选股技术与选择时机技术的组合，最佳的时机有两个：一是大盘处于系统获利阶段，二是个股处于量能活跃阶段。

五、不及时止损被套

很多人不是不懂这个道理，就是心太软，下不了手。因此投资者必须设止损点，因为你绝不可能知道这只股票会跌多深。设置停损点或止损位，就等于为你买的股票装一个“保险丝”。如果股价大跌连跌，你所损失的只是一根“保险丝”。

正确把握股市逃命信号

股价下跌前，市场总会发出一些警示信号，投资者如果能及时发现这些市场的语言，就能摆脱被套的命运。

一、政策面分析

证券媒体或监管部门发出“规范”“防范风险”“加强投资者教育”之类的讲话，通常意味着市场调整即将开始。

二、技术面分析

（1）股价跌破60日均线，一般意味着一轮中级下跌行情的开始，此时宜阶段性出局。若股价跌破号称生命线的120日半年线、250日年线时，往往意味着该股长期趋势已转弱，此时即使被套，亦应退出观望。

（2）图形上从上至下突现大阴棒并跌破重要平台，不管第二天有没有反弹，还是收出十字星，都应该出掉手中的股票。

（3）突然放量大涨，往往易形成短线高点。这样的大涨往往是短命行情，侥幸碰对了也别以为会“天长地久”。

三、市场面分析

（1）大盘股、基金重仓股涨幅超过30%，宜见好就收。原因在于，这些大盘股都为多家机构持有，波段操作成为主基调，股价一旦出现较大涨幅，这些机构必然互相比赛着出逃，跑得慢的只能被套在山顶上。

（2）同板块有部分个股率先大跌，往往是该板块走弱的信号。特别是板块中有号召力的个股下跌，其他个股迟早会有所反应。

常见的有效解套方法

对于大多数散户投资者而言，解套是经常要做的一件事。当股票被套后，投资者常用的解套方法有很多种，主要分为主动性解套策略和被动性解套策略。

一、主动性解套策略

主动性解套策略主要包括以下几种。

1. 斩仓

当发现自己的买入是一种很严重的错误，特别是买在前期暴涨的牛股顶峰时，这时一定要拿出壮士断腕的决心，及时斩仓割肉，才能丢车保帅。只要能保证资金不受大的损失，股市中永远有无数的机会可以再赚回来。

2. 低吸高抛

当股票被套并且行情处于明显的下降趋势时，可以采用低吸高抛的方法解套。简单地讲，就是在反弹结束时卖出部分股票，当再次开始反弹时再买入同样数量的股票，依次操作，逐步解套，这种解套能够有效降低成本。使用这种方法要注意两点：首先，被套的个股必须具有中长线投资价值，只是由于买入点没有把握好，遇到价格回调被套；其次，必须是大盘或个股总的来说处于上升阶段，至少是震荡整理阶段时，在弱市行情不宜频繁使用。

3. 换股

当股票被套后发现自己的股票下跌比大盘快，走势弱于大盘时，可以考虑清仓换股，选择一只强于大盘的股票操作，比如跌得比大盘慢的，或者逆势上涨的股票。

4. 盘中“T+0”

盘中“T+0”又分为顺向“T+0”和逆向“T+0”两种。

顺向“T+0”的具体操作方法是：当持有的套牢股票在盘中表现出明显的上升趋势时，可以趁机买入同等数量的同一股票，待其涨升到一定高度之后，将原来被套的同一品种股票全部卖出，从而在一个交易日内实现低买高卖，来获取差价利润，降低被套股票的成本。

逆向“T+0”的操作方法是：当持有的套牢股票在盘中表现出明显的下跌趋势时，可先将手中被套的股票卖出，然后在较低价位买入同等数量的同一股票，从而在一个交易日内实现高卖低买，来获取差价利润，减少损失。需要指出的是，做盘中“T+0”的前提是对股票走势有比较准确的把握，否则反而会加大自己的损失。

二、被动性解套策略

被动性解套策略包括以下几种。

1. 摊平

当买入的价位不高，或对将来的大盘坚定看好时，可以选用摊平的技巧。普通投资者的资金通常只能经得起一两次摊平，因此，最重要的是摊平的时机一定要选择好。

2. 坐等

这种解套方法往往是在股票被深度套牢或者满仓套牢时采用的。这时候，投资者既不愿意割肉，又无力补仓，只有消极被动地等待上涨行情的到来。

炒股箴言

在不同的下跌行情运用不同的解套方法，不能只采用一种方法，要灵活地选择解套方法。当然，解套永远不是赚钱的方法，投资者要做到的是减少被套的次数，逐渐改变局面，达到炒股赚钱的目的。最好的解套策略就是对自己心态的把握。套牢后，首先不能慌，要冷静地思考有没有做错，错在哪里，采用何种方式应变。千万不要情绪化地破罐子破摔，或盲目补仓，或轻易割肉地乱做一气。套牢并不可怕，不要单纯地把套牢看作一种灾难，如果应变得法，它完全有可能演变成一种机遇。

参考文献

[1] 康凯彬．新股民快速入门必读［M］．北京：中国纺织出版社，2015.

[2] 陈金生．从零开始学炒股［M］．北京：经济管理出版社，2014.

[3] 老牛．从零开始学看盘［M］．北京：人民邮电出版社，2015.

[4] 佚名．炒股实战从入门到精通［M］．北京：人民邮电出版社，2015.

[5] 老牛．一买就涨——买在起涨点的126个信号［M］．北京：人民邮电出版社，2015.

[6] 富家益．低买高卖——炒股就这一招［M］．北京：中国电力出版社，2015.

[7] 孙国荣．跟着大师学炒股［M］．北京：经济管理出版社，2015.

[8] 李幛喆．炒股就这几招［M］．北京：经济管理出版社，2015.

[9] 康凯彬．从零开始学操盘［M］．北京：中国纺织出版社，2015.

[10] 秦加林．从零开始学炒股［M］．北京：机械工业出版社，2011.

[11] 刘挥．从零开始学炒股大全集［M］．北京：企业管理出版社，2010.

[12] 杨平．从零开始学短线炒股［M］．北京：机械工业出版社，2012.

[13] 明学海．从零开始学炒股全集［M］．北京：机械工业出版社，2011.

[14] 杨剑．炒股赚钱就这七招［M］．北京：中国纺织出版社，2015.

[15] 肖国荣．新股民实战操练快速入门［M］．北京：中国纺织出版社，2015.

[16] 老牛．从零开始学炒股［M］．北京：人民邮电出版社，2015.

[17] 尹航．第一次炒股就赚钱［M］．北京：北京理工大学出版社，2015.

[18] 于长勇．从零开始学炒股：炒股绝招［M］．北京：外文出版社，2013.

[19] 李凤雷．趋势追踪［M］．北京：经济管理出版社，2013.

[20] 宋建文．波段炒股才赚钱［M］．杭州：浙江大学，2013.

[21] 韩雷．看均线学炒股［M］．北京：中国电力出版社，2013.